Date: 3/22/17

SP 364.154 ODO
O'Donnell, María, 1970-
El secuestro de los Born /

PALM BEACH COUNTY
LIBRARY SYSTEM
3650 SUMMIT BLVD.
WEST PALM BEACH, FL 33406

El secuestro
de los Born

El secuestro de los Born

9 meses encerrados. 60 millones de dólares
que corrompieron un país. 40 años del secuestro
más caro de la historia

MARÍA O'DONNELL

El secuestro de los Born

*9 meses encerrados. 60 millones de dólares
que corrompieron un país. 40 años del secuestro
más caro de la historia*

Primera edición en Argentina: marzo, 2016
Primera edición en México: julio, 2016

D. R. © 2015, María O'Donnell

D. R. © 2015, Penguin Random House Grupo Editorial, S. A.
Humberto I, 555, Buenos Aires
www.megustaleer.com.ar

D. R. © 2016, de la presente edición en castellano para todo el mundo:
Penguin Random House Grupo Editorial, S. A. U.
Travessera de Gràcia, 47-49. 08021 Barcelona

D. R. © 2016, derechos de edición mundiales en lengua castellana:
Penguin Random House Grupo Editorial, S. A. de C. V.
Blvd. Miguel de Cervantes Saavedra núm. 301, 1er piso,
colonia Granada, delegación Miguel Hidalgo, C. P. 11520,
México, D. F.

www.megustaleer.com.mx

Penguin Random House Grupo Editorial apoya la protección del *copyright*.
El *copyright* estimula la creatividad, defiende la diversidad en el ámbito de las ideas y el conocimiento, promueve la libre expresión y favorece una cultura viva. Gracias por comprar una edición autorizada de este libro y por respetar las leyes del Derecho de Autor y *copyright*. Al hacerlo está respaldando a los autores y permitiendo que PRHGE continúe publicando libros para todos los lectores.

Queda prohibido bajo las sanciones establecidas por las leyes escanear, reproducir total o parcialmente esta obra por cualquier medio o procedimiento así como la distribución de ejemplares mediante alquiler o préstamo público sin previa autorización.
Si necesita fotocopiar o escanear algún fragmento de esta obra diríjase a CemPro
(Centro Mexicano de Protección y Fomento de los Derechos de Autor, http://www.cempro.com.mx).

ISBN: 978-607-314-513-8

Impreso en México – *Printed in Mexico*

El papel utilizado para la impresión de este libro ha sido fabricado a partir de madera procedente de bosques y plantaciones gestionadas con los más altos estándares ambientales, garantizando una explotación de los recursos sostenible con el medio ambiente y beneficiosa para las personas.

Penguin
Random House
Grupo Editorial

ÍNDICE

INTRODUCCIÓN
El secuestro más caro de la historia mundial 13

CAPÍTULO I
Jueves 19 de septiembre de 1974
El golpe 21

CAPÍTULO II
1955-1970-1974
Un regreso a los orígenes: de la Operación Pindapoy a la Operación Mellizas 35

CAPÍTULO III
1974
El dato 57

CAPÍTULO IV
Comienzos de octubre de 1974
La adaptación 71

ÍNDICE

CAPÍTULO V
Finales de octubre de 1974
Juicio político al Pulpo Bunge y Born 95

CAPÍTULO VI
30 de octubre de 1974 - 28 de febrero de 1975
Carta al padre 115

CAPÍTULO VII
Marzo de 1975
La liberación de Juan 137

CAPÍTULO VIII
Marzo a septiembre de 1975
Buenos Aires-Ginebra-La Habana 155

CAPÍTULO IX
19 de junio de 1975
La víspera 179

CAPÍTULO X
20 de junio de 1975
Libertad 244, Acassuso, provincia de Buenos Aires 195

CAPÍTULO XI
22 de noviembre de 1975 - 13 de mayo de 1980
Padre e hijo 211

CAPÍTULO XII
1976-1983
Los militares se lanzan a la búsqueda del tesoro 221

ÍNDICE

CAPÍTULO XIII
1984
Firmenich: de Ipanema a la cárcel 247

CAPÍTULO XIV
1989-1991
Secuestrado y secuestrador, juntos detrás del botín 259

CAPÍTULO XV
1991-2002
El imperio se desarma 281

POSFACIO
2015
Los personajes, cuarenta años después 289

ANEXO DOCUMENTAL 307
DOCUMENTACIÓN 327
AGRADECIMIENTOS 333

*A las dos mujeres más corajudas que conozco:
a María Teresa Emery, mi mamá;
a Francisca Araya, mi cuñi*

INTRODUCCIÓN

El secuestro más caro de la historia mundial

Hay casos extraordinarios, narrativas destinadas a perdurar, que sin embargo se pierden casi sin dejar rastro.

El secuestro más caro del que se tenga registro en el mundo, el de los hermanos Jorge y Juan Born —por el cual el grupo guerrillero Montoneros, de Argentina, cobró en 1975 el descomunal rescate de sesenta millones de dólares—, es una de esas historias.

Sesenta millones de dólares, cuatro décadas atrás. Actualizados según el índice de inflación de Estados Unidos, el equivalente a 260 millones de dólares actuales: una cifra récord, nunca superada.[1]

La singularidad del caso, su desdichada maravilla, no se agota en un número. Los hermanos Born, de treinta y nueve y cuarenta años, respectivamente, herederos de un imperio económico sin igual en América Latina en los años setenta, cayeron en manos de un grupo de guerrilleros jóvenes, en su mayoría veinteañeros. Soportaron un largo cautiverio:

---

[1] Entre otras fuentes, la revista *Business Insider* registró el pago como el número uno en su lista de «The 18 Largest Ransoms Ever Paid» («Los 18 rescates más grandes pagados»). Su actualización de la cifra es aún más impresionante: 293 millones de dólares. Última consulta en la página web (http://www.businessinsider.com/the-biggest-ransoms-ever-2012-9?op=1), agosto de 2015.

seis meses el menor y nueve meses el mayor. Las negociaciones para el pago y el cobro del rescate se enredaron en vaivenes cinematográficos —con movimientos de Argentina a Suiza, operaciones de espionaje y contraespionaje en México, protección y blanqueo de capitales en Cuba— y misterios sobre el destino final del dinero que el tiempo, lejos de resolverlos, bifurcaría una y otra vez.

En plena guerra fría, Fidel Castro quedó como único custodio de la mayor parte de los fondos, provenientes de una fortuna amasada en base al comercio de granos. Los Born pertenecían al reducido grupo de familias que en la década de 1970 controlaba el tráfico mundial de cereales, un bien de una importancia estratégica fundamental para alimentar a una población en aumento y a los animales que forman parte de su dieta.

Dan Morgan, autor de una investigación sobre las «cinco grandes multinacionales» —Cargill, Bunge, André, Continental y Louis Dreyfus—, escribió que el comercio de granos «es comparable al del petróleo y al de armas, por su volumen y su influencia sobre las relaciones internacionales y sobre el bienestar de la humanidad».[2]

Las pujas entre países por el control de la producción y el flujo de petróleo han sido mucho más visibles que los movimientos alrededor del comercio de granos, dominado por actores del mundo privado. Uno de los rasgos más distintivos de las compañías que manejan este oligopolio ha sido la reserva absoluta con la cual se mueven: desde su fundación han desarrollado una habilidad fabulosa para permanecer fuera del radar de los medios de comunicación y la opinión pública.

La historia del secuestro de los Born parecía encaminada a seguir ese mismo patrón. Una vez liberados, los hermanos se perdieron sin dejar rastro. Los herederos de la compañía Bunge y Born —que además de operar en cinco continentes se había proyectado al negocio de los alimentos procesados en muchos países de América Latina— se asentaron en São Paulo, Brasil, durante casi dos décadas. Las particularidades del

---

[2] Dan Morgan, *Los traficantes de granos. La historia secreta del pulpo de los cereales: Cargill, Bunge, André, Continental y Louis Dreyfus*, Buenos Aires, Abril, 1984.

cautiverio que habían padecido y sus increíbles derivaciones quedaron ocultas entre los pliegues de la traumática historia argentina. Había una gran cantidad de intrigas sin explorar. Sobre todo, faltaba la voz de sus protagonistas. Uno de ellos nunca más volvió a hablar del tema; el otro no lo hizo hasta que fue entrevistado para este libro.

Era una historia negra, que les había quitado mucho más que dinero.

Ante el silencio del resto de sus familiares, Jorge Born accedió a contarla cuando tenía ya ochenta años; como quien rescata del olvido un pedazo de su propio ser antes de que sea demasiado tarde, rastreó en su memoria los nueve meses que pasó en ropa interior encerrado en las «cárceles del pueblo» de la guerrilla, entre septiembre de 1974 y junio de 1975.

En la clandestinidad, los Montoneros habían establecido un sistema de células compartimentadas que contaban con un mínimo de información para llevar adelante la tarea que les asignaban y solo se contactaban entre ellas cuando resultaba indispensable. Con esas medidas de seguridad reducían los riesgos de que se produjera una cadena de pérdidas en caso de que un militante apresado revelara datos.

«Por eso yo soy el único que conoce la historia completa», me dijo Born la primera vez que me recibió en sus oficinas con vistas a la plaza San Martín, una de las tres barrancas naturales de la ciudad de Buenos Aires.

Mientras avanzábamos, entendí que la historia escondía dilemas y dramas humanos —la relación entre padre e hijo y entre hermanos, el vínculo de los ricos con el dinero, la moral de la guerrilla— que también merecían ser abordados.

A lo largo de nuestras charlas percibí señales de una culpa irracional. Hablaba como si en algún momento él, la víctima, hubiera defraudado al padre, quien durante meses se resistió a pagar.

La experiencia torció su destino, lo transformó más allá de cualquier posibilidad de desandar su camino.

Llegó a la cúspide de Bunge y Born, y en menos de cinco años lo expulsaron de la presidencia de la compañía. Se vio jubilado antes de cumplir los sesenta. El imperio que su abuelo y su padre habían construido no se desmoronó, pero sí se deshizo bajo su mando.

INTRODUCCIÓN

VIVIAN RIBEIRO

Jorge Born III en su oficina, ante el retrato al óleo de su padre, obra de Héctor Basaldúa.

Los herederos vendieron las industrias dedicadas a la producción de alimentos que poseían en Brasil, Argentina, Perú, Venezuela y Australia. La nave madre dedicada al comercio de granos se convirtió en Bunge Limited, una compañía de agronegocios con sede en White Plains, estado de Nueva York, en Estados Unidos. Sigue siendo una empresa gigante: en América Latina nada más, con la actividad en México y en Brasil, es la molienda de trigo más grande. Pero, en más de un sentido, ya no pertenece a la familia, pues Bunge Limited cotiza en Wall Street y las nuevas generaciones de los Born y de sus parientes se mezclan con otros accionistas.

Desde sus oficinas en Buenos Aires, Jorge Born III tan solo administra los campos y bienes que heredó en el reparto.

Su espacio de trabajo me había parecido bastante desprovisto de marcas personales, hasta que una mañana le pregunté si me podía mostrar un retrato de su padre. Seguía tan presente este en su narración que me había despertado curiosidad.

INTRODUCCIÓN

Entonces advertí que en la llamativa austeridad del mobiliario de su oficina —un escritorio con un ordenador y un teléfono, una mesa redonda de vidrio con cuatro sillas de cuero negro, unos diplomas— destacaban solo dos imágenes.

Una foto en un portarretratos.

Una enorme pintura al óleo, obra del artista argentino Héctor Basaldúa.

Ambas representaban a Jorge Born II, el magnate que se dejó torcer el brazo y pagó por la vida de sus hijos el rescate más caro de la historia mundial.

Buenos Aires, septiembre de 2015

INTRODUCCIÓN

Septiembre de 1974

Gobierna Argentina Isabel Perón, la reciente viuda del general Juan Domingo Perón. Ha heredado las atribuciones de mando de quien fuera tres veces presidente del país y dominara el imaginario social durante décadas, pero es una mujer insegura y sin trayectoria política. Amigos y enemigos la ven como una arribista sin mérito ni talento para manejar los destinos del país.

La muerte de Perón ha dejado un vacío profundo. Había sido el gran protagonista de la política argentina desde 1943.[3]

Mucho más que el legado de Perón, a Isabel le pesa la sombra de Eva Duarte, la actriz de radioteatros de origen humilde que acompañó el ascenso del militar al poder. Dueña de un carisma arrollador, con una conexión emocional con los más desprotegidos, Evita se convirtió en la «abanderada de los humildes» y llegó a ser una figura de enorme gravitación en la política argentina. Murió en 1952 a los treinta y tres años, y el peronismo la transformó en leyenda.

Isabel —el nombre que había elegido en lugar del suyo de nacimiento, María Estela Martínez— conoció a Perón después del golpe militar que en 1955 lo había desalojado del poder y expulsado de Argentina. Sus destinos se cruzaron en Panamá, cuando el famoso exiliado visitaba el cabaret donde ella bailaba. Se convirtió en su compañera inseparable. Ya instalados en la España del generalísimo Francisco Franco, se casaron años más tarde y se mudaron a una residencia en Puerta de Hierro, un barrio en las afueras de Madrid.

La política argentina —un juego de suma cero desde que al Partido Justicialista (PJ) de Perón le prohibió participar en las elecciones— alternaba, mientras

---

[3] Entonces era un joven coronel, admirador de Benito Mussolini que formaba parte del grupo de oficiales nacionalistas que tomaron el poder mediante un golpe de Estado. Quedó a cargo de la Secretaría de Trabajo y Previsión, una dependencia menor desde la cual promovió el reconocimiento de nuevos derechos para los trabajadores y ganó una popularidad extraordinaria entre la clase trabajadora. En 1946 fue electo presidente por primera vez y a lo largo de sus dos primeros gobiernos consecutivos les imprimió una identidad política duradera a la clase obrera y a los sindicatos: el peronismo, expresión del movimiento populista más importante del país, que participa de las elecciones a través del Partido Justicialista (PJ).

INTRODUCCIÓN

tanto, entre regímenes militares y gobiernos democráticos cuya legitimidad estaba cuestionada. Alentados por la Revolución cubana de Fidel Castro e inspirados en la insurgencia de Ernesto «Che» Guevara, también irrumpieron en el escenario nacional distintos grupos armados. A finales de la década de 1960 se constituyó un grupo guerrillero de identidad peronista: Montoneros. «Luche y Vuelve» fue la bandera que agitaron para las elecciones de 1973, convencidos de que el regreso de Perón abriría las puertas a un proceso revolucionario.

Cuando Perón por fin regresó —viejo y enfermo, tras casi dieciocho años de exilio— colocó, para decepción de los jóvenes montoneros, a Isabel en la fórmula presidencial. Murió el 1 de julio de 1974, sin haber completado siquiera un año de su tercer mandato.

Ahora Isabel se asoma al abismo. No tiene más popularidad que la de su apellido de casada, ni más autoridad que la formal; su único sostén son los sindicatos que responden a la derecha peronista. Pero una inflación descontrolada, que reduce el valor de los salarios, daña la base misma de su gobierno: la clase trabajadora. La escasez de bienes básicos de consumo y la violencia cotidiana no ayudan a la esperanza institucional.

Las Fuerzas Armadas se preparan para dar otro golpe, con la anuencia de una sociedad escéptica y cansada. El contexto regional las alienta a tomar el poder.[4]

Isabel se aferra a los consejos de su maestro espiritista, el ministro de Bienestar Social, José López Rega. Este cantante de boleros fracasado, valet y secretario privado de Perón mientras vivió en Madrid, ha trepado hasta la esfera máxima del poder. Con sus artes esotéricas, el Brujo calma la angustia de la presidenta: le transferirá «la energía áurea y los flujos de poder» de Evita, le asegura.

---

[4] Con la lógica de la guerra fría, Estados Unidos financió los golpes de Estado contra las autoridades que percibían como amenazas en su zona de influencia. En junio de 1973 se estableció un gobierno militar en Uruguay, y en septiembre el general Augusto Pinochet terminó con la presidencia de Salvador Allende, quien se suicidó al no poder impedirlo.

INTRODUCCIÓN

Para combatir a las fracciones revolucionarias del justicialismo, López Rega recurre a otras artes. Ha creado la Alianza Anticomunista Argentina, la Triple A, un órgano parapolicial que comenzó a operar en 1973 desde su ministerio.[5]

Si en vida de Perón los Montoneros soñaban con disputar su herencia política, después de su muerte han perdido esa ambición. La confrontación es ahora a todo o nada: acaban de volver a la clandestinidad para retomar la lucha armada.

---

[5] Los secuestros, las torturas y los asesinatos de la Triple A sentaron el antecedente de la represión ilegal desde el propio Estado, que llenaría el país de campos de concentración después del golpe de 1976. Sus primeros blancos: los militantes de base de los distintos grupos de la izquierda armada que habían proliferado en el país. También apuntó a civiles comprometidos con la defensa de los derechos humanos, sindicalistas combativos, estudiantes, intelectuales y artistas que resistieron al clima represivo y la censura que el gobierno impuso a las noticias.

CAPÍTULO I

Jueves 19 de septiembre de 1974

El golpe

Horas de la mañana. Zona norte del Conurbano, el cordón de municipios que rodea la ciudad de Buenos Aires.

8.00 Juan Carlos Pérez, el chófer más experimentado de Bunge y Born, detiene el automóvil Ford Falcon color gris metalizado, patente C-614832, frente a la casa de Alberto Bosch, gerente de Molinos Río de la Plata, una de las tantas ramificaciones del grupo Bunge y Born. No hay argentino que no conozca la compañía: sus marcas de alimentos imperan en la mesa familiar.

Pérez busca a Bosch antes de recoger a los hermanos Jorge y Juan Born, los herederos del holding, quienes viven a poca distancia en Béccar, una zona residencial de mansiones de la alta sociedad argentina.

8.05 Como cada día de lunes a viernes, Jorge y Juan Born, de cuarenta y treinta y nueve años, respectivamente, dejan las residencias que habitan con sus familias; ambos están casados y cada uno tiene cuatro hijos. Se encuentran con el chófer sin pisar la acera. Sus casas se ubican dentro de una misma propiedad, una manzana amurallada con puntos de vigilancia en cada esquina. Comparten un gran parque, una piscina olímpica y una cancha de tenis; el terreno, alto, permite una vista magnífica del Río de la Plata.

8.11 Con los herederos en el asiento trasero y Bosch a su lado, Pérez conduce el coche, como es su rutina, hacia la avenida del Libertador en dirección al sur. El equipo de seguridad de Bunge y Born ha evaluado que conviene que se muevan juntos y que el tránsito denso —habitual en la mayor vía de ingreso en la ciudad de Buenos Aires desde la zona norte del Conurbano— protege a los hermanos, pues nada que ocurra en ese camino puede pasar inadvertido.

Viajan hacia las oficinas centrales de Bunge y Born, ubicadas en el corazón de la capital: un edificio de once plantas que el arquitecto belga Pablo Naeff diseñó con un estilo neogótico flamenco que evoca el paisaje natal de los fundadores de la compañía, comerciantes de cereales del puerto de Amberes, Bélgica. Los dueños lo llaman, simplemente, La Maison: «La Casa».

8.12 El automóvil de la custodia avanza a una velocidad promedio de 60 kilómetros por hora; los sigue a quince metros, una distancia lo suficientemente holgada como para poder frenar sin chocar pero al mismo tiempo estrecha como para impedir que otro vehículo se interponga. Fernando Huebra, de cincuenta y siete años, suboficial retirado del ejército, conduce el Ford Falcon patente C-095572, también gris metalizado; lo acompaña Conrado Santoro, de cuarenta años, empleado de una agencia de seguridad privada llamada Rastros.

Las placas de los dos coches de la empresa Bunge y Born terminan en número par; desde el 21 de marzo, una medida para bajar el consumo de combustible prohíbe que los jueves circulen vehículos con placa impar. A Born y a sus chóferes poco les importa la campaña «Martes ahorran las chapas pares, jueves las impares». Cuentan con una flota y rotan los automóviles para eludir las limitaciones de cada día.

8.13 Un tercer coche —que no ha llamado la atención de Pérez ni la de los custodios— se acomoda detrás para seguirlos. Sus ocupantes saben que ninguno de los Falcon se apartará del curso de la avenida del Libertador. El Servicio de Informaciones de los Montoneros ha estudiado el recorrido de los Born al detalle, y recomendó que la operación se realizara uno de los días de menor circulación de coches, martes o jueves, gracias a las restricciones.

Falta un kilómetro para que la comitiva pase frente a la Quinta de Olivos, la residencia de los presidentes en Argentina, que ahora ocupan la viuda de Perón y —de manera excepcional, señal de su inmenso poder— el ministro de Bienestar Social, José López Rega. Antes de llegar al cruce con la calle San Lorenzo, el tercer coche se acomoda en un carril paralelo y adelanta a los otros dos.

Ese movimiento pone en marcha la Operación Mellizas.

Un montonero disfrazado de obrero vial —casco amarillo, pantalón y camisa de color arena— avanza a toda prisa sobre la avenida con otros dos hombres vestidos de mono. Su objetivo es cortar el tránsito de Libertador en dirección a la ciudad de Buenos Aires, justo antes de que los coches de Bunge y Born crucen la calle San Lorenzo. Entre los tres colocan un semáforo portátil idéntico a los de Vialidad Nacional, un poste con una luz verde y otra roja sobre un bote de aceite pintado de amarillo donde va una batería. Los carteles falsificados montados sobre esa estructura advierten: «DESVÍO» y «GAS DEL ESTADO».

8.18 Se instalan como si se dispusieran a comenzar una reparación en la vía pública. Agitan banderas y logran que los dos Ford Falcon plateados —el de los hermanos y el de los custodios— se desvíen y giren a la derecha. El semáforo portátil cambia al rojo para detener al resto de los coches.

8.20 De improviso, en la avenida del Libertador aparece un coche Torino; una sirena encendida y una antena corta en el techo pregonan que pertenece a las fuerzas de seguridad. La irrupción de un «elemento azaroso» en el «teatro de operaciones» —según el lenguaje militar de los Montoneros— pone en alerta al «equipo de protección» de la guerrilla peronista: otros tres hombres vestidos con mono que simulan trabajar en la acera y esconden entre sus picos y palas una pistola ametralladora y un Fusil Automático ligero (FAL).

Los guerrilleros habían montado el operativo otras dos veces, y ambas lo habían abortado por considerar que no se cumplían las condiciones óptimas para el secuestro. No querían suspenderlo una vez más.

Con gestos ampulosos mientras agita un trapo, el presunto operario de casco amarillo le indica al conductor del Torino que puede seguir su ruta hacia la ciudad. Una vez que el coche pasa de largo, vuelve a colocar el semáforo en rojo. El plan es aislar a los hermanos Born durante dos minutos.

8.22 El resto de los militantes caracterizados de trabajadores doblan hacia las calles donde se hará la emboscada. Se disponen a cubrir a los dos «equipos de ataque» que esperan para entrar en acción.

Los coches de Bunge y Born que conducen Pérez y Huebra avanzan una cuadra y giran de manera obligada a la izquierda. Enseguida, San Lorenzo se interrumpe en las vías del ferrocarril: no les queda otra alternativa que tomar la calle paralela de doble vía Ada Elflein. Cuando doblan se topan con más carteles —uno dice «PELIGRO», otro repite «GAS DEL ESTADO»— que anulan el segundo carril y los obligan a moderar la velocidad. Los chóferes se inquietan.

Ajenos a todo lo que ocurre, los hermanos Born leen los diarios.

La Confederación General del Trabajo (CGT) —la central sindical de orientación peronista que reunía a los principales sindicatos del país— había participado de una reunión con la presidenta y su gabinete en la Casa de Gobierno, pidiéndole que convocara a una Gran Paritaria Nacional y decretando un paro para el día siguiente en reclamo de un aumento salarial que compensara la inflación.

Nada llamativo: el caos de cada día.

EL GOLPE

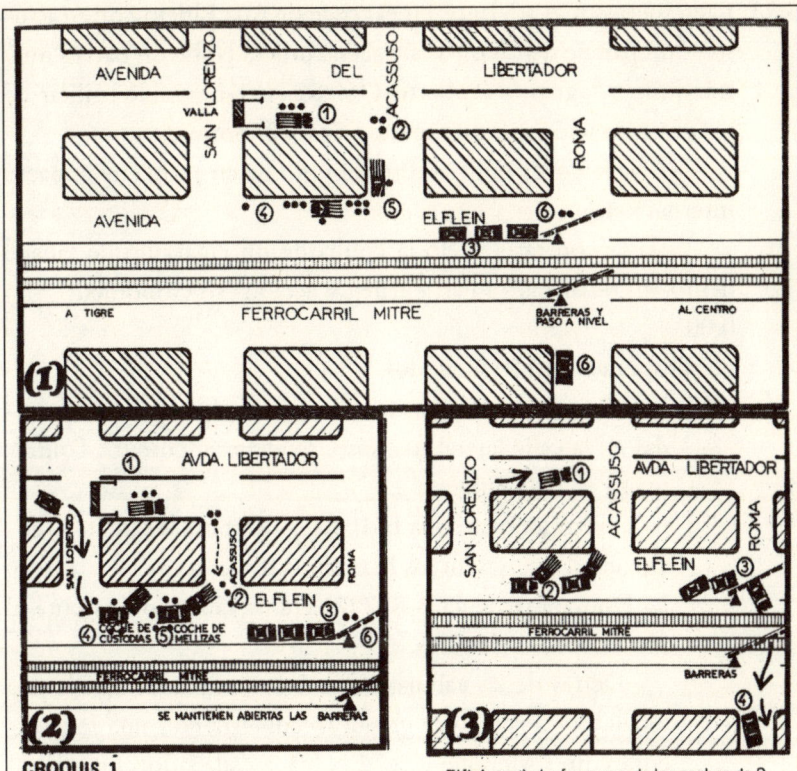

CROQUIS 1
1. Tres compañeros ponen la valla en Libertador.
2. Se instala la protección, con un chofer.
3. Vehículos donde se retirarán la protección, el grupo con los Born y el equipo que reduce a la custodia.
4. Equipo que reduce a los Born, un chofer arriba del vehículo y el responsable general.
5. Equipo que reduce a la custodia y chofer al volante del vehículo.
6. Dos hombres que reducen al guardabarreras, con un coche del lado sur de la vía.

CROQUIS 2
1. El equipo 1 procede a levantar la barrera y el semáforo.
2. La protección se desplaza hacia Acassuso y Elflein y el chofer a uno de los coches de 3.
3. Se embiste al coche de custodia y se reduce a los guardias.
4. Se embiste el coche de los Born.
5. Se reduce al guarda y se mantiene alta la barrera.

CROQUIS 3
1. El equipo que había puesto la barrera se retira en su auto.
2. Quedan abandonados los coches de los Born, los dos que los chocaron, los custodios maniatados, y los cuerpos de Bosch y Pérez.
3. Los dos equipos de asalto, con los Born reducidos y el equipo de protección se retiran en auto por Roma hacia arriba.
4. El equipo que redujo al guardabarreras se retira en su auto.

Los detalles del golpe que dio inicio a la Operación Mellizas fueron revelados en un suplemento especial de la publicación clandestina de los Montoneros, Evita Montonera, en 1975.

8.23 Cien metros más adelante, en el cruce de Ada Elflein con Acassuso —un paisaje de casas bajas y aceras arboladas de un barrio muy tranquilo— aguarda Roberto Quieto, el responsable militar de toda la operación, oficial superior de los Montoneros.

No ha leído las noticias. Está a punto de crear una de impacto internacional.

Aplasta contra el suelo la colilla de un cigarrillo de tabaco negro, sin filtro, marca Particulares, y acciona su cronómetro.

0.00

Disponen de 120 segundos.

0.15 Dos camionetas —una amarilla, otra azul— esperan aparcadas en la calle lateral Acassuso. Aceleran y entran a contramano en Ada Elflein.

0.20 La Chevrolet matrícula B-1046777 embiste de frente al coche en el que viajan los hermanos Born.

0.21 La Dodge matrícula B-837976 choca, también de frente, al coche de los custodios.

Detrás de las cabinas de ambas camionetas asoma una estructura rectangular grande, recubierta con una lona oscura y un cartel que dice «ENTel» a cada lado, como si estuvieran al servicio de la Empresa Nacional de Telecomunicaciones. La lona oculta el peso extra que le han agregado a los vehículos para garantizar la contundencia de los impactos que acaban de ocurrir. También se han reforzado los cinturones de seguridad para proteger a los conductores.

0.24 Cada uno de los «grupos de ataque» —dos unidades de cinco hombres, incluido el conductor de la camioneta— se dirige hacia el coche que tiene asignado, con las armas en alto.

Abren fuego.

En un gesto reflejo, Jorge y Juan se agachan.

Acaso Pérez o Bosch intentan accionar el botón de alarma, ubicado bajo la guantera, que se había agregado al Falcon; no lo logran. Una ráfaga de ametralladora hace añicos el parabrisas. El gran agujero que se abre donde estaba el cristal permite ver que se han quedado inmóviles.

0.35 Rodolfo Galimberti —acaso el guerrillero más extravagante de Argentina, jefe de la Columna Norte de los Montoneros— da las órdenes mientras Quieto supervisa la operación.

«¡Alto, comunistas!», gritan sus hombres para confundir.

Los «equipos de ataque» visten los uniformes azules y la gorra de la Policía de la Provincia de Buenos Aires.

«¡Comunistas hijos de puta!»

El «equipo de planificación» había concluido que la emboscada se desarrollaría en «territorio enemigo», un distrito de familias ricas —«oligarcas» en la jerga de la guerrilla peronista—, aliadas naturales de Bunge y Born. Por eso planearon engañar a los vecinos, y simulan un operativo oficial contra las fuerzas subversivas. Un ojo experto los hubiera descubierto, pues portaban una ametralladora Madsen, de origen sueco, un arma que no utilizaba la policía. Pero nadie observa el detalle, y la farsa continúa:

«¡Dejame que a este comunista lo mato yo!».

0.45 En un movimiento sincronizado, los «equipos de ataque» abren las puertas de los asientos ocupados en ambos coches.

1.00 Los custodios, confundidos, gritan que ellos no son comunistas, que pueden aclarar el equívoco. Los Montoneros disfrazados de policías les ordenan que coloquen las manos sobre el volante y el salpicadero, y enseguida los obligan a arrojarse boca abajo en el asfalto con los brazos detrás de la espalda.

Dos falsos policías inmovilizan a Huebra y le arrebatan la pistola calibre 45 que había utilizado mientras prestaba servicios en el ejército. Lo dejan esposado. A los otros dos integrantes de ese equipo les resulta más difícil Santoro, un hombre muy corpulento. Uno de ellos amaga con disparar, pero el otro se lo impide con un gesto; le han sacado el revólver Dillon calibre 32 que le había provisto la agencia de seguridad; aunque se resista un poco, el custodio ya está reducido.

1.15 En el otro coche un manotazo arroja al suelo a Pérez, y otro a Bosch. Ambos yacen inertes sobre el asfalto.

Jorge Born baja por sus propios medios, aunque aturdido. Mientras lo esposan, observa que su hermano sale corriendo, en un intento inútil por escapar:

«¡Pará, Juan! ¡Paraaaá!» —le grita.

Teme que lo baleen por la espalda. Pero lo atrapan de inmediato.

1.30 Con el rabillo del ojo, Jorge Born alcanza a ver tendido a Bosch, su amigo desde el jardín de infancia. Tiene sangre en la boca, pero es difícil evaluar su situación apenas con un atisbo.

Su perspectiva le impide observar que Pérez, el chófer, también está inmóvil, y el charco de sangre que ha creado se extiende como una mancha de aceite.

1.35 Los hermanos reciben la orden de caminar. Dan unos pasos y les tapan la visión con una capucha. Los coches de escape —tres en total— se encuentran aparcados unos metros más adelante, en la calle Ada Elflein, al cruzar Acassuso. Cuatro ocupantes por vehículo, doce plazas en total: suficiente para los diez miembros de los «equipos de ataque» más los hermanos Born. Arrancan.

Quieto detiene el cronómetro: marca 01.45.

Misión cumplida.

8.25 Quieto y los tres operarios del «equipo de protección» regresan hacia la avenida del Libertador. Una mujer rubia de ojos celestes espera por ellos al volante de un coche. El resto avanzan en otra dirección. Habían montado dos vías de escape diferentes.

CAUSA JUDICIAL N° 41.811

La camioneta usada en el secuestro llevaba peso extra en la parte trasera para potenciar el impacto. Durante la emboscada, ráfagas de ametralladora destrozaron los cristales del automóvil donde viajaban los herederos.

8.26 Jorge Born siente el golpe seco de la culata de una ametralladora contra su cabeza. Si ya estaba confundido, ahora ha quedado mareado. Cree que Juan va a su lado, pero las imágenes del hermano a toda carrera se mezclan con las de su amigo herido...

El coche que los transporta y los otros dos designados para el escape avanzan una cuadra y giran a la derecha. El camino para cruzar las vías del tren está despejado.

Alberto Luna, el guardabarreras de turno en ese paso, actúa bajo las órdenes de dos jóvenes vestidos de pantalón y americana. Diez minutos antes han irrumpido en su cabina para exigirle —a punta de pistolas de calibre 45 y 9 milímetros, como las reglamentarias de la policía— que cumpla unas instrucciones sencillas o si no morirá, según prefiera.

Los guerrilleros le han indicado que levante las barreras y que deje pasar dos trenes; luego que salga de la cabina, que se coloque sobre la vía y agite una bandera para impedir el tránsito hacia la avenida del Libertador. Mientras obedecía, Luna había escuchado tiros y un estruendo.

Sus movimientos —lo entendió después— aislaron el «teatro de operaciones» mientras duró la emboscada. Ningún automóvil pudo cruzar; solo permaneció liberado el camino en la dirección contraria, a la espera del vehículo que transportaba a las presas de la Operación Mellizas.

Por el meneo del coche, Jorge Born comprende que cruzan la vía del ferrocarril. Pero ¿en qué dirección?

8.27 El guardabarreras recibe la orden de regresar a la cabina y la indicación de no mirar atrás.

8.28 Mientras avanzan, los guerrilleros les quitan a los hermanos sus relojes y sus zapatos con cordones. Según el *Manual único de instrucciones tácticas para operaciones especiales*, se trata de una precaución necesaria, ya que los tacones y el mecanismo de los Rolex podrían esconder un dispositivo de rastreo geográfico.

Todo ha salido según el plan. A los «equipos de ataque» les resta dejar a los Born en el lugar donde permanecerán cautivos y devolver las armas y los coches en los sitios ya designados para eso. Algunos regresarán a sus trabajos, meras coberturas para cooperar con la organización; otros permanecerán en la clandestinidad con identidades falsas.

8.30 En la Comisaría 1.ª de Vicente López, provincia de Buenos Aires, suena el teléfono. Atiende el oficial principal Oscar Trejo.

Uno de los custodios ha logrado que un vecino confíe en su historia, lo ayude a liberar las manos y le permita llamar a la policía. Por teléfono informa que se acaba de producir un tiroteo en la calle Ada Elflein, entre San Lorenzo y Acassuso. Que cuatro coches han quedado abandonados e impiden la circulación. Que se han llevado a dos personas secuestradas. Que hay por lo menos dos heridos de gravedad. Que un médico que pasaba por el lugar ya ha pedido el auxilio de ambulancias.

8.33 El comisario Rodolfo Trentini, el oficial Trejo, dos sargentos y un cabo encienden las sirenas de dos coches patrulla y se dirigen al lugar.

Horas de la tarde
Avenida del Libertador al 3500, Capital Federal.
Residencia de Jorge Born II y Matilde Frías

Aunque los vespertinos han dado la noticia, ni la familia Born ni la empresa han denunciado los hechos. No confían en que el desgobierno de la viuda de Perón pueda garantizar la vida de sus hijos mayores. Prefieren esperar a que una llamada de los secuestradores les diga quiénes son y qué exigen.

Por la trascendencia del caso, al trabajo que realiza la Comisaría 1.ª de Vicente López se han sumado hombres de la Brigada de Investigaciones y del Servicio de Informaciones de la Provincia de Buenos Aires.

La familia no coopera.

Por orden de Jorge Born II, el padre de los secuestrados, sus nueras han sacado a los niños de la escuela y no han regresado a sus casas.

Un coche patrulla de la policía provincial llega a la mansión de Béccar para hablar con la familia de los secuestrados, pero un guardia le informa de que no hay nadie.

Los investigadores contactan con directivos de la empresa. El gerente de Relaciones Laborales de Molinos Río de la Plata le facilita a la policía dos números de teléfono a los que podrían llamar los secuestradores. De inmediato se solicita la intervención de esas líneas con fines de escucha vigilada.

Horas de la noche
Embajada de Estados Unidos en Buenos Aires

El embajador de Estados Unidos, Robert C. Hill, informa a la Secretaría de Estado, a cargo de Henry Kissinger —quien tras sobrevivir a la destitución del presidente Richard Nixon informaba al sucesor, Gerald Ford—, sobre los hechos. Todavía no se sabe quiénes han secuestrado a los Born (véase el Anexo documental).

Redacción del diario Crónica

Sin que se advierta quién lo ha dejado, se recibe un comunicado con la firma de Montoneros.

PARTE DE GUERRA NÚMERO 1

A NUESTRO PUEBLO:

EN EL DÍA DE LA FECHA, JUEVES 19 DE SEPTIEMBRE DE 1974, A LAS 8.15 HORAS, LAS UNIDADES BÁSICAS DE COMBATE PERTENECIENTES A LA COLUMNA «EVA PERÓN»

PROCEDIERON A DETENER A DOS MIEMBROS DIRECTIVOS DE UNO DE LOS GRUPOS MONOPÓLICOS MÁS IMPORTANTES QUE ACTÚAN EN NUESTRO PAÍS Y EN EL EXTERIOR.

SE TRATA DE LOS SEÑORES JORGE BORN Y JUAN BORN, PRINCIPALES ACCIONISTAS DEL MONOPOLIO BUNGE Y BORN (EXPORTACIÓN E IMPORTACIÓN), MOLINOS RÍO DE LA PLATA, ALBA (PINTURAS), CENTENERA (ENVASES), GRAFA (TEXTIL), COMPAÑÍA QUÍMICA ARGENTINA, ETC., TODAS ELLAS MONOPÓLICAS EN SU RAMO.

EN EL CURSO DEL OPERATIVO INTENTARON RESISTIRSE UN MIEMBRO DE LA CUSTODIA Y UN EJECUTIVO DE LA FIRMA, NO OBSTANTE LAS ADVERTENCIAS QUE SE LES HICIERON. POR ESE MOTIVO NUESTROS COMBATIENTES SE VIERON OBLIGADOS A DISPARAR CONTRA ELLOS, NO ASÍ CONTRA EL RESTO DE LA CUSTODIA Y LOS DETENIDOS QUE RESULTARON ILESOS.

LOS DETENIDOS SERÁN JUZGADOS POR LOS ACTOS COMETIDOS CONTRA LOS TRABAJADORES, EL PUEBLO Y LOS INTERESES NACIONALES POR LOS MONOPOLIOS A LOS QUE PERTENECEN. ASÍ ACTÚA LA JUSTICIA POPULAR, MIENTRAS EL GOBIERNO ANTIPERONISTA, ANTIPOPULAR Y REPRESIVO HACE CONCESIONES A ESTE MONOPOLIO AL QUE HACE POCOS DÍAS LE REINTEGRÓ UNA IMPORTANTE CANTIDAD DE MERCANCÍA QUE HABÍAN ACAPARADO PARA AUMENTAR SUS PRECIOS Y GANANCIAS A COSTA DE LOS INGRESOS POPULARES.

PERÓN O MUERTE.

VIVA LA PATRIA.
HASTA LA VICTORIA MI GENERAL,
MONTONEROS

CAPÍTULO II

1955-1970-1974

Un regreso a los orígenes: de la Operación Pindapoy a la Operación Mellizas

Los tres coches de escape de los Montoneros cruzaron la vía y siguieron su camino. Recorrieron calles poco transitadas apenas por encima de la velocidad máxima, a lo que hoy se llama «la velocidad del narcotraficante»: ni muy rápido ni muy lento, para no llamar la atención.

Se dirigían a la primera «cárcel del pueblo» en la cual Jorge y Juan Born quedarían confinados de manera provisoria, hasta que los secuestradores pudieran establecer con certeza que las fuerzas de seguridad les habían perdido el rastro.

Rodolfo Galimberti había elegido ese primer destino.

Con sobretodo de cuero negro, peinado hacia atrás a la gomina y discurso inflamado, el Loco Galimba era el guerrillero más ostentoso de la época; por su gran eficacia operativa, pero también por virtud de su descaro y de su narcisismo de macho alfa, a los veintisiete años había ascendido al grado de capitán montonero. Su pasión por las armas y su carisma mantuvieron su ascendiente más allá de los Montoneros.

Provenía del nacionalismo católico de derecha y desde allí se vinculó con el peronismo. Juan Domingo Perón lo había designado representante de la Juventud Peronista —«la gloriosa JP», como cantaban sus militantes—. Ostentaba además el cargo de secretario militar de la Columna Norte de la provincia de Buenos Aires, una zona lindera a la ciudad capital, donde los Montoneros habían alcanzado una gran inserción territorial, tanto en las comisiones internas de las fábricas del cordón industrial como entre los hijos de las familias de clase media alta de los barrios residenciales.

A él le había tocado la responsabilidad de supervisar a quienes acondicionaron la «casa operativa» —vivienda que se asignaba a las actividades clandestinas de la organización— de la calle Manuel García 5030/5050, en la localidad de Carapachay, en esa geografía del norte del Conurbano. La escala inicial de los Born.

Los Montoneros la llamaban Piojo 1.

Galimberti —Alejandro, por su nombre de guerra— había considerado que la propiedad ofrecía buenas condiciones de seguridad. Su frente doble alojaba un garaje ancho y una cortina metálica que permitían el ingreso de dos vehículos a la vez, una ventaja en caso de que los secuestradores y sus víctimas llegasen en medio de una persecución policial.

Esos recaudos al final resultaron innecesarios. La Operación Mellizas se ejecutó sin sobresaltos. Los «equipos de ataque y de protección» habían evacuado el lugar de la emboscada sin dejar rastro y cumplían con las instrucciones de entregar las armas y los disfraces en los lugares fijados de antemano.

El coche se detuvo. Jorge Born seguía aturdido cuando sus captores lo jalaron de las axilas hacia la puerta. Una vez fuera del vehículo caminó como pudo un trayecto que le pareció corto. Le quitaron las esposas, le colocaron una cuerda entre las manos y le ordenaron que se sujetara. Experimentó una levedad extraña, en parte por la confusión en la que había caído al moverse a oscuras, con los ojos tapados por la capucha, y el modo en que el suelo bajo sus pies se había esfumado. Como si no pesara sus ochenta y tres kilos.

UN REGRESO A LOS ORÍGENES

CAUSA JUDICIAL N° 41.811

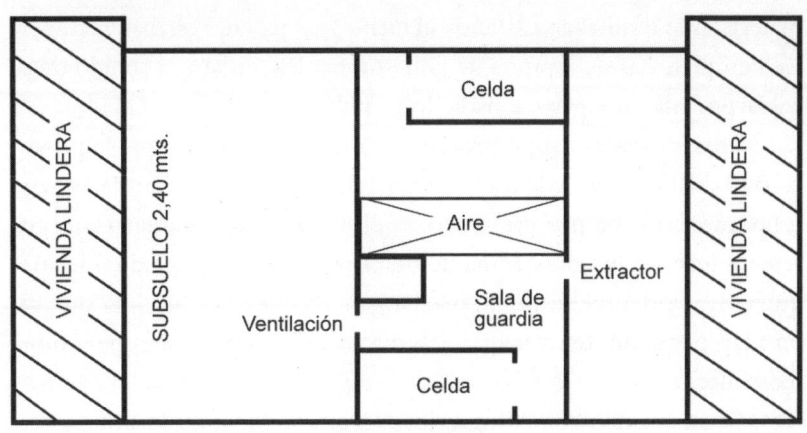

Frente y plano de Piojo 1, la primera «cárcel del pueblo» en la que fueron alojados los secuestrados.

Quedó con las piernas suspendidas en el aire. De pronto creyó entender que no lo habían alzado sino que lo habían metido dentro de un hueco en el cual su altura (1,80 metros) no alcanzaba para que tocara el suelo. Descendió. Años más tarde sabría cuánto: 2,40 metros.

Sintió que lo sostenían desde abajo. Al fin percibió una superficie.

Le indicaron que avanzara. Escuchó cómo se cerraba una puerta detrás de él.

Se quitó la capucha.

¿Qué era esa caja de zapatos donde se encontraba?

La midió con sus pasos. Tendría a lo sumo dos metros de ancho por tres de largo: seis metros cuadrados. La falta de ventanas acrecentaba la impresión de encierro.

En un espacio tan restringido, el mobiliario no podía sino ser escaso: una silla pequeña, una litera diminuta, un estante de laminado plástico y una mesita plegable fijada a una pared.

Sin los zapatos que le habían sacado durante el viaje, el frío le trepaba por las medias. Pensó que el suelo podría ser de cemento. Otros materiales le resultaban extraños; el techo y las paredes estaban recubiertos con planchas de espuma de poliestireno. Eso aislaba el sonido de su celda: por más que gritara, nadie lo escucharía.

El mayor desafío, supo pronto, sería tolerar el ahogo que le provocaban la falta de aire y la oscuridad. La única fuente de ventilación, un tubo que asomaba por un hueco en el suelo, difundía apenas una corriente leve. La luz mortecina de una lamparilla eléctrica de 60 vatios que colgaba del techo no alcanzaba para iluminar ni siquiera un ámbito tan pequeño. Tendría que habituarse a vivir en esa semipenumbra sofocante.

Mientras exploraba el lugar, Jorge Born se preguntaba por su hermano. Ignoraba que Juan se encontraba en una celda enfrente de la suya, de proporciones idénticas.

¿Estaría bien? ¿Lo habrían liberado porque era suficiente secuestrarlo a él, el primogénito? ¿O lo habrían encerrado en otro pozo? En ese caso, ¿podría verlo?

Tardaría meses en encontrar las respuestas a esas preguntas. En cambio, conoció sin demora la identidad de sus captores.

Habían pasado pocas horas de su ingreso en la «cárcel del pueblo» cuando un joven le informó, con una pompa acaso excesiva, que se hallaba en manos de la organización político-militar Montoneros.

La Operación Mellizas cerró una etapa para los Montoneros. Significó el abandono definitivo del intento de participar en procesos democráticos que pudieran conducir a la revolución. Volvieron al punto de partida, al tiempo en que solo apostaban a tomar el poder por asalto. Cuatro años antes, los orígenes de la organización guerrillera habían quedado marcados por la violencia y la espectacularidad.

El 29 de mayo de 1970, a las 9.15 de la mañana, Emilio Maza y Fernando Abal Medina, de veintitrés años cada uno, vestidos con uniformes del Ejército Argentino y con el pelo bien corto a la altura de la nuca, tocaron el timbre de la octava planta de un edificio en el barrio de Recoleta, en la ciudad de Buenos Aires, ubicado justo enfrente de uno de los colegios confesionales preferidos de la clase alta, el Champagnat.

Preguntaron por el general y ex presidente de facto Pedro Eugenio Aramburu, máximo exponente de la llamada Revolución Libertadora que había expulsado a Juan Domingo Perón del poder y del país en 1955. Sara Herrera, la mujer de Aramburu, les abrió la puerta y les pidió que lo aguardaran en el living, mientras su marido terminaba de ducharse; ella se marchó al mercado.

En la acera de la calle Montevideo, en una de las zonas más elegantes de la ciudad de Buenos Aires, se encontraban otros integrantes del comando montonero.

Norma Arrostito, alias Gaby —la única mujer del grupo—, se detenía distraídamente ante los escaparates de los comercios. Ocultaba su pelo oscuro con una peluca rubia comprada en uno de ellos y pretendía camuflar sus rasgos distintivos con un maquillaje excesivo. En el bolso escondía una pistola.

Era, con treinta años, la mayor del grupo. Su familia había ascendido a la clase media por el trabajo: padre plomero, madre ama de casa. Un tránsito fugaz por el Partido Comunista también la distinguía del resto de sus compañeros de lucha, que habían llegado al peronismo revolucionario provenientes de organizaciones católicas y nacionalistas: un símbolo de la época en que las opciones se radicalizaron en Argentina.

Arrostito había recibido entrenamiento militar en Cuba junto con Abal Medina, el líder de la incipiente organización, hijo de una familia acomodada con quien había formado pareja. Vivían juntos, con nombres falsos por imposición de la vida clandestina, en un apartamento alquilado, imbuidos en la épica revolucionaria. No escapaban sin embargo a ciertos estereotipos de la división de tareas sexista; con sus manos, Gaby había achicado el traje del ejército que lucía Abal Medina, demasiado holgado para su complexión delgadísima.

A pocos pasos de Arrostito, su cuñado Carlos Maguid, disfrazado con sotana de cura, hacía de refuerzo; los vehículos de escape con sus respectivos chóferes se mantenían aparcados en la calle.

En la acera también esperaba Mario Firmenich, con uniforme de cabo de la Policía Federal. Ansiaba que la Operación Pindapoy lo convirtiera en un político que inspirase a miles para que se lanzaran a la lucha revolucionaria.

Su consejero espiritual había sido el cura Carlos Mugica, hijo de un canciller y de la heredera de una familia de terratenientes, quien se había enrolado en la corriente de Sacerdotes para el Tercer Mundo. Mugica había impulsado a Firmenich para que militase en la parroquia de una villa miseria y conociera la pobreza endémica de las provincias del norte argentino.

A diferencia de Mugica, el futuro líder de los Montoneros creía en la violencia. Se integró al Comando Peronista de Liberación, dejó sus estudios de ingeniería y el taxi que conducía para planificar los pasos que lo llevarían a aguardar ansioso frente al edificio donde vivía Aramburu.

A pesar de tanto despliegue de gente y de coches, nada llamó la atención de la mujer de Aramburu, que caminó despreocupada a hacer sus compras. Tampoco él sospechó lo que sucedía, se presentó en el living cuando estuvo listo, en americana y corbata, y como buen anfitrión ofreció café. Sus visitantes se mantenían de pie y con el cuerpo erguido para imitar la rigidez de las posturas militares.

Aramburu solo comprendió que no eran enviados del ejército cuando los jóvenes exhibieron sus armas.

«Mi general, usted viene con nosotros», le anunció Abal Medina.

Lo subieron a uno de los coches que esperaba por ellos en la puerta y a poco de andar lo pasaron a una camioneta en la que viajaron más de 400 kilómetros hasta llegar a una estancia llamada La Celma en la pequeña localidad de Timote, al sudoeste de la provincia de Buenos Aires. A lo largo del viaje el general se mantuvo en silencio. Obedecía a su instinto de supervivencia; Abal Medina le había acercado una navaja al cuello y advertido que se lo cortaría si no se quedaba quieto.

Pasado el mediodía, la mujer de Aramburu, que lo había esperado en vano para almorzar en la casa de unos amigos, había dado la voz de alerta. A la una y media de la tarde, las radios interrumpieron su programación habitual para anunciar que Aramburu «habría sido secuestrado» y que las autoridades desconocían su paradero. Juan Carlos Onganía, el militar que pretendía atornillarse al poder durante décadas, ordenó que todas las fuerzas de seguridad participaran de la búsqueda; supo que, si algo le ocurría, sus planes de perpetuidad se verían debilitados.

Como tomaron caminos alternativos para eludir los controles policiales, los Montoneros demoraron más de seis horas en llegar a su destino y lo lograron cuando la noticia del secuestro ya había trascendido. La estancia —más de 70 hectáreas productivas con un casco que mantenía un casero— era propiedad de la familia de Carlos Ramus, otro de los integrantes del equipo comando que participó en la Operación Pindapoy. Sin que lo supieran sus padres —con quienes el guerrillero vivía en Caballito, un barrio típico de la clase media porteña—, Ramus ya la había utilizado para almacenar armas robadas.

Al llegar a La Celma, el hijo de los dueños de la casa distrajo al casero mientras los demás bajaban a Aramburu, lo metían en un dormitorio y lo sentaban en una cama. Abal Medina le anunció:

«Usted está detenido por una organización revolucionaria peronista que va a someterlo a juicio revolucionario».

A diferencia de lo que les sucedería a los hermanos Born cuatro años más tarde, los Montoneros se identificaron a cara descubierta. Sin capuchas: mal augurio para el ex presidente.

Aramburu representaba el epítome del antiperonismo.[1] Había asumido la conducción del país poco después del golpe de 1955. No solo proscribió al Partido Justicialista e intervino los sindicatos, prohibió hasta la mención del nombre de Perón en los medios, que pasaron a llamarlo «el tirano prófugo». Durante su gobierno además se profanó la memoria de Eva Perón de forma imperdonable para los jóvenes montoneros, que la veneraban.

En cumplimiento de órdenes superiores, el coronel Carlos Eugenio Moori Koenig, encargado del Servicio de Inteligencia del Ejército, robó el cuerpo embalsamado de la sede de la Confederación General del Trabajo (CGT) donde se encontraba, para evitar que se convirtiera en un lugar de culto y homenaje. Desde entonces, el destino del cuerpo de Evita era un misterio que crecía, junto con la obsesión de la resistencia peronista por recuperarlo.

¿Dónde se encontraba el cadáver? Ante la insistencia de sus interrogadores, Aramburu afirmó que el cuerpo había sido enterrado bajo un nombre falso en Italia y que la información sobre su ubicación precisa se alojaba en una caja de seguridad del Banco Central. No mentía; bajo el nombre de María Maggi de Magistris, Eva había sido inhumada en el Cementerio Mayor de Milán, en un operativo que incluyó el traslado de sus restos en barco hasta Génova.

Para el interrogatorio, al ex presidente de facto le habían quitado la chaqueta, la corbata, la traba de oro que la sostenía y las lapiceras que

---

[1] A pesar de todo lo que en sí representaba, varios informes recientes de la Inteligencia habían alertado al presidente de facto Juan Carlos Onganía de que Aramburu negociaba con un sector del peronismo su regreso al poder a cambio de la promesa de convocar elecciones —sin exclusiones— en breve. La idea, aunque creíble para algunos, parecía inverosímil para otros. El rumor alentó la sospecha de que Aramburu, que se negaba a tener custodia, había quedado desprotegido adrede por el régimen de Onganía.

llevaba en el bolsillo. En posición desventajosa, con su camisa blanca y unas pocas prendas, prometió que, si lo liberaban, él se encargaría de devolverles el cuerpo de Eva. Su oferta enojó más a sus captores: «Esto no es una negociación, es un juicio», le advirtieron.

Y su sentencia ya estaba escrita: culpable de «la profanación del lugar donde descansaban los restos de la compañera Evita y de la posterior desaparición de los mismos para quitarle al pueblo hasta el último resto material de quien fuera su abanderada».[2]

Los Montoneros le leyeron a Aramburu los decretos que, con su firma, habían ordenado los fusilamientos de Juan José Valle y de otros diecisiete militares, protagonistas de la insurrección de junio de 1956. Otro hecho que ellos se proponían vengar, porque Valle era un mártir para los jóvenes montoneros; a los pocos meses del golpe que expulsó a Perón del poder, había liderado un intento cívico-militar de reimponer al peronismo en nombre del Movimiento de Recuperación Nacional.

Jorge Born nunca olvidó la atmósfera densa de aquellos días, cuando él cumplía con el servicio militar, obligatorio en la época. Valle escuchó su condena a muerte en el mismo regimiento de Palermo donde Born sufría su reclutamiento en el ejército. Desde allí lo trasladaron hacia el predio de una ex penitenciaría ubicada en el parque Las Heras, donde fue ejecutado. Por la tensión imperante, Aramburu ordenó a los militares que patrullaran las calles. Con apenas veinte años, y a las órdenes de un sargento, Born salió con su fusil al hombro. Le aterrorizaba la posibilidad de entrar en combate, pero la causa le parecía justa; como casi todos los integrantes de la alta sociedad argentina, creía que convenía mantener a Perón lo más lejos posible de Argentina.[3]

---

[2] Comunicado n.º 3 de los Montoneros, 31 de mayo de 1970.

[3] Vueltas de la historia: el periodista Rodolfo Walsh —quien en 1974, integrado a los Montoneros, averiguaría los movimientos de Jorge y su hermano Juan en la etapa previa a la planificación del secuestro— investigó otros fusilamientos de aquellos días, de presuntos cómplices civiles del levantamiento, que se realizaron de manera oculta en los basurales de José León Suárez, en la provincia de Buenos Aires. Su libro *Operación masacre* abrió el camino y se consagró como una de las obras más importantes del periodismo de investigación en Argentina.

Los fusilamientos, junto con el robo del cadáver de Eva, fueron los ejes del «juicio revolucionario» a Aramburu. Al cabo de dos jornadas fue «sentenciado» a muerte. Abal Medina le anunció que sería ejecutado en el plazo de media hora. Le ataron las manos en la espalda y lo dejaron en soledad. Su última voluntad —un cura que oficiara de confesor— fue denegada: los secuestradores no podían correr riesgos innecesarios para que él reconfortara su conciencia. Aramburu quiso saber cómo sacarían de ahí su cadáver, pero tampoco obtuvo respuesta.

Abal Medina lo llevó a un pequeño sótano. Firmenich permaneció en la planta baja con la consigna de golpear con una llave un torno de banco, para tapar el sonido de las balas, papel que le valió el apodo de Herrerito. No era el jefe aún, pero lo sería en breve y por muchos años.

—General, vamos a proceder.

—Proceda —respondió Aramburu, según la narración oficial de los Montoneros.

Abal Medina nunca antes había matado a una persona. Le disparó dos tiros al pecho con un arma de 9 milímetros, a una distancia corta. El cuerpo cayó hacia un costado, con la sangre que le formaba una mancha en la camisa blanca. Maza, que estudiaba medicina, se acercó para tocarlo: tenía pulso, aún estaba vivo. Alguien más lo remató con una pistola de calibre 45.[4]

El casero de la estancia, Blas Aceval, era el hombre al que todos en el pueblo llamaban para hacer un pozo. Ramus le pidió que hiciera uno, aunque no precisamente para sacar agua. En el hueco de paredes perfec-

---

[4] En la versión oficial que ofrecieron en 1974, Firmenich y Arrostito habían señalado a Abal Medina —ya había muerto en aquel año— como único ejecutor del crimen. Pero las investigaciones encontraron balas de diferente calibre en el cuerpo de Aramburu, una evidencia que alimentó la sospecha de que alguien más había participado en la ejecución. En el libro *El Descamisado. La revista que cubrió el conflicto y la ruptura de Perón con Montoneros* (Sudamericana, 2015), Ricardo Grassi consiguió el testimonio de otro ex montonero que había participado en el asesinato, a quien —sin revelar su nombre— le atribuye la confirmación de que los verdugos fueron dos. Hasta la fecha no se conoce la identidad del otro montonero que disparó.

tas y 1,80 metros de profundidad, los guerrilleros pusieron el cadáver envuelto en una manta. Lo cubrieron con cal para que el cuerpo no emanara mal olor cuando se empezara a pudrir y le agregaron encima un baúl con armas antes de cubrirlo con tierra.[5]

A las pocas horas dieron a conocer su primera proclama:

MONTONEROS
1 de junio de 1970.
AL PUEBLO DE LA NACIÓN:
La conducción de Montoneros comunica que hoy a las 7.00 horas fue ejecutado Pedro Eugenio Aramburu.
Que Dios, Nuestro Señor, se apiade de su alma.
PERÓN O MUERTE - VIVA LA PATRIA

Un mes más tarde, el 1 de julio, los Montoneros dieron su siguiente golpe.

Amanecía cuando irrumpieron en una pequeña localidad llamada La Calera, en la provincia de Córdoba, una de las más agitadas por las protestas obreras y estudiantiles contra el régimen de Onganía.[6]

Para aislar a los pobladores, los jóvenes armados con pistolas y ametralladoras cortaron los accesos y las comunicaciones en la oficina de correos. Luego tomaron el destacamento policial y asaltaron la bóveda del único banco. Pintaron con aerosol el frente de la sede municipal con la leyenda «Perón o muerte» y ahí mismo dejaron una caja negra que parecía esconder una bomba. La brigada de explosivos que llegó al lugar horas después se encontró con que la caja escondía un grabador; al en-

---

[5] *La Celma*, película del Colectivo de Arte Comunitario Timotense, recoge los testimonios de los policías que participaron en el allanamiento a la quinta que culminó con el hallazgo del cuerpo de Aramburu.

[6] La elección del blanco tenía, además, un valor simbólico. La Calera había sido el último foco de resistencia a la Revolución Libertadora que en el año 1955 derrocó a Perón y lo mandó al exilio.

cenderlo empezó a sonar la marcha que en tiempos de Perón se cantaba más que el himno:[7]

> *Los muchachos peronistas*
> *todos unidos triunfaremos*
> *y como siempre daremos*
> *un grito de corazón:*
> *¡Viva Perón! ¡Viva Perón!*
> *Por ese gran argentino*
> *que se supo conquistar*
> *a la gran masa del pueblo*
> *combatiendo al capital.*

Mientras la canción prohibida sonaba en La Calera, los Montoneros encontraban dificultades para la retirada. Algunos cayeron presos, y en el interrogatorio entregaron la dirección de la vivienda en la que habían planificado el asalto.

Los policías rodearon la propiedad. Abrieron fuego, y Maza cayó. No supieron de inmediato que habían alcanzado a uno de los fugitivos más buscados, miembro del comando que había asesinado a Aramburu. Solo lo advirtieron cuando ingresaron en la casa y encontraron información valiosa; entre ella, documentos con el nombre de Arrostito y una máquina de escribir que —según concluyeron luego las investigaciones— se había utilizado para redactar el comunicado que anunció el asesinato del ex presidente.

Así se halló el hilo que condujo la investigación hacia la estancia de Timote.

«¡DENÚNCIELOS!», ordenaba el afiche con el cual se empapeló la ciudad. Mostraba los rostros de las personas más buscadas de Argentina y abundaba:

---

[7] La reconstrucción está basada en un artículo del diario *La Voz del Interior*, del 27 de junio de 2010, titulado: «Montoneros golpea en Córdoba». La nota cita el testimonio de vecinos de La Calera que fueron testigos de la toma y también de algunos guerrilleros que la protagonizaron.

POR EL SECUESTRO DEL SEÑOR TENIENTE GENERAL D. PEDRO EUGENIO ARAMBURU SE REQUIERE LA CAPTURA DE: Esther Norma Arrostito (alias Inés, argentina, 30 años de edad, casada, cutis blanco, 1,62 m de estatura, C.I. N° 4.384.123 P.F., L.E. 3.876.285), Mario Eduardo Firmenich (alias Manuel, argentino, 22 años de edad, soltero, cutis blanco, 1,66 m de estatura, C.I. N° 6.072.024 P.F., L.E. N° 7.794.388), y Fernando Luis Abal Medina (alias Fernando, argentino, 23 años de edad, soltero, cutis blanco, 1,85 m de estatura, delgado, C.I. N° 5.576.377 P.F., L.E. N° 4.557.175).

Al cabo de un mes y medio de búsqueda, la policía encontró el cadáver de Aramburu enterrado en La Celma. En el sótano advirtieron que había mosaicos del suelo levantado y dieron con el baúl de armas; no habrían seguido excavando si no hubieran visto los zapatos de Aramburu, que asomaban a un costado, por encima de la capa de cal.

El inmueble no les brindó nuevas pistas. Firmenich había quemado las cintas con el registro sonoro del juicio político por temor a que cayeran en una redada.

Pasó otro mes y medio y una llamada de alguien que los había identificado, por sus fotos en los afiches, llevó a las fuerzas de seguridad hasta la confitería La Rueda, en William Morris, en Hurlingham, otra localidad al oeste del Conurbano. Abal Medina, el jefe, y Ramus nunca lograron salir del bar, murieron en el tiroteo feroz. Arrostito y Firmenich también iban camino a La Rueda, pero se salvaron porque llegaron retrasados a la cita. Alcanzaron a ver la redada desde lejos y escaparon.

Perón nunca condenó el asesinato de Aramburu, que había generado una extraña sensación de justicia para algunos y un gran estupor en un amplio sector de la sociedad, y pareció darle la bienvenida a la irrupción de los Montoneros.

En su «Mensaje a la Juventud» desde Madrid del año 1971 señaló:

Tenemos una juventud maravillosa, que todos los días está dando muestras inequívocas de su capacidad y su grandeza. [...] Tengo una fe absoluta en nuestros muchachos, que han aprendido a morir por sus ideales.[8]

Navegaba con maestría las aguas de la ambigüedad. Iba y venía, en un movimiento pendular hacia la derecha y hacia la izquierda, con los mensajes y las señales que emitía. Nunca se acercó siquiera a las ideas marxistas. Su ex delegado John William Cooke le había sugerido que se instalara en la isla socialista. Lo había ignorado —y luego le quitaría su representación— para ser huésped del dictador español Francisco Franco.

Intentaba mantener el liderazgo sobre las estructuras tradicionales del peronismo y contener al mismo tiempo las nuevas expresiones de la juventud. La distancia —dado el nivel de desarrollo de las comunicaciones de la época, tan diferente de la instantaneidad contemporánea— favorecía su estrategia de contentar las posturas antagónicas que se iban perfilando dentro del movimiento justicialista. Pero no hizo más que postergar un choque inevitable.

Los jóvenes montoneros no habían surgido de las fábricas ni de los barrios pobres, como los obreros que habían sido el sostén del primer peronismo. Nacieron en centros de estudiantes de los colegios secundarios de las grandes ciudades, en un contexto de creciente represión del Estado a las protestas sociales bajo un gobierno militar que no ofrecía salidas.[9]

Abrazaron el peronismo con la convicción de que, si la clase obrera era peronista, la revolución no podía tener otra identidad, aunque la idea

---

[8] Richard Gillespie, *Soldados de Perón. Los Montoneros*, Buenos Aires, Grijalbo, 1987, p. 66.

[9] En 1966, Onganía disolvió los partidos políticos, eliminó toda esperanza de una salida por la vía democrática y ordenó la intervención de la Universidad de Buenos Aires (UBA). La UBA, que funcionaba de manera autónoma, vivía un momento de esplendor por la gran cantidad de científicos y académicos que desarrollaban sus investigaciones o dictaban clases en las distintas facultades que la integraban. Tras la intervención, se cesaron a numerosos docentes y se censuraron los contenidos.

de una insurrección socialista se basara en el mundo entero en la lucha de clases, de la cual el movimiento populista descreía. Una década más tarde, Galimberti lo presentaba como un vínculo utilitario. Dijo:

> El peronismo era como un tranvía: había que tomarlo para llegar con ese medio a un paraíso que era un modelo ideal, un modelo vago en realidad, en el que entraban los procubanos, los prochinos, los trotskistas: un berenjenal.[10]

Evitaron los padrinazgos extranjeros. Las agrupaciones de orientación comunista que recibían apoyo de la Unión Soviética o de Cuba se designaban con siglas; ellos, en cambio, adoptaron en 1968 un nombre que remitía a la propia historia, a la lucha de los gauchos rebeldes que habían peleado en las guerras por la independencia del siglo XIX. Aquellos jinetes se habían enfrentado a las tropas de los colonizadores españoles pertrechados con lo poco que conseguían, en milicias conocidas como montoneras. Los neoperonistas también eligieron las armas.

La edad escasa de los integrantes de la guerrilla los inclinaba hacia las idealizaciones. Admiraban sin reservas a Eva Perón, quien había muerto de cáncer en el pico de su imperio carismático y con apenas treinta y tres años: «Si Evita viviera sería montonera», pintaban en las paredes. Perón, especulaban, regresaría al país para dar por terminada la etapa de reformismo e imponer cambios radicales: la patria socialista.

El tiempo les demostraría que se trató de un error grave en su apreciación de la realidad.

A comienzos de la década de 1970, los acontecimientos se aceleraron. La presión condujo al general Alejandro Agustín Lanusse, otro militar que se encontraba a cargo del Poder Ejecutivo, a llamar a elecciones libres y, por primera vez desde 1955, sin la exclusión del PJ.

---

[10] *Siete Días*, Buenos Aires, 6 de abril de 1983.

Los Montoneros habían empezado a trabajar sobre el «engorde», una estrategia que después del asesinato de Aramburu les permitió dar el salto de una estructura reducida a una organización de masas sin dejar de lado ciertas actividades clandestinas. Vivieron una fuerte expansión territorial en distintos frentes —en los barrios, en las villas miseria, en los sindicatos, en las organizaciones de estudiantes—, que abonó un crecimiento exponencial en muy pocos años. Cuando llegó el momento de las elecciones, participaron con el sello de la Juventud Peronista (JP) y aportaron nombres a las listas de los candidatos, dinero a las campañas y multitudes. El sueño parecía posible.

Perón no compitió en esa primera instancia porque no había fijado domicilio en Argentina con suficiente antelación, una pequeña trampa que Lanusse había escondido en la llamada a elecciones sin proscriptos. De todos modos, viajó para designar al custodio de la transición: su delegado Héctor Cámpora. Los Montoneros lo apodaron el Tío para aludir a la verdadera figura del padre, el verdadero protagonista, a quien seguían esperando.

Con la consigna «Cámpora al gobierno, Perón al poder», el Frente Justicialista de Liberación (FREJULI) obtuvo un triunfo arrollador en las elecciones del 11 de marzo de 1973. El día de la asunción —cuando se conmemoraba la Revolución de Mayo de 1810, que los criollos hicieron contra el dominio colonial—, un millón de personas se movilizaron a la Plaza de Mayo, el centro cívico de la ciudad de Buenos Aires. Salvador Allende, el presidente socialista de Chile, fue uno de los invitados estelares, y Fidel Castro envió una delegación de alto nivel. Cámpora no iba a tardar en restablecer relaciones diplomáticas con Cuba.

En la vorágine del primer traspaso de los atributos presidenciales de un militar a un presidente peronista, los Montoneros y sus agrupaciones legales periféricas —estudiantiles, femeninas, sindicalistas, de las villas miseria— se hicieron sentir en todo el país. Cuando se instalaron frente a la cárcel de Devoto, en la ciudad capital, Cámpora supo que su proyecto de amnistía para los presos políticos no contaba con el tiempo necesario para pasar por la Cámara de Diputados y la de Senadores, ni siquiera en trámite expreso. Las puertas de los penales del país cederían antes a la presión popular:

«¡¡¡El Tío presidente, libertad a los combatientes!!!», cantaban los manifestantes.

El presidente firmó el decreto de un indulto generoso.

Así fueron absueltos, para siempre, todos los responsables del asesinato de Aramburu.

A medida que se acercaba el momento del esperado retorno de Perón al país, aumentaban la tensión y su distancia respecto de los jóvenes montoneros.

Antes de volver destronó a Galimberti —sin que le preocupara su carisma— del cargo de delegado de la Juventud Peronista, en el que él mismo lo había designado. También excluyó a los Montoneros de los preparativos para su retorno y encumbró a su enemigo José López Rega, quien quedó a cargo de la comisión organizadora.

López Rega era la némesis de los Montoneros, un personaje oscuro dedicado a las artes esotéricas (como fundador de la Logia Anael se hacía llamar Hermano Daniel), que tenía en su puño a Isabel Perón.[11] Había ascendido de criado a hombre de confianza de Perón en Madrid; él administraba el acceso al viejo general y, por cierto, se lo había dificultado a los guerrilleros.

Era un hombre de ultraderecha, más por conveniencia y por vagas intuiciones que por educación política, había sido un cantante de boleros fracasado y había sido exonerado de la policía en el rango de cabo (de regreso al poder, Perón lo reintegró a la fuerza y lo ascendió a comisario).

---

[11] Tras la muerte de su padre, la adolescente María Estela Martínez se había acercado a la familia de José Crespo e Isabel Gómez de Crespo; él era el director espiritual de un centro esotérico afiliado a la Escuela Científica Basilio. En homenaje a la mujer del matrimonio que la inició en las artes espiritistas, la futura esposa de Perón adoptó el nombre de Isabel.

Su suerte había cambiado en 1965, cuando conoció a Isabel Perón en un viaje que ella hizo a Argentina como delegada de su marido. La mutua afinidad por el espiritismo le permitió convertirla en su discípula obediente con la promesa de que le transmutaría el alma de Eva Duarte. Así ganó su confianza y se instaló a convivir con la pareja en la residencia de las afueras de Madrid, en Puerta de Hierro.

Por responsabilidad de López Rega, el 20 de junio de 1973, el día del regreso tan esperado de Perón a Argentina, pasó a la historia como la Masacre de Ezeiza.

Aquel 20 de junio las columnas de los Montoneros y de otros jóvenes de la izquierda peronista fueron corridas a tiros cuando pretendieron acercarse al palco montado en las cercanías del aeropuerto internacional bajo las órdenes de López Rega. Al día siguiente, Perón culpó a su otrora juventud maravillosa —«los que ingenuamente piensan que pueden copar nuestro movimiento»— por el enfrentamiento armado que dejó trece muertos y más de trescientos heridos.[12]

En ese clima tan enrarecido, Cámpora alcanzó a gobernar cuarenta y nueve días y renunció para dejar el camino abierto a la tercera presidencia de Perón. Isabel, que seguía obsesionada por la sombra de Evita, logró mucho más que aquel mito hubiera conseguido en vida. Perón, anciano y con la salud debilitada, la eligió como compañera en la fórmula presidencial. Algo que inquietó a todo el país, pues la salud de Perón hacía improbable que pudiera completar su mandato.

Isabel como sucesora era el boleto hacia el caos definitivo.

Las contradicciones internas del peronismo estaban a punto de estallar.

---

[12] En su desarrollo, muchos ven el mismo *modus operandi* de los Sucesos de Montejurra en 1976, el ataque del búnker franquista durante el vía crucis anual de los carlistas en memoria de los requetés muertos en la Guerra Civil española. En la operación participaron neofascistas italianos y argentinos, y todos ellos compartían algo con López Rega: la pertenencia a la logia Propaganda Due, que encabezaba el gran maestre Licio Gelli. Se hizo popular con el desastre del Banco Ambrosiano al descubrirse que los masones constituían una red desde la mafia hasta los poderes político, judicial y militar de Italia.

UN REGRESO A LOS ORÍGENES

La crisis final se expresó en público, como una catarsis teatral, durante la movilización por el día del Trabajador del 1 de mayo de 1974. Los Montoneros abuchearon el discurso de Perón y lo desafiaron con sus cánticos; el presidente les replicó desde el balcón de la casa de gobierno. Los jóvenes plegaron sus banderas y se retiraron de la Plaza de Mayo, dejando un espacio vacío muy visible.

Ya no reconocían la autoridad de Perón; no eran más sus soldados. Solo les faltaba autonomía financiera; para dar el salto de regreso a la clandestinidad, iban a necesitar recuperar los fondos que se habían gastado en la campaña de Cámpora.

Perón murió dos meses después, el 1 de julio de 1974. El país quedó en manos de esa viuda incapaz siquiera de gobernar sus estados de ánimo, y de López Rega, ministro ya todopoderoso que conducía el órgano parapolicial conocido como Triple A.

En ese momento, con las cartas echadas, los Montoneros habían avanzado de manera significativa en el plan para secuestrar a los hermanos Born.

A las dos semanas, la Conducción Nacional ordenó el robo de los vehículos que usarían en la emboscada. Enrique de Pedro —Quique o Miranda, integrante de la Columna Norte— había entrado en la fase final de la construcción de las celdas ocultas donde alojarían a los hermanos. Para ingresar en las casas designadas por Galimberti con los materiales y sin llamar la atención de los vecinos, Miranda había calculado que la tarea le podría llevar hasta seis meses. La línea de tiempo sugiere que poco antes o poco después de que Perón expulsara a los Montoneros de la Plaza de Mayo, él ya juntaba los primeros ladrillos.

Durante unos cuantos meses simularon que seguían encolumnados detrás de Perón, pero se aprestaban para una nueva batalla.

El 3 de septiembre *La Causa Peronista*, órgano de difusión de la guerrilla peronista, dedicó su portada a un artículo de alto impacto. El título pretendía tomar cierta distancia de un hecho criminal con la apelación a un verbo que —sin admitir que se había tratado de un asesinato— recurría a una descripción en la que desaparecía el sujeto responsable de la acción: «Cómo murió Aramuburu».

Murió. Nadie lo había matado, se diría.

El relato frío y pormenorizado del asesinato que había tenido lugar en junio de 1970 se había elaborado según el testimonio de dos de los ejecutores que habían sobrevivido: Firmenich y Arrostito.

Ante Ricardo Grassi, el director de la publicación, y otros integrantes de la redacción, el jefe montonero recreó a lo largo de dos tardes y a su manera las últimas horas de vida de Aramburu. También habilitó el testimonio de Arrostito —había sido la mujer más buscada de Argentina—, con quien se encontraron en un bar para que diera detalles de aquella acción fundacional.

Como una paradoja formidable, el retrato que construyeron a dúo repitió la imagen de Aramburu que tenía la alta sociedad argentina: un hombre de coraje y convicciones que afrontó su final trágico con dignidad.[13]

El relato tenía un sentido político que solo el paso del tiempo permitiría comprender del todo. «Fue el adiós a la existencia legal de Montoneros —escribió Grassi décadas más tarde—, el mejor modo de refrescar en la memoria de propios y ajenos quiénes eran.»[14]

A los tres días de la publicación, los Montoneros convocaron a un grupo de periodistas y los llevaron hasta un galpón donde Firmenich, Juan Carlos Dante Gullo y otros dirigentes de la organización armada formularon el anuncio que cambió el destino de miles de jóvenes, y también el de los hermanos Born: volvían a la clandestinidad para retomar la lucha armada.

---

[13] Cuarenta años más tarde, Ricardo Grassi, el director de la revista —que en sus inicios se había llamado *El Descamisado*—, publicó el libro *El Descamisado. La revista que cubrió el conflicto y la ruptura de Perón con Montoneros* con nuevas revelaciones y una reconstrucción que pone en evidencia las inconsistencias del relato original. Por ejemplo, que Aramburu no pudo haber dicho «procedan» antes de que lo fusilaran si le habían colocado un trapo en la boca para que no gritara.

[14] Ricardo Grassi, *op. cit.*, 2015, p. 353.

UN REGRESO A LOS ORÍGENES

Una línea parecía unir aquella Operación Pindapoy con esta Operación Mellizas.

Con los hermanos metidos en una «cárcel del pueblo», cuatro años después de aquel símbolo sangriento, los Montoneros ya no procuraban saldar cuentas con la historia. Solo querían dinero.

¿Estaría la familia Born dispuesta a financiarlos con una cifra extraordinaria a cambio de la libertad de sus hijos?

El dilema mortificó intensamente a quien debía pagar el rescate, Jorge Born padre.

Los Montoneros jamás imaginaron cuánto.

CAPÍTULO III

1974

El dato

Un único golpe que les procurase un botín millonario.
Una garantía para la continuidad de la organización durante décadas.
Un rescate récord que los inscribiera en la historia mundial.
Todo eso anhelaban los Montoneros.

Esas excusas, sublimes, no lograban disimular la realidad tanto más rasa: habían llegado al final de una etapa de quimera. Abandonaban de modo definitivo los planes de concretar una revolución dentro del sistema democrático.

Un «dato» —en la jerga de los jóvenes revolucionarios— definió el objetivo.

Un competidor de Bunge y Born —o un individuo con mucho poder, por lo menos; el suficiente como para que sus caminos se cruzaran con la superpoderosa multinacional argentina— le sopló a un integrante de la Conducción Nacional de los Montoneros que podían pedir hasta 200 millones de dólares por los hijos mayores de Jorge Born II.[1]

---

[1] Roberto Perdía, integrante de la conducción de los Montoneros, en una entrevista para el libro afirmó que «alguien» les había acercado «el dato» sobre el poder económico de Bunge y Born, pero no quiso entregar ninguna precisión que permitiera identificar a esa persona.

Una cifra inimaginable; su equivalente en dólares de hoy permitiría que algún magnate soñara con comprar el pase Lionel Messi al club Barcelona.

Según la fuente del «dato», el grupo era tan poderoso que sus recursos en Suiza, donde había montado una compañía financiera, alcanzaban con holgura para afrontar un pago de esa magnitud sin que debiera vender siquiera una de sus empresas. Un primer cotejo con publicaciones especializadas en negocios y empresas, que los Servicios de Inteligencia de los Montoneros sabían consultar, los alentó a perseguir la pista de Bunge y Born.

Hasta ese momento, el rescate más alto que una compañía había pagado por uno de sus gerentes era de 14,2 millones de dólares. El 3 de diciembre de 1973, el Ejército Revolucionario del Pueblo (ERP) había secuestrado en Buenos Aires al estadounidense Victor Samuelson, gerente general de la refinería que la petrolera ESSO tenía en el país. Para devolverlo con vida, la guerrilla guevarista pidió 10 millones de dólares en comida, ropa y materiales de construcción que se debían repartir en zonas pobres de Argentina —una compensación de «las abundantes riquezas extraídas a nuestro país por ESSO en los largos años de explotación imperialista»— y 4,2 millones para las víctimas de una inundación. Pero la situación del país no permitía la logística necesaria para tal despliegue: las fuerzas de seguridad terminarían con los repartos a poco de comenzados. El ERP recibió el total reclamado en billetes de 100 dólares, y Samuelson recuperó la libertad, ileso, el 29 de abril de 1974, tras haber pasado algo más de tres meses en cautiverio.[2]

Los Montoneros se propusieron batir el récord. Los Born no solo eran gerentes sino herederos, los primogénitos de una firma multinacional pero familiar, y el padre podía disponer del dinero sin tener que pedir autorización. Además, cualquier cifra de rescate debía multiplicarse por dos, pues se trataría de un secuestro doble. Mellizas.

A partir de 1972, esta forma de extorsión se había transformado en

---

[2] En el listado de *Business Insider*, el secuestro de Samuelson permanecía cuarto en el ranking de los rescates más caros.

el principal modo de financiación de muchos grupos guerrilleros. Sus víctimas habituales —los directivos de las firmas extranjeras y los empresarios locales— les permitían recaudaciones mejores que el asalto a una sucursal bancaria, con la ventaja adicional de ahorrarles los riesgos de esas operaciones, en las cuales intervenían factores impredecibles como el público y los encargados de la seguridad.

Mejor aún, esos casos les brindaban un extra —una yapa, se decía en Argentina—, ya que cuando involucraban a poderosos constituían, además, un golpe de propaganda.

Durante 1973 se concretaron 160 secuestros, entre uno y dos de alto impacto al mes. No todos terminaban de la mejor manera.

El secuestro del presidente en la filial argentina de la automotriz italiana Fiat, Oberdan Sallustro, conmocionó al país. El ERP lo capturó mientras se desarrollaba un conflicto sindical en la planta fabril y lo asesinó el 10 de abril de 1972, cuando la Policía Federal descubrió la «cárcel del pueblo» donde lo habían alojado, en el barrio de Mataderos de la ciudad de Buenos Aires.

Sallustro había nacido en Paraguay en el seno de una familia de inmigrantes italianos que habían combatido contra Mussolini, y siempre se interpretó como una ironía trágica que cayera asesinado en nombre del socialismo.

Más allá de la parábola, su muerte les comunicó a otros empresarios un mensaje tan inequívoco como perturbador: permanecer en Argentina significaba poner en riesgo la vida, además del capital.

Entre las víctimas de aquellos secuestros menos ideológicos que recaudadores se contaron directivos y gerentes de compañías internacionales como Kurt Schmid, el director latinoamericano de la empresa de aviación suiza Swiss Air; Norman Lee, dueño de una distribuidora y embotelladora de Coca-Cola en Argentina; Anthony Da Cruz, ciudadano norteamericano de origen portugués que ejercía el cargo de gerente de laboratorio de la planta de películas Eastman Kodak; John Thompson, enviado desde Estados Unidos con el cargo de presidente de la compañía de neumáticos Firestone Argentina; el danés Enrique Nyborg Andersen, director regional del Banco de Londres y América del Sur, y el francés Yves Boisset, directivo de la automotriz Peugeot, entre muchos otros.

A veces ni siquiera el pago del rescate garantizaba la tranquilidad. El británico Charles Lockwood, un experto en finanzas que trabajaba en el Grupo Roberts, uno de los más importantes del país, sufrió dos secuestros. La primera vez, en 1973, lo liberaron al cabo de dos meses de cautiverio tras el pago de dos millones de dólares. Lockwood decidió permanecer en el país, con la convicción de que el ERP, tal como le habían prometido, «nunca exprimía dos veces un mismo limón». Sin embargo, dos años más tarde el mismo grupo lo recapturó, y esta vez exigió diez millones de dólares para su liberación.

Según el semanario estadounidense *Time*, hacia finales del año 1973 el 60 por ciento de los representantes de firmas extranjeras habían abandonado el país.

También los argentinos adinerados corrían peligro.[3]

La mayoría de sus pares huían, pero Jorge Born II —quien, además de ser el padre de los secuestrados Jorge y Juan, llevaba las riendas de la empresa que destacaba entre las más poderosas de Argentina— se había negado a considerar una mudanza temporaria al exterior. Su empecinamiento resultaba difícil de comprender entre sus pares y sus subordinados. Podía elegir entre muchos destinos sin tener que comenzar de nuevo. Por su actividad original, la venta de granos, su firma operaba con oficinas en Londres, París y Amberes en Europa, también en Estados Unidos y en varios puntos de América Latina.

La presencia dominante del grupo, también en la industria nacional con productos de consumo masivo, le daba mucha visibilidad y lo con-

---

[3] En el mismo período, Santiago Soldati, hijo del presidente del Nuevo Banco Italiano, y Carlos Pulenta, productor vitivinícola, debieron pagar por su libertad.

vertía en un objetivo apetecible para las guerrillas clandestinas. La empresa de alimentos del grupo, Molinos Río de la Plata, producía algunas de las marcas más emblemáticas de la mesa de los argentinos de la época, como el aceite de mesa Cocinero, la mayonesa Ri-K y la yerba mate Nobleza Gaucha.

La Juventud Trabajadora Peronista (JTP), el frente gremial creado por los Montoneros para desafiar el poder de los sindicatos tradicionales, había penetrado en las fábricas; con sus exigencias complicaba las negociaciones salariales y a menudo tomaba las instalaciones y comprometía las operaciones de las plantas.

Pese a tanta exposición, Born II no había accedido siquiera a pagar el impuesto revolucionario que diversos grupos le exigían para garantizar la seguridad de su familia; en teoría —y al estilo de la mafia—, ese desembolso protegía a los empresarios de males mayores. Le ofuscaba la mera idea de ceder a la extorsión: «Lo que es correcto es correcto, y lo que no es correcto no es correcto. Y punto».

El dispositivo de seguridad del holding —integrado por hombres ligados a los Servicios de Inteligencia y bien conectados con los militares— le había advertido de los riesgos que corrían él, sus hijos y sus familias. Algunas personas de su confianza le repetían:

—Tienen que salir de Argentina por un tiempo.

—¿Cómo nos vamos a ir nosotros, que somos los capos? Diecisiete mil personas trabajan en nuestras empresas. Nos tenemos que quedar. Pase lo que pase —se negaba.

Después de recibir el «dato» inicial que puso en el punto de mira a la familia Born, la conducción de los Montoneros —que mezclaba a esa altura miembros de los grupos fundadores, como Mario Firmenich y Roberto Perdía, con jefes de otras organizaciones más antiguas que se habían fusionado con ellos, como Horacio Mendizábal, Roberto Quieto y Juan Julio Roqué— ordenó a Horacio Campiglia, alias «Petrus», que investigara al grupo. El jefe del Servicio de Informaciones de la guerrilla peronista consideró prioritario que se atendieran en especial los movimientos de sus directivos. Campiglia le pidió a Rodolfo Walsh y al resto de los militantes que le informaban que proporcionasen los datos necesarios para planificar la operación. Desde su investigación periodística para la Operación Masacre, Walsh —que había comenzado su vida política en la derecha nacionalista— se había radicalizado hacia el ala revolucionaria del justicialismo, en 1973 se había sumado a los Montoneros proveniente de otra organización, las Fuerzas Armadas Peronistas (FAP).

Si bien Bunge y Born se caracterizaba por el hermetismo que la protegía, los Montoneros lograron perforar esa barrera y conocer alguno de sus secretos mediante la aplicación de cierto ingenio. Mientras caminaba por Boulogne, no demasiado lejos de la mansión que habitaban los hermanos, Jorge «el Topo» Devoto leyó un cartel: «Se buscan heladeros». Entró y preguntó qué necesitaba para llevarse un carrito de vendedor ambulante. Tenía que dejar su documento como reaseguro y pagar el hielo seco, y los helados Laponia se entregaban en consignación a un precio que le permitiría duplicarlo para obtener su ganancia.

Devoto regresó al día siguiente y se llevó un carrito. La cobertura funcionó a la perfección. Logró permanecer quieto en una esquina, durante horas, observando cada movimiento sin llamar la atención. Los equipos de los Montoneros que trabajaban en la Inteligencia se entusiasmaron con el método y montaron cuadrillas de heladeros, hasta que reconocieron toda la zona geográfica que habían delimitado como de interés.

Born padre y su principal socio eran demasiado mayores como para sobrevivir un período largo en una «cárcel del pueblo». Born II, nacido el 1 de julio de 1900, tenía setenta y cuatro años; Mario Hirsch, el vicepresidente del grupo, sesenta y tres. Aunque entre ambos manejaban los negocios en Argentina, los herederos Jorge y Juan Born resultaban presas mucho más convenientes.

Se llevaban once meses, el mayor tenía apenas cuarenta años, se mantenían saludables y ocupaban cargos de relevancia en la estructura de la compañía. Jorge era el número tres detrás de Hirsch y se encargaba de las ramificaciones del comercio de granos en Estados Unidos y en Brasil; Juan tenía a su cargo el área administrativa del holding.

El seguimiento preliminar del Servicio de Informaciones arrojó que Born padre y su esposa Matilde Frías —un apellido del patriciado local; como muchos comerciantes adinerados pero sin alcurnia, Born se casó con un miembro de una familia socialmente dominante en Argentina, y lo mismo hicieron sus hijos— se habían mudado a un apartamento en la avenida del Libertador al 3500. Una zona exclusiva, junto al palacio Bosch (la residencia del embajador de Estados Unidos) y frente al parque Tres de Febrero, un gran pulmón verde en la ciudad capital.

La propiedad familiar de Béccar, una zona de colinas y mansiones en los elegantes suburbios del norte, había quedado para los dos hijos mayores. Desde allí, Jorge y Juan viajaban juntos a diario al centro de la ciudad, hasta La Maison, donde compartían oficinas con un centenar de gerentes, argentinos y extranjeros, que atendían los negocios de Bunge y Born en todo el mundo.

Los hermanos, conscientes del peligro que los rodeaba, no tomaban riesgos innecesarios. Pasaban casi todo su tiempo libre en Béccar, detrás de una muralla cuya altura habían elevado y sobre la cual habían duplicado los puestos de vigilancia.

Juan y su familia —su mujer Virginia Agote y sus cuatro hijos: Juan Cristian, Virginia, Pablo y Santiago— habían heredado la casa principal, decorada por Jean-Michel Frank, diseñador de interiores francés de fama en los años veinte. Jorge Born II y Matilde lo habían frecuentado en su atelier de París. Frank les mostraba las maquetas a medida que desarrollaba el proyecto y luego les mandaba las obras de sus artistas amigos —una lámpara del escultor Alberto Giacometti o un mueble del surrealista español Salvador Dalí— por barco. Así actuaba la jet set argentina, que imitaba a la aristocracia europea y contaba con el dinero suficiente como para montar réplicas de las construcciones que los deslumbraban.

Jorge Born III, su mujer Inés Magrone de Alvear y sus hijos Jorge, Inés Alejandra, Marina y José Eduardo se habían acomodado en la segunda resistencia, la más cercana a la piscina olímpica.

En su conjunto, la propiedad que los padres de los herederos habían levantado desde los cimientos ocupaba la mitad de una manzana; la otra mitad pertenecía a la escritora Victoria Ocampo. En 1931, la vecina había fundado la revista *Sur* y su editorial, que difundieron en España y América Latina la mejor literatura local y extranjera en traducciones memorables, como las de Jorge Luis Borges o las de José Bianco. Por su casa, luego conocida como Villa Ocampo, pasaron los intelectuales y hombres de letras más destacados de buena parte del siglo XX. En el recuerdo de los hermanos, que habían correteado esos mismos jardines que ahora disfrutaban sus hijos, quedaban las quejas de Ocampo, fastidiada por el ladrido de sus perros.

Los Born ni siquiera salían los fines de semana; debía de tratarse de algo imprescindible para que se hiciera una excepción. La custodia había indicado que dejasen de llevar a los hijos a sus colegios en el barrio vecino de Olivos (los varones acudían a la Escuela Escocesa San Andrés y las mujeres al Northlands, ambos institutos bilingües y de doble turno; ninguno mixto). Las esposas de Jorge y de Juan a veces se sentían agotadas, preferían dejar el país antes que vivir de esa manera.

Los desplazamientos compartidos de los hermanos ofrecían un costado tentador para los Montoneros: la promesa de un botín doble en un golpe único. El entusiasmo inicial se aplacó cuando comprobaron que el esquema de seguridad alrededor de los herederos no parecía presentar fisuras. Se movían hacia las oficinas siempre con un coche de custodia y recorrían un trayecto casi sin desvíos por la avenida del Libertador, una de las más transitadas vías de ingreso a la ciudad de Buenos Aires.

Tras muchas observaciones, el Servicio de Informaciones de los Montoneros argumentó que resultaría casi imposible planificar una emboscada.

Hasta que un día, por casualidad, se vislumbró un plan viable.

Los militantes a cargo del seguimiento observaron cómo una cuadrilla de poda de árboles cortaba el camino y desviaba a los automóviles sin trastorno alguno. Ese hecho los inspiró.

EL DATO

Cuando por fin recibió la propuesta de Campiglia para prender a los Born, la jefatura que encabezaba Firmenich encargó a la Columna Norte que planificase y ejecutase el plan. Le correspondía, tenía la responsabilidad de los operativos en la zona donde se produciría el secuestro doble.[4]

Al mando de Galimberti, la Columna Norte gozaba de cierto prestigio dentro de la organización; la llamaban «las 3M», un chiste sobre el apelativo «los Montoneros Más Malos». A la personalidad arrolladora de su jefe se sumaban las características de su territorio, que lo convertían en un escenario ideal para el ensayo revolucionario. En esa parte del Conurbano, donde se sucedían barrios ricos históricos, había emergido también un cordón industrial pujante, con gran cantidad de fábricas cuyas comisiones gremiales internas habían reemplazado la ortodoxia sindical peronista por una generación que nutría al ala izquierda del movimiento.

Después del regreso a la clandestinidad, la organización se había ordenado con jerarquías que mostraban la fascinación extrema de los Montoneros por las estructuras militares. El rango de miliciano equivalía al de soldado raso. Le seguían los de subteniente, teniente, teniente primero y capitán, el máximo dentro de cada columna. Los titulares de las regionales debían ser oficiales mayores, un grado por debajo del oficial superior que se reservaba a los integrantes de la Conducción Nacional. Cada ascenso se debatía en tribunales que se constituían con ese fin, y cuyas decisiones quedaban *ad referendum* de los oficiales superiores. El procedimiento reforzaba otro rasgo muy marcado de la organización con posterioridad a 1974: el verticalismo.

La Conducción Nacional no se sometía a un proceso democrático para la toma de decisiones, simplemente bajaba a los milicianos su prin-

---

[4] En la estructura de los Montoneros la base territorial se hallaba en los municipios, en las «unidades básicas de combate». Las «columnas» agrupaban un conjunto de unidades, por lo general de municipios vecinos. A su vez, las columnas se concentraban en un número acotado de «regionales» (Cuyo, Noroeste, Córdoba, Nordeste, Patagonia, La Plata, Mar del Plata, Paraná, Santa Fe-Rosario y Buenos Aires). En el vértice de la pirámide se ubicaba la Conducción Nacional.

cipio de subordinación estratégica. Los debates se clausuraban antes de comenzar. Tan solo en las operaciones guerrilleras menores regía la autonomía táctica, y las distintas columnas se permitían desarrollar una acción sin la supervisión de la cúpula.[5]

En la Operación Mellizas, dada su relevancia, participaron representantes de todos los niveles: el jefe de la Columna Norte, el capitán Galimberti; el de la Regional Buenos Aires, el oficial mayor Fernando Vaca Narvaja, y un delegado de la Conducción Nacional, el oficial superior Roberto Quieto.

Este abogado de treinta y seis años provenía de las Fuerzas Armadas Revolucionarias (FAR), que se habían creado como un grupo de apoyo al foco guerrillero que Ernesto «Che» Guevara lideró en Bolivia.[6] Comparado con Firmenich, Quieto era un viejo guerrero. Acumulaba más años de vida y de experiencia en operativos que la mayoría de los integrantes originales de la organización.

Quieto había realizado planificaciones complejas: robos a bancos comerciales importantes, el asalto a un camión militar y el copamiento de un destacamento policial. Había recibido entrenamiento en Cuba y había organizado y protagonizado la fuga épica del penal de Rawson —aquella que se inspiró en la fuga de los Tupamaros uruguayos de la cárcel de Punta Carretas, en Montevideo—, pero que terminó en la Masacre de Trelew.[7] Firmenich solo había tenido protagonismo en la libe-

---

[5] «Son formaciones reagrupables —explicó Firmenich al semanario francés *Le Nouvel Observateur*—. Se aproximan al objetivo en forma dispersa, si se trata de grandes operaciones, pero el ataque se libra en forma reagrupada, es decir, como una formación de infantería. La formación se dispersa otra vez para la retirada, y cada grupo tiene la autonomía para librar pequeños combates con éxito», París, 17 de julio de 1978.

[6] Hacia finales de 1973 se habían fusionado bajo el nombre de los Montoneros al igual que las FAR y el grupo de los Descamisados.

[7] El 22 de agosto de 1972, los montoneros Roberto Quieto y Fernando Vaca Narvaja y los jefes del ERP, Mario Roberto Santucho y Enrique Gorriarán Merlo, salieron en un avión de línea secuestrado rumbo a Chile, y de allí hacia Cuba. Otros diecinueve cuadros guerrilleros intermedios salieron detrás de ellos, pero quedaron atrapados en el aeropuerto y fueron detenidos en la base naval Almirante Zar. Allí los

ración de cuatro presas políticas de la cárcel del Buen Pastor, en la provincia de Córdoba, en junio de 1971, y había cumplido aquel papel secundario en la Operación Pindapoy, organizada para llevar adelante el asesinato de Aramburu.

«Es natural imaginarse que un hombre que no sale de su casa sino para cumplir acciones de guerra ha estado muchas veces al borde de la muerte —escribió Gabriel García Márquez en su famosa entrevista a Firmenich, que publicó en la revista italiana *L'Espresso* en 1977—. Pero él solo ha tenido la impresión de estarlo una vez, y en una operación que vista a la distancia no valía la pena.»[8]

La anécdota, de diciembre de 1970, ubica a Firmenich y a un compañero, disfrazados de vendedores de café, en la quinta presidencial de Olivos. Le quitaron una subametralladora a un policía, quien se resistió e hirió a Firmenich en un dedo. «Fue un milagro —citó el autor colombiano al guerrillero—. El dedo impidió que la bala me diera en el corazón.»

A pesar de los antecedentes de Quieto, irreprochables desde el punto de vista militar, el resto de la Conducción Nacional le reprochaba un punto débil: su familia.

Los Montoneros, inspirados en la concepción del hombre nuevo del Che Guevara, creían que la entrega del revolucionario debía ser total. Condenaban los lazos sentimentales con personas que no formaran parte de la organización y solo autorizaban la formación de parejas con idéntico compromiso, capaces de entender la prevalencia de la lucha revolucionaria por encima de cualquier otro impulso.

Alicia Beatriz Testai, la compañera de Quieto y madre de sus dos hijos, no compartía la militancia. Y él intentaba mantener el contacto con su familia, una colisión de sentimientos peligrosa.

---

ametrallaron en un intento de fuga que fingió la Marina. Entre ellos murieron las esposas de Vaca Narvaja y de Santucho, que estaba embarazada. Los tres únicos sobrevivientes cayeron durante la represión de la dictadura de 1976.

[8] Entrevista de Gabriel García Márquez a Firmenich, «Mañana en la Casa Rosada», publicada en la revista *L'Espresso* el 17 de abril de 1977.

Del gran golpe, bautizado Operación Mellizas, participaron en total cuarenta y cinco militantes, pero solo diecinueve necesitaron conocer ciertos detalles. Los demás, integrantes del anillo externo de contención, apenas recibieron instrucciones para el seguimiento de los coches: debían armar un sistema de postas para vigilar al objetivo desde el punto de salida, la fortaleza de Béccar, hasta la intersección elegida para la emboscada.

Quieto juntó a los combatientes, que había seleccionado en atención a su experiencia y manejo de armas, por única vez y para un repaso general ya en la etapa final de la planificación. Los integrantes de los «equipos de ataque» y «de contención» del secuestro de los hermanos Born se conocieron entre sí el sábado 14 de septiembre de 1974, en el camping de un sindicato en la localidad de Tandil, en la provincia de Buenos Aires.

Los condujeron «tabicados», como se decía en la jerga montonera, es decir, con los ojos tapados con algodones encima de los cuales llevaban gafas negras grandes, para que —por su seguridad y la del resto del grupo— no reconocieran puntos de referencia del trayecto. Los chóferes conocían solo el destino al que se dirigían e ignoraban a quiénes llevaban. Mucho menos sabían que se trataba de una práctica para la Operación Mellizas. En la estructura montonera, a una célula llegaban únicamente los datos necesarios para cumplir con una tarea, sin antecedentes, consecuencias o simultaneidades.

Al aire libre y con el cronómetro en la mano, Quieto ensayó cada movimiento con sus hombres, muchos de ellos veteranos de las FAR como él. Antes repasó cuestiones elementales, los preparativos típicos de cualquier operación.

El día del secuestro, les recordó, debían sincronizar los relojes según el indicador oficial de la radio, para que todos quedaran clavados a la misma, exacta, hora. En la parte trasera del mecanismo del reloj pegarían con cinta adhesiva un papel que avisara de su tipo sanguíneo. Se habían preparado quirófanos en dos «casas operativas» cercanas al lugar de la celada, con bancos de sangre y médicos de guardia que los atenderían, si resultaba necesario, por fuera del sistema de hospitales. Por último, los equipos que participaron del secuestro se untarían la yema de los dedos con pegamento, para que en la escena del secuestro no quedasen huellas dactilares que condujeran a su identificación.

A cada integrante de los equipos se le había asignado un acompañante —al teatro de operaciones se debía llegar en parejas—, un vehículo de fuga y un lugar predeterminado en cada coche. No podían perder un segundo siquiera en improvisar. Para cada coche se habían elegido un chófer y un reemplazante, y ambos tenían que estudiar en detalle las calles de la zona en los mapas locales, hasta que aprendieran de memoria todas las vías de escape.

Quieto les informó a los militantes que ya estaban listas las camionetas que usarían para colisionar los coches de Born y de su custodia. En cambio, no dio detalles de cómo las habían conseguido; una había sido robada el 24 y otra el 30 de agosto, ambas en el Conurbano. Tampoco les contó que, gracias a la División de Documentación del grupo, los vehículos contaban con títulos de propiedad fraguados a nombre de Escalona Hermanos SRL, y con patentes falsas que les permitirían eludir las órdenes de captura en caso de que las hubiese librado la policía.

En el camping, Quieto continuó con el repaso; una vez capturados los Born y cumplido el protocolo de revisión y salvaguardia, había que trasladarlos a la «cárcel del pueblo», donde los guardias tomarían la posta. Escatimó otra vez los detalles, porque la organización no tenía una sino dos «cárceles del pueblo» para los hermanos, para elevar el nivel de seguridad cuando pasaran de una a otra. Si el operativo salía bien, los hombres de Quieto ya conocían el procedimiento: debían dejar el armamento en un lugar protegido y acudir al control de seguridad.

En los días previos al secuestro, además de memorizar cuestiones prácticas, repasaron las enseñanzas del marco teórico sintetizado en el *Manual único de instrucciones tácticas para operaciones especiales*. En sus páginas se indicaban dos factores determinantes para el éxito: la sorpresa y la iniciativa. En cualquier circunstancia, adoctrinaba, el Estado, con todas las fuerzas represivas de su lado, contaría con superioridad estratégica sobre la guerrilla; por ende, el objetivo de cualquier operación sería alcanzar una «superioridad táctica relativa»: contar con más fuerzas que el Estado en un momento determinado y en un punto establecido.

Esos 120 segundos. Ese cartel falso de «Desvío» y la emboscada.

En el mejor de los casos, la inversión en la relación de fuerzas sería temporaria o contingente, pues en apenas minutos el adversario haría valer su predominio absoluto. Con ese criterio planificaron la secuencia del secuestro.

En los segundos de la encerrona —tal como arengó Quieto a sus hombres en el camping— se jugarían la suerte del futuro de la organización y el sueño de la revolución. Tanto necesitaban los Montoneros ese rescate.

CAPÍTULO IV

Comienzos de octubre de 1974
La adaptación

Oscar «el Sordo» de Gregorio marcó el número del conmutador de la casa central de Bunge y Born para reivindicar en nombre de Montoneros el secuestro de los hermanos. En tono amenazante, advirtió a su interlocutor que exigían «cien» a cambio de los cautivos, cuyas vidas corrían peligro.

—¿Cien mil? —respondió el interlocutor en la empresa. No logró disimular su alivio.

—Cien. Cien millones. De dólares —clarificó De Gregorio.

Jorge Born II conoció de inmediato las pretensiones de los secuestradores y asintió. Dijo en un murmullo, aunque su tono quedo sonó irrevocable: «No me los pasen. No los pienso atender».

Le faltaba el aire. Entendía lo que había ocurrido y su cuerpo se rebelaba contra esa comprensión. Hubiera sido mejor no imaginarse a sus hijos... Se negó a seguir pensando.

Su secretaria lo notó pálido y quiso hacer algo, pero no supo qué. Era la situación más extraña en la que se habían encontrado.

Apenas se repuso, el presidente del holding redobló su determinación de no atender a los secuestradores.

Los Montoneros repitieron sus llamadas para abrir la negociación.

No podían creer que cada vez les reiterasen las mismas palabras: «El señor Born no puede tomar esta llamada».

¿Cómo podía ser que el padre no se inmutara? Entre los numerosos escenarios que habían conjeturado, nunca se contó la posibilidad de que les colgasen el teléfono.

«¡¿De qué están hechos ustedes?!»

Jorge Born III apenas levantó la vista hacia el encapuchado que le gritaba desde la puerta de su celda diminuta, escasa de luz y aire. El cautivo escuchó el reclamo con su lógica de empresario y fastidió a su guardia con su respuesta: «Pero ¿qué se imaginaban? Si ustedes piden un disparate...».

El desconcierto de los Montoneros mostraba qué mal conocían la personalidad del padre de los hermanos. Jorge Born II había sido educado en la religión protestante por una madre alemana muy estricta, para nada cariñosa, quien le inculcó valores sobre la moral puritana, el trabajo duro y la austeridad aun en el mundo de privilegios que lo rodeaba.

Como le tocaría en suerte a sus dos hijos mayores, él también había sido prisionero, en su caso, de las tropas alemanas en Bélgica durante la Primera Guerra Mundial.

Su padre belga, el Jorge Born original, había amasado una gran fortuna. Ya vivían de manera permanente en Buenos Aires cuando, apenas cumplidos los dieciocho años, lo mandó a estudiar Ciencias Financieras en Amberes. Poco después de su llegada, los alemanes invadieron Bélgica. La ocupación duró cuatro años y se ensañó con los civiles. Él se unió a la resistencia; en la bicicleta con que se movía por la ciudad cruzaba la frontera de Holanda y transmitía mensajes a los soldados ingleses. Los alemanes lo descubrieron y lo detuvieron durante casi un año en condiciones tan precarias que casi murió de una neumonía. Lo salvó el gesto compasivo de un compañero de celda, que lo cubría cada noche con una frazada.

LA ADAPTACIÓN

Cuando salió en libertad, su padre lo fue a ver a Bélgica. Ese fue el último viaje del fundador de la dinastía, porque allí murió, en 1920. El hijo regresó a Buenos Aires.

Jorge Born III sabía que aquella experiencia en la Primera Guerra Mundial le había enseñado que se podía sobrevivir al rigor de una larga estadía en la cárcel. Jamás esperó que se precipitara al teléfono con las primeras llamadas de sus captores. Tampoco se le ocurrió pensar que su negativa obstinada reflejara indiferencia por sus hijos, le profesaba tanta devoción que el gesto de su padre engrandecía su figura ante sus ojos.

En la cueva donde lo habían recluido los Montoneros, el hijo mayor sintió algo parecido a la confianza. Esa muestra de integridad ante la extorsión compensaba el menoscabo cotidiano. De algún modo, su nombre —el mismo de su padre— recuperaba la respetabilidad.

La historia de la compañía, que pasaba de generación en generación, comenzaba con Jorge Born —el abuelo que los cautivos de los Montoneros no llegaron a conocer— y Ernesto Bunge, a finales del siglo XIX.

En aquellos años, cuando en el mundo se decía «rico como un argentino», Bunge había señalado un destino: el puerto de Buenos Aires, de donde el trigo y el maíz salían al mundo.

Su familia, comerciantes de granos de Amberes, había advertido que Argentina se transformaría en uno de los exportadores principales de aquello que importaban. Su tío, Carlos Bunge, cónsul de Holanda y de Prusia, había fundado la financiera que daría origen al grupo Tornquist y Cía. y nada le costó facilitarle los primeros contactos en el Río de la Plata.

Tras un primer sondeo, Bunge le propuso a su cuñado Born que se radicaran en Buenos Aires y explorasen las posibilidades que ofrecía el país. En 1884 inscribieron en el Registro Público de Comercio la empresa Ernesto Bunge y Jorge Born SA.

La Maison, el edificio emblemático de estilo flamenco de Bunge y Born en el centro porteño, adonde los hermanos llegaban juntos cada mañana.

Todas las mañanas recibían cablegramas de Amberes, de Londres, de Liverpool, de Venecia, de Marsella y de otras ciudades de Europa donde ya había transcurrido parte del día. Sobre la base de esa información telegrafiaban a sus agentes en los centros de la producción agrícola en Bahía Blanca, Rosario y Santa Fe con órdenes de compra. Destinaron las ganancias de los primeros años a adquirir estancias.

LA ADAPTACIÓN

Para apoyar a los socios, superados por el volumen de trabajo, Alfredo Hirsch cruzó el Atlántico en 1897. El joven de origen judío alemán le cambiaría el perfil a la compañía al promover la diversificación hacia actividades afines para que, a partir de su negocio principal, Bunge y Born creciera hacia atrás y hacia delante en la cadena de producción dentro de Argentina.

Como Jeff Bezos, que en un garaje comenzó Amazon —la distribuidora más grande de casi todos los bienes de circulación legal en el mundo—, Hirsch, con apenas veinticinco años, mostró una visión fenomenal. La expansión de actividades locales resultó tan fuerte que pronto los ingresos por la producción industrial superaron a los que obtenían en Argentina del comercio exterior.

Dado que a su pensamiento estratégico se sumaba una habilidad extraordinaria para las relaciones políticas, Hirsch se transformó en el socio natural para Born cuando Bunge decidió regresar a Bélgica. Las dos familias hicieron idéntico esfuerzo de asimilación; así como los herederos de Born se habían unido a través del matrimonio con las familias patricias y ya no eran protestantes, Hirsch abandonó el judaísmo y crió a sus hijos en la fe católica, la religión dominante en el país. El vínculo entre los patriarcas se afianzó con el tiempo y pasó la prueba de la segunda generación, que encabezaron Jorge Born II y Mario Hirsch. Como en un espejo de la división de tareas entre sus padres, uno desarrollaba la gestión y el otro desempeñaba el papel de operador político de la compañía.

Cuando los Montoneros secuestraron a los hermanos, Hirsch se preparaba para asumir la presidencia que Born II iba a dejar al jubilarse. El siguiente en conducir la compañía debía ser Jorge Born III.

Para cumplir con su destino, el primogénito —que encabezaba la línea de sucesión, como en la monarquía— debía sobrevivir a la «cárcel del pueblo».

Gracias al trato riguroso que su padre le había impuesto para afrontar la vida, el cautiverio lo encontraba más aguerrido que a cualquier otro joven rico.

Desde muy pequeño había aprendido a valorar —por enseñanza de su padre— los beneficios de pertenecer a una familia que había alcanzado un éxito extraordinario en el mundo de los negocios y le advirtió que eso no le ahorraría la experiencia del sacrificio. Al contrario, sería una parte natural de su educación. Born II fue severo con sus cuatro hijos (Jorge, Juan, Julio y Matilde), como sus padres lo habían sido con él. Y exigió un poco más de los dos mayores, los elegidos para ocupar cargos de relevancia en la empresa. Los que en ese momento yacían en una cueva cautivos de la guerrilla.

En la primera «casa operativa» donde los alojaron funcionaba un taller del Servicio de Armamentos de los Montoneros. Ningún militante vivía allí en forma permanente, una condición conveniente para preservar el secreto en el interior de la organización mientras se construía la celda.

La propiedad pertenecía a la familia de Miguel «el Gordo» Lizaso,[1] del área de Finanzas de los Montoneros. Quedaba cerca de una estación de tren en Villa Ballester, una zona de casas bajas, también en el Conurbano, donde se habían asentado muchos inmigrantes alemanes.

Los Montoneros utilizaron el tinglado de Carapachay como un destino provisorio, un punto intermedio para borrar el rastro entre el lugar del secuestro y el lugar del cautiverio. La otra casa ofrecía un nivel más elevado de seguridad, pues los militantes que habían participado de la celada ignoraban su ubicación, así como los que se ocupaban de mantenerla en operaciones desconocían los detalles antecedentes.

Piojo 2, ubicada apenas a quince minutos de Piojo 1, pertenecía al Ayuntamiento de San Martín, el barrio donde había crecido Rodolfo Galimberti.

---

[1] Los Lizaso llevaban décadas de compromiso con el justicialismo; el padre, Pedro, había sido intendente del municipio de Vicente López durante el primer gobierno de Juan Perón; uno de los hermanos del Gordo, Carlos —Chiquito—, había participado en el levantamiento del general Juan José Valle contra la dictadura de 1955, y por eso lo habían fusilado en los basurales de José León Suárez.

LA ADAPTACIÓN

CAUSA JUDICIAL Nº 41.811

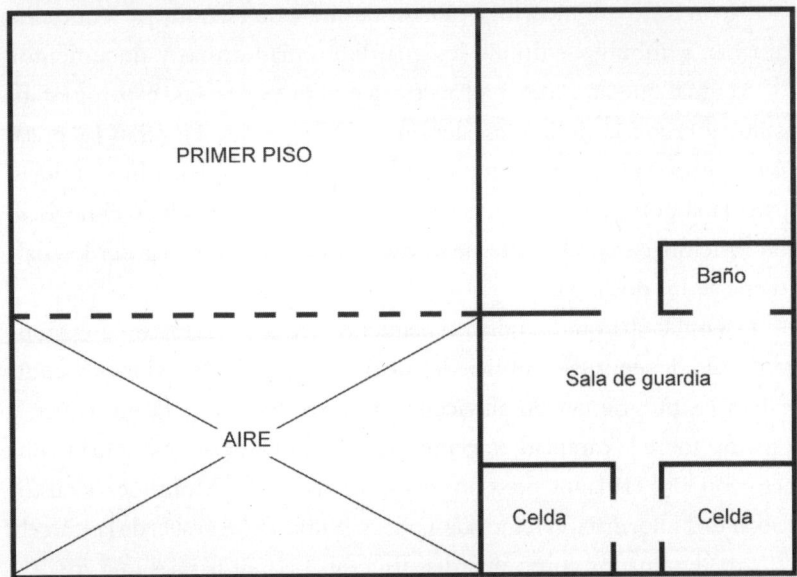

Frente y plano de Piojo 2, o La Carpintería, la segunda «cárcel del pueblo».

La primera «cárcel» se había montado en un sótano, a 2,40 metros de profundidad; la segunda, en cambio, se ubicaba en altura, sobre un espacio que servía de depósito en el patio trasero. Los Montoneros la llamaban La Carpintería, y se ocultaba tras la fachada de una ferretería de barrio, que ellos mismos atendían.

Al cabo de pocos días en Piojo 1, los hermanos fueron mudados por separado a Piojo 2. Por la confusión que les causaban los movimientos a los que los sometían, ninguno de los Born registró la mudanza.

Los espacios de Piojo 2 eran muy similares a los de Piojo 1: dos pequeñas celdas de seis metros cada una, independientes entre sí. A diferencia de la primera construcción, donde quedaban separadas por la sala de guardia, en la segunda se hallaban una al lado de la otra, pero los hermanos no lo sabían. Una pared doble de ladrillos y un relleno de material aislante les impedían siquiera sospechar que estaban tan cerca. Otras planchas de espuma de poliestireno recubrían las paredes y los techos. Las puertas de las celdas daban a la sala de guardia, que contaba con una cocina, un baño químico, un extractor de aire y un escondrijo —que ellos llamaban «embute»— donde los guardias tenían armas y documentos.

Al igual que en Piojo 1, el acceso a esta nueva caja de zapatos estaba oculto y requería de una escalera movible para que entraran las pocas visitas autorizadas. Por si alguno de los cautivos intentaba huir o por si aparecía la policía, una alarma conectaba la sala de guardia y el negocio que funcionaba en el frente de la casa, y se podía accionar desde cualquiera de los dos lugares.

Los militantes que atendían el pequeño comercio formaban un segundo círculo de seguridad, servían de cobertura, vigilaban el exterior y compraban las provisiones en almacenes de otros barrios para no llamar la atención sobre la cantidad de gente a la que alimentaban. No tenían contacto con los hermanos, pero, por sus jerarquías en los Montoneros, custodiaban una información reservada a pocos: la ubicación exacta de la «cárcel».

Los designados como guardias funcionaban en parejas que rotaban cada siete días. Algunos de sus nombres de guerra eran Mateo, Román, Aníbal. Y Clara.

LA ADAPTACIÓN

La mujer tenía con él pequeñas deferencias que Born apreciaba, cada tanto le ofrecía un cruasán y conversaciones más prolongadas y relajadas que el resto de los guardias. Sentía la empatía mutua. Durante años se preguntó quién sería.[2]

A los jóvenes de la Columna Norte que vigilaban a los Born se les citaba en un lugar distinto cada vez y se les trasladaba hasta La Carpintería en el asiento trasero de un coche; como siempre, el chófer desconocía la misión de sus pasajeros, y ellos viajaban «tabicados» para no reconocer el camino. Con esas medidas de seguridad —y otras, como entregarles las magdalenas y las tarteletas sin el envoltorio de la panadería, para que no leyeran cómo se llamaba o dónde quedaba— apuntaban a evitar que, si alguno caía en manos de la policía o la Triple A, pudiera delatar la ubicación de los hermanos.

Tenían prohibido presentarse ante los cautivos a cara descubierta. Debían utilizar una capucha —la madre modista de un montonero había cosido quince con la tela de unas sábanas viejas, creyendo que eran para un baile de disfraces— con agujeros para la nariz, los ojos y la boca, ser muy discretos y hablar apenas lo imprescindible. Aunque cuidaran de los dos al mismo tiempo, los hermanos debían creer que estaban aislados y padecer la incertidumbre sobre el destino del otro.

Por la puerta de su cubículo se filtraba el olor del tabaco, Jorge Born advirtió que sus custodios fumaban. Con cierta dificultad si lo hacían con el rostro tapado, a veces tosían y les costaba espirar el humo. De todas maneras, los envidiaba.

---

[2] Juan Bautista «el Tata» Yofre, titular de la Secretaría de Inteligencia del Estado (SIDE) durante el gobierno de Carlos Menem, echó a rodar la versión de que Nilda Garré había sido carcelera de Born, después de que Néstor Kirchner la nombrara ministra de Defensa en 2005. Born encontró verosímil la versión de Yofre, pero nunca pudo aportar datos que la sustentaran. Consultada para este libro por correo electrónico, Garré respondió: «Nunca pertenecí a la organización Montoneros y la versión es un disparate. A Born no lo conozco. Evidentemente fue engañado por Galimberti y Yofre con información absolutamente falsa cuya intención no entiendo. En ese momento, yo era diputada nacional. Mi vida y mi actividad eran públicas, situación absolutamente incompatible con los compromisos que requiere la custodia de una persona secuestrada».

Padecía la abstinencia de los cigarrillos Chesterfield mucho más que cualquier otra privación. Pero no sentía ganas de pedirles nada a esos chiquilines que lo maltrataban —según él creía— con el mero fin narcisista de darse importancia. Era incapaz de comprender que él representaba para sus guardias al «enemigo» y que esos jóvenes realmente creían en la justicia de la causa que les brindaba la oportunidad histórica de tener encerrado al principal explotador de obreros de Argentina.

Durante los primeros días, cuando quedaba frente a sus vigilantes encapuchados, le invadía una sensación de asco que no podía controlar. Le costó luchar contra ese estremecimiento físico, un desagrado indócil, una reacción del cuerpo que ni siquiera sentía en la opresión de la celda. Se le pasaba cuando se marchaban, apenas cerraban la puerta.

«Pendejos de mierda», mascullaba.

Prefería estar solo.

Para fijar una distancia de autoridad entre ellos y esos empresarios de la alta sociedad argentina que casi los doblaban en edad, los guardias habían impuesto una regla de comunicación:

—Acá no se usa el tuteo, me trata de usted.

—Muy bien, caballero —respondió Born III. Su tono irónico pretendía resaltar la estupidez de la medida. Pensaba: «Estos mocosos no saben qué más hacer para agrandarse».

Un día —a fin de matar el rato, las horas que se consumían tan despacio— trazó para sí un perfil de sus captores. Tendrían veinticinco años como mucho. Los caracterizó como ilusos, soñadores, obtusos. Como solo veían lo que querían, y no lo que sucedía en el país, se sentían destinados a triunfos en verdad improbables.

Con el tiempo llegaría a compadecerlos. Aunque creyeran en la causa de la revolución y en otros conceptos que él juzgaba absurdos o incomprensibles, no hacían otra cosa que obedecer órdenes. En cambio, nunca tuvo un instante de conexión con los jefes que aparecían de manera esporádica, los despreciaba sin matices.

LA ADAPTACIÓN

Aunque todos se presentaban en su celda encapuchados, Born III aprendió a distinguir a los integrantes de la conducción por sus aires altaneros aún más exaltados que los de los guardias. Les encontraba cierta familiaridad con algunos de sus compañeros del colegio secundario, «zurdos» —la descalificación más común para la gente de izquierda— vanguardistas y sabelotodos.

Su intuición no resultó tan equivocada. Mario Firmenich tenía veintiséis años y se había graduado —igual que Born III, aunque varias generaciones más tarde— en el Colegio Nacional de Buenos Aires (CNBA), un secundario de excelencia académica dependiente de la Universidad de Buenos Aires.

El Colegio —como le decían sus estudiantes, años más tarde autoproclamados «aristócratas del saber», como si no existiera otro— se fundó en 1863 en la Manzana de las Luces, el centro cívico y político de la ciudad por entonces. Formó a generaciones de la clase dirigente argentina. Por sus aulas pasó la élite ilustrada que admiraba a Europa —como Born—, y hacia finales de la década de 1960, jóvenes que allí mismo iniciaron su militancia en organizaciones guerrilleras; entre los Montoneros, además de Firmenich, también Fernando Abal Medina y Gustavo Ramus, ejecutores del asesinato de Pedro Eugenio Aramburu.

Born ingresó en el colegio secundario durante el primer peronismo. Creía que Argentina no se había desarrollado a la par de Estados Unidos porque la inmigración que pobló el país no había llegado de Inglaterra ni de las regiones ricas de Europa sino de las zonas empobrecidas de España y de Italia, y los hijos de aquellos inmigrantes habían incorporado a la vida política concepciones y hábitos diferentes. Muchos de los profesores le hablaban sobre el imperialismo de los norteamericanos y en contra de los ingleses que él admiraba, un despropósito para alguien que había cursado el preescolar y la primaria en el Belgrano Day School, un colegio privado bilingüe al que asistían los hijos de la clase alta. El director —a cargo de la institución por medio siglo— era un inglés,

Bernardo Green, quien llevaba una vara pequeña por si alguna travesura mereciera un correctivo.

Pero ni siquiera las penitencias del viejo Green se comparaban con los desafíos que Born encontró en el Colegio. Para dar el examen de ingreso se preparó con su amigo Alberto Bosch, su compañero de banco desde el preescolar, quien viajaba en el coche con él cuando lo secuestraron; Born lo había visto tendido en el suelo, ensangrentado, pero confiaba en que lo habrían socorrido. Los dos obtuvieron el puntaje suficiente para que los admitieran como alumnos en el CNBA y a ambos les tocó el turno matutino, pero el sorteo los mandó a distintos cursos.

Born tenía trece años cuando empezó a viajar en transporte público, y no perdió esa costumbre hasta terminar los seis ciclos del Buenos Aires, ni siquiera cuando cumplió dieciocho y su padre le regaló un Volkswagen Escarabajo. Salía de su casa a las seis de la mañana y en la estación Béccar tomaba el tren de las 6.33 hacia al centro. El primer año viajó solo; al siguiente se sumó Juan, quien por mandato paterno también estudió en el CNBA.

El apellido de los Born no podía pasar inadvertido en un ambiente de hombres —no aceptaban mujeres— polarizado entre peronistas y antiperonistas, que mucho tenía que ver con las pertenencias de clase de cada quién. Percibía la hostilidad de algunos de sus compañeros con ideas de izquierda, como José «Pepe» Nun, un grandote que le resultaba petulante en extremo y que —para colmo— siempre figuraba entre los alumnos más destacados.[3] Born se esforzaba en el estudio, pero no lograba ingresar en el cuadro de honor. Tal era su desesperación por destacarse que antes de un examen difícil rezaba en la iglesia de San Ignacio, la más antigua de la ciudad, contigua al Nacional.

Born se graduó en el secundario en 1952. Recordó aquella época cuando comenzó a tratar con los jefes montoneros. El sentimiento de

---

[3] José «Pepe» Nun, abogado y politólogo, fue secretario de Cultura de la Nación, designado por el presidente Néstor Kirchner y luego ratificado por su sucesora Cristina Kirchner, entre 2004 y 2009.

LA ADAPTACIÓN

pertenecer a un pequeño grupo iluminado, fuese cual fuese su ideología, parecía transmitirse de una generación a otra de graduados. No obstante, estimó que los guerrilleros eran más peligrosos que los «zurdos» fastidiosos de su camada, dado que se creían los dueños de la verdad y del derecho a imponer sus ideas como fuera, sin descartar la violencia.

Durante los primeros días de cautiverio le proveyeron algunos elementos básicos para su supervivencia. Como apenas le dirigían la palabra, los guardias le arrojaron una frazada y una sábana única con un ademán desafiante, parecían retarlo a que se las arreglase para tender la cama.

«Deben creer que no sé hacer nada, que tengo un valet —masculló con fastidio—. ¡Qué tarados!»

Con toda intención, Born armaba su camastro con prolijidad extrema y doblaba la sábana en la cabecera, como la mucama de hotel más eficaz. Recordó el aprendizaje en sus años de conscripto, cuando los militares también se habían figurado que él era un niño bien, un inútil, alguien sin la capacidad mínima para valerse por sí mismo. Les había demostrado cuán equivocados estaban; lo mismo haría ahora con los Montoneros.

Le debía a su padre aquella experiencia. Esa pesadilla lo encontraba curtido gracias a que él, tal como le había advertido en la infancia, no le había ahorrado sacrificios a lo largo de su educación.

Rara vez alguien de su clase social desperdiciaba un año de vida en el servicio militar obligatorio, que ni siquiera lo era para todos: a algunos los salvaba el azar del sorteo, otros apelaban a un certificado médico falso, y a los ricos les sobraba todo tipo de salidas por influencias o por dinero. Pero Jorge Born II decidió no evitarles el mal trago a sus hijos. Creía que la disciplina del cuartel les fortalecería el carácter y los prepararía mejor para ingresar en la empresa familiar, donde habrían de empezar desde abajo, aunque fueran los hijos de los dueños, o precisamente porque eran los hijos de los dueños y debían dar ejemplo.

Jorge era un poco mayor que sus compañeros. Al terminar el secundario había partido a estudiar su ciclo de grado en la Wharton School de la Universidad de Pennsylvania, una prestigiosa academia de negocios de Estados Unidos, y debió pedir una prórroga de cuatro años. Al regresar, y ante la indiferencia reiterada de su padre, le aplicaron una penalidad de otros seis meses agregados a los doce obligatorios.

Como en la secundaria, pero aún peor, el apellido Born llamó la atención en el cuartel. A los jefes y a los soldados con alguna jerarquía, que tenían su edad, la costumbre de humillar a los nuevos reclutas les brindaba un placer inicuo, que se acrecentaba si su cuota efímera de poder absoluto se descargaba sobre un representante de las familias argentinas más poderosas. Born lo supo cuando, desnudo junto al resto de los conscriptos, lo eligieron para que metiera la cabeza y las manos en un hoyo para destapar una cloaca.

«¡Usted!», lo sacó de la fila el sargento.

El sargento Bata.

Jamás olvidaría su apellido.

Born metió la cabeza en el pozo y aguantó la respiración.

El orgullo le permitió soportar el olor nauseabundo hasta que Bata consideró que era suficiente. A esas alturas su vanidad había invadido su ser entero. Sintió una suerte de agradecimiento por Bata.

Su pensamiento vagaba entre aquellos recuerdos cuando los guardias entraron en su celda. Observaron el doblez de la sábana. Se produjo un silencio. Jorge lo midió y, cuando creyó que provocaría el efecto que deseaba, preguntó con falsa inocencia:

—¿Qué pasa? ¿Está mal tendida?

—Usted, ¿dónde aprendió a hacer la cama?

Como quien narra una prueba de resistencia y bravura, Born les contó sus experiencias como conscripto.

—No me vengan con boludeces —les planteó—. Yo sé hacer la cama y fregar el suelo mucho mejor que ustedes.

Por más que se aferrara con fuerza a aquella memoria, su situación de cautivo era bastante más desfavorable.

—Habrá que ver... De todos modos, acá va a aprender muchas cosas —le dijo uno, en un tono que sonó a advertencia.

LA ADAPTACIÓN

Born se impuso calma para contestarle con la arrogancia casual que —sabía— los irritaba:

—A mí me encanta aprender.

Los Montoneros establecieron un plazo de quince días para que se adaptaran a la vida en una «cárcel del pueblo», un lapso para la «reeducación» de los secuestrados. De acuerdo con sus estimaciones, hacia los primeros días del mes de octubre de 1974, Jorge y Juan ya debían haber asimilado su realidad de encierro y privaciones.

No pasarían hambre. No querían que se debilitaran. Los guardias obedecían la orden de darles un desayuno y dos comidas diarias a base de arroz, fideos y papas, y algo de pollo o carne. Los alimentaban a horarios regulares; debían sentir miedo y saber que sus vidas corrían peligro, pero no los someterían a martirios innecesarios. Los verdaderos revolucionarios, decía una norma no escrita de la organización, no torturaban a sus prisioneros. Es decir, aunque prescindieran de ciertas técnicas para obtener información, las condiciones de encierro de sus prisioneros dejaban mucho que desear.

A lo largo de esas dos semanas, los cautivos y sus celadores se mantuvieron en tensión perpetua. Los guerrilleros querían imponer todo de golpe: la rutina del confinamiento y un nuevo lenguaje que simbólicamente revirtiera la relación de fuerzas del afuera, donde mandaba Bunge y Born. Jorge recordaría siempre con una mezcla de tedio y angustia la sensación de sentirse en manos de los chiquilines que repetían lemas prefabricados con los cuales aludían a una realidad para él inexistente y delirante.

De noche les apagaban la luz, y el chorro de aire se desvanecía en la rejilla. Entre las diez de la noche y las ocho de la mañana del día siguiente, Jorge y Juan quedaban aislados, cada uno en su cubículo oscuro y asfixiante, aturdidos por el mismo silencio sin saberlo. De tanto en tanto un único sonido rompía la monotonía y burlaba el aislamiento acústico: el de las armas que los guardias cargaban adrede, para intimidarlos, muy cerca del hueco del conducto de la ventilación que iba hacia las celdas. Chuc. Chuc... Chuc, chuc, chuc... Podían seguir así la noche entera.

Muy de vez en cuando, los custodios escuchaban música, canciones de protesta que ninguno de los hermanos había oído antes. En una ocasión, cuando la puerta de su celda se abrió, Jorge Born reconoció la voz de Mercedes Sosa, una cantante argentina de música folclórica que había alcanzado popularidad en toda América Latina por la combinación de su voz única y su repertorio de cantautores comprometidos con el pensamiento de izquierda, al estilo de Violeta Parra y Víctor Jara. Como no era el tipo de música que él escuchaba ni la literatura que consumía, se le escapaba que entonaba en esa ocasión los versos de «Hasta la victoria», del poeta uruguayo y militante de la organización guerrillera Movimiento de Liberación Nacional Tupamaros, Aníbal Sampayo:

> ... yo soy Ramón
> aquel que nunca morirá.
> Que tiemble el verdugo opresor,
> el buitre insaciable del mal:
> detrás de la muerte yo soy Ramón,
> la victoria final.

En medio de tanto silencio, cualquier ruido llamaba la atención de Jorge. Una noche creyó escuchar gemidos de placer sexual que le llegaban por el hueco de ventilación.

«Pero estos pibes... ¿están de fiesta?», dudó.

Los sonidos inequívocos y las risas parecían indicarlo.

¿Así que los vigilantes que lo sepultaban bajo el cemento de su alharaca revolucionaria incumplían sin pudor sus propias reglas?

Las parejas tenían prohibido mantener relaciones sexuales en la sala de guardia. Como quedó plasmado en el Código de Justicia Militar de los Montoneros, ante una mala conducta se disponía la formación de tribunales que aplicaban penas severas y no contemplaban vías de salida, se equiparaba la deserción a la traición.[4] Los celadores tenían una

---

[4] El Código de Justicia Militar fue sistematizado en 1975, pero las reglas internas ya regían.

LA ADAPTACIÓN

gran responsabilidad y la Conducción Nacional encontraría imperdonable cualquier distracción. La Columna Norte, que tenía fama de indisciplinada, ya había sido advertida.

Muchas veces, Jorge fantaseó con escapar; dada su complexión física, creía posible encontrar un momento oportuno para tomar por sorpresa a uno de los guardias, arrebatarle el arma y controlar al otro. Pero imaginaba —con razón— que antes de alcanzar la calle se toparía con otros montoneros armados, y entonces el plan ya no le parecía tan razonable. Prefería esperar antes que poner en riesgo su vida por un arrebato. Mientras tanto, respondía a las consignas de sus captores, con mayor o menor grado de obediencia especulativa, pero siempre con cierta serenidad que provenía de un lugar dentro de su cabeza donde él seguía siendo él y sus verdugos no lo podían alcanzar.

En cambio, Juan preocupó a sus captores desde el primer momento. Había intentado el sinsentido de la fuga durante la emboscada. Costaba creer que podría vivir en las condiciones del cautiverio. Permanecía tirado en la cama, en estado de alteración permanente. Si seguía así tendrían que medicarlo. Preveían un secuestro prolongado y necesitaban prisioneros saludables. Pero al menos a uno de los dos no parecía alcanzarle el período de adaptación. A veces parecía que ni siquiera le importaba sobrevivir.

Por no disponer siquiera de un baño —«Yo construí cárceles mucho mejores que esas», comentó un integrante de la Conducción Nacional cuando conoció las que habían alojado a los Born—, los hermanos se las tenían que arreglar con un cubo, un poco de agua y unas toallas. Eso debía de alcanzar para sus necesidades fisiológicas y para lavar las únicas dos prendas que les dejaron, un calzoncillo y una camiseta blanca de algodón de manga corta.

Juan, como con todo lo demás, no respondía a esas normas de higiene y rechazaba su indigencia con escándalo. Alternaba entre la agresión a sus guardias y el estado de excitación permanente; por momentos caía en cierta irrealidad.

A Jorge le descorazonaba que no le cambiasen el agua y lo obligaran a soportar durante horas el olor de sus deposiciones. Pero en lugar de quejarse ideó una treta. Pateó el cubo y arrojó un poco de agua sucia hacia la sala de guardia.

—¡¿Qué hace?! —lo increparon.

—Me tropecé —mintió.

—Pero ¡¿cómo?!

—Por guardar este cubo sucio donde apeste menos. Podrían evitar nuevos accidentes si cambiaran el agua con más frecuencia. Lo dejaría al lado de la cama.

Lo consiguió.

En las celdas les dejaban copias de *Evita Montonera* —el órgano oficial del grupo desde que estaba en la clandestinidad, en cuya redacción intervenía la Conducción Nacional— y algunos ejemplares viejos de *La Causa Peronista*, la publicación que el gobierno de Isabel Perón había clausurado poco antes del secuestro, después de que difundiera el artículo sobre el asesinato de Aramuburu basado en el relato de Firmenich y de Norma Arrostito.

Los Born recibían esas revistas, exóticas para ellos, con actitudes disímiles. Juan seguía demasiado perturbado para leer, pero Jorge encontraba una fuente de distracción en esos «diaruchos», como los llamaba. Además, agradecía cualquier elemento que lo ayudase a que las horas pasaran y a tomar contacto con los acontecimientos del mundo exterior, aunque fuese a través del filtro tergiversado de los Montoneros. Los textos, que encontraba entre ridículos y cándidos, le resultaban útiles, además, para calcular el paso de las semanas.

Solo una vez le hicieron escuchar a Jorge una noticia en un informativo de radio. Pareció casual, pero fue adrede.

Se trató del secuestro de Alfonso Margueritte, un alto ejecutivo de Bunge y Born, de sesenta y cuatro años. El ERP lo había capturado once días después de que los Montoneros secuestraran a los hermanos.

Margueritte, a quien todos estimaban en la empresa, había caído en manos de una organización guerrillera, escuchó Born. La noticia escueta, sin más precisiones, le afectó tanto por la víctima como por su padre, presionado por dos extorsiones simultáneas. Le preocupó que las tensiones dañasen su salud.

En otra ocasión, un «diarucho» le hizo conocer una noticia política que lo alarmó.

En noviembre un grupo comando de los Montoneros, bajo la dirección del poeta Francisco «Paco» Urondo, había ingresado en el cementerio de la Recoleta, donde yace el patriciado argentino, y se había llevado el ataúd que contenía el cadáver del general Pedro Eugenio Aramburu. Primero lo habían secuestrado vivo, llevado a Timote, enterrado de modo oculto hasta que la policía descubrió el cuerpo y la familia lo llevó a la Recoleta; y ahora robaban su cadáver.

El último operativo había nacido de un hecho fortuito; sin conocer su filiación, un policía se enamoró de una militante montonera apodada «la Gorda» Susana y le confió que una de sus tareas consistía en custodiar la bóveda de Aramburu. Ella simuló interés en el juego de seducción y le propuso un encuentro amoroso entre las tumbas. Ilusionado, el policía abrió las puertas del cementerio. Un comando que seguía el plan elaborado por Rodolfo Walsh redujo al galán en cuestión de segundos y cargó el ataúd en una camioneta que esperaba bajo la lluvia intensa.[5]

«¿No les bastó con haberlo fusilado?», se asombró Born.

Pronto el pasmo quedó superado por el horror. El muerto había sido desenterrado para concretar un canje macabro.

Al cabo de quince años de intrigas, el cadáver embalsamado de Eva Perón le había sido devuelto a Perón en su casa de Puerta de Hierro, España. Allí, Isabel le había peinado el largo pelo rubio en ceremonias misteriosas con José López Rega. Perón no alcanzó a repatriarlo cuando volvió a Argentina. Los Montoneros solo devolverían los restos de Aramburu cuando los de ella regresaran al país. Exigían, además, que López Rega diera marcha atrás con su idea de que Perón y Eva descansaran, junto a otros protagonistas de la historia argentina, en el Altar de la Patria, un gran mausoleo planeado por el superministro, que nunca se llegó a construir.

[5] Roberto Baschetti, *Francisco «Paco» Urondo. De la poesía al combate*, Neuquén, EDUCO, Universidad Nacional del Comahue, 2014, pp. 49-50.

El canje —cuya concreción Born conoció mucho después— se realizaría semanas más tarde. El 17 de noviembre, el cadáver de Eva Perón llegó a Buenos Aires en un operativo que organizó López Rega, y los restos de Aramburu fueron encontrados en una camioneta abandonada en la penitenciaría en la que había sido fusilado Juan José Valle.

Las publicaciones deportivas —que cada tanto llegaban a las celdas, a diferencia de las de variedades, que los Montoneros consideraban frívolas— permitían que Born III siguiera los éxitos del argentino Guillermo Vilas, quien descollaba en la élite del tenis mundial. El secuestrado recordaba cuánto le gustaba jugar al tenis; también era un buen navegante, aunque no tanto como su padre. Y como todo hombre de su círculo social, practicaba golf.

No le prestaba mucha atención al fútbol, apoyaba a San Lorenzo por influencia del padre de Bosch. Lo había enganchado con el equipo del barrio de Boedo después de una gira victoriosa por Europa; corría el año 1946 cuando San Lorenzo derrotó con goles y clase a los clubes más poderosos del fútbol mundial.

Su hermano Juan, en cambio, era fanático de River Plate desde pequeño. Como su contacto con la prensa política se limitaba a tomarla y tirarla a un lado, los guardias intentaron animarlo con una revista del club de sus amores. River arrastraba una mala racha de dieciocho años sin ganar campeonatos. Esa suerte cambiaría en pocos meses; en 1975, Ángel Labruna, el máximo goleador de la historia del club, asumió como técnico y ganó los dos torneos, el Metropolitano y el Nacional.

Pero ni siquiera el fútbol despertó el interés de Juan. Los carceleros, preocupados, señalaron su conducta extraña en informes periódicos que hacían llegar a sus superiores.

Además de haberse encargado de planear y ejecutar la Operación Mellizas, Quieto —a cargo de la División de Prensa de los Montoneros— supervisó el ingreso de cámaras en las celdas de los Born para que se tomaran unas imágenes para un audiovisual.

LA ADAPTACIÓN

El Servicio de Audiovisuales trató de demostrar que, al cabo del «período de adaptación», los hermanos aceptaban su nueva realidad. Sobre las imágenes, una voz en off decía:

> *Las costumbres de vida de los industriales han sido, como se puede suponer, sometidas a un cambio brutal. Cada mañana, Juan y Jorge toman su desayuno, luego lavan sus ropas y se ocupan de hacer la limpieza. Comen a horas precisas. Las tardes y la parte temprana de las noches se lo pasan escuchando la radio y leyendo. Hacen gimnasia. Resignados, los detenidos se comportan con corrección.*

Para transmitir una imagen de triunfo revolucionario y de sometimiento ejemplar del dúo burgués, el manifiesto incurría en inexactitudes. Los Born no podían escuchar la radio en horarios corridos. Les filtraban los informativos para que vieran la actualidad según la exégesis de los Montoneros.

La División de Prensa difundió algunas escenas de la vida cotidiana en el cautiverio a modo de prueba de vida de los Born. Se veía a Juan con barba, sentado sobre una superficie redonda; sus brazos largos, entre las piernas, estrujaban una prenda sobre un cubo pequeño a sus pies. Otra imagen mostraba los dedos índice y medio de su mano derecha en «V», el signo de la victoria para la guerrilla peronista. El gesto se notaba forzado, con el codo a la altura del hombro y la mano hacia la cara, casi un símbolo matemático más que una «V». No obstante, los Montoneros escribieron en el epígrafe: «Juan Born reconoce la derrota del monopolio».

Jorge aparecía con las piernas cruzadas de tal manera que lucía distinguido aun sin camiseta, demacrado y con un cartel de los Montoneros como fondo. En otra toma se le veía con su pelo negro fino y algo rizado bastante desprolijo, la cara afeitada y semidesnudo —apenas llevaba calzoncillos— mientras blandía una escoba. Apretaba demasiado la parte superior del palo, señal de que no era muy ducho para barrer. Pero la torpeza del guardia que limpiaba el suelo de su celda superaba la suya y lo

CAUSA JUDICIAL N° 41.811

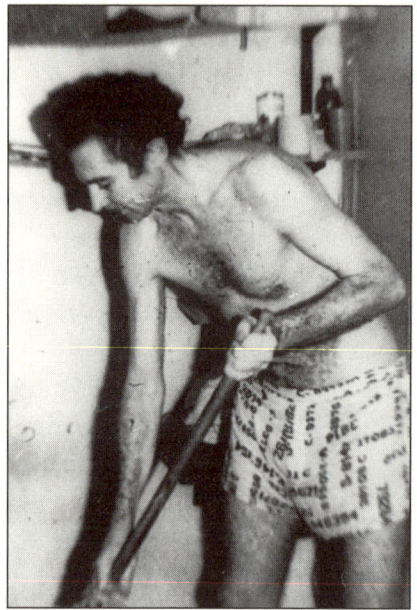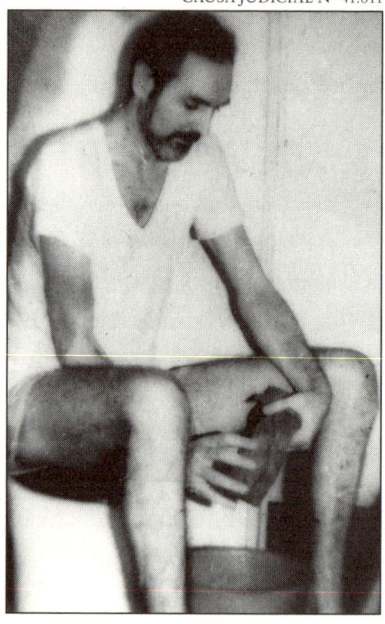

En cautiverio, ambos hermanos hacían tareas de limpieza. Jorge, por ejemplo, ilustró a sus captores sobre su pericia en el empleo de la escoba.

exasperaba, no toleraba que el vigilante dejara la mugre en las juntas sin siquiera advertirlo.

«Le voy a enseñar a fregar el suelo —lo había desafiado, siempre de usted—. No tiene que ir y venir con el trapo, tiene que pasarlo siempre en la misma dirección.»

En otra de las fotos, sus brazos extendidos ilustraban su sesión de gimnasia. Para sobrevivir, y para prevenir la distrofia muscular por la inmovilidad del encierro, Jorge se había propuesto ejercitarse media hora dos veces al día, una después del desayuno y otra antes de la última comida. Calculaba el tiempo con métodos caseros: si empezaba a transpirar, significaba que habían pasado ya diez minutos. También recurría a sus pulsaciones, que sabía que oscilaban entre 60 y 65 por minuto. Su rutina arrancaba con un precalentamiento; seguía con un trote fuerte en el lugar, con las rodillas en alto, para estimular su actividad cardiovascular; luego realizaba flexiones y terminaba con algunas series de abdominales.

«A la larga el cuerpo se acostumbra a todo, pero si no hago ejercicio me vuelvo loco… Con lo que me dan de comer me faltan vitaminas. Esto me hace sentirme bien», les explicaba a sus captores.

En efecto, el menú repetía demasiados carbohidratos como el arroz y los fideos. Las raciones le llegaban en una bandeja redonda, con un vaso de agua y una rebanada de pan de sándwich. En otra de las imágenes difundidas por los Montoneros se le veía comer en una mesita de conglomerado resinado, de medio metro de ancho, adosada con ménsulas a la pared.

Una vez que le llevaron carne, el cuchillo se torció. El guardia le llamó la atención con un reto virulento: tenía que cuidar las cosas que le proveían.

«El cuchillo que usted me ha dado es una porquería, no sirve para nada, y la carne está dura», se defendió.

Juan ni siquiera quería comer. Podía ser falta de apetito o una forma de rebelión; por la razón que fuere, su fragilidad complicaba a los custodios mucho más que el comportamiento adaptado de Jorge. El nerviosismo constante de Juan alzaba una barrera infranqueable para sus carceleros; él no quería o no podía —lo mismo daba— dejarse manejar o fingirlo. No se acomodaba al plan. El audiovisual de Quieto, desde luego, creaba otro relato:

Ya se han adaptado completamente, aunque ninguno de los detenidos cambió para nada las ideas con las que entraron. Eso sí, desde ahora y para siempre saben que la justicia popular puede llegarles directamente, que tarde o temprano serán castigados por la explotación que ellos representan y aprovechan…

CAPÍTULO V

Finales de octubre de 1974
Juicio político al Pulpo Bunge y Born

El secuestro de Juan y Jorge Born obedecía a una sola razón, el dinero. Los Montoneros ya no pretendían vengar la historia, como había ocurrido con Pedro Eugenio Aramburu. Pero ¿qué organización revolucionaria podía reconocer un móvil venal?

Así, los guerrilleros revistieron a la Operación Mellizas de un sentido ético y heroico.

La extraordinaria acumulación de riqueza de Bunge y Born, su nacimiento en el extranjero, su omnipresencia en la economía argentina y su proyección en el mundo le daban una nacionalidad incierta.

En el origen se trató de una sociedad holandesa; luego hubo una mudanza al puerto de Amberes y desde allí otra a Buenos Aires. Ninguna implicó que resignaran las posiciones ganadas, de modo tal que se conservó una rama en Europa y otra en América, con los Bunge por un lado y los Born por el otro.

Cuando se expandió a Estados Unidos y a Canadá con el comercio de granos, la compañía adquirió el tamaño que la transformó en uno de los principales jugadores del mundo en su rubro; en Brasil y en Perú se volcaron a la elaboración de alimentos, con un volumen que —sumado al que aportaban sus fábricas en Argentina— convirtió a Bunge y Born en el grupo empresario más grande del Hemisferio Sur.[1]

En Europa, la firma consolidó una posición estratégica en el puerto de Rotterdam y se expandió a través del comercio por el continente (en España como Bunge Ibérica). Los asuntos financieros se manejaban en su mayor parte por medio de sociedades asentadas en el Reino Unido y en Suiza (Panamá cumplía esa función en América Latina). También penetró en Francia y en España con las oleaginosas.

En esa telaraña planetaria —los Bunge también desarrollaron negocios en Asia y en África— se volvía difícil de desentrañar qué tipo de relación existía entre las distintas empresas. Muchas veces parecía el tejido de los lazos familiares; otras, una superposición de capas como el bulbo de una cebolla. Arlesa (Aceiteras Reunidas del Levante S.A.), por caso: la fábrica española que en 1966 solo trituraba soja en Valencia y luego pasó a refinar y envasar aceite, pertenecía a Zurfin, la financiera del grupo radicada en Suiza.[2] Y el encargado de la transformación fue Jorge Born III, en persona, quien ha conservado los mejores recuerdos de aquella España sin libertades civiles y en expansión económica que le despertó una admiración duradera por el dictador Francisco Franco.

De su actividad original —el comercio exterior—, Bunge y Born se había diversificado hacia atrás y hacia delante en la cadena de producción, en el agro y en la industria, dentro y fuera del país. Por su capacidad de proyectarse en distintos campos, como si contara con tentáculos, en el mundo de los negocios se la apodó el Pulpo.

El holding parecía tener una de sus cabeceras en Argentina, pero todo podía resultar relativo; por las limitaciones en las comunicaciones de la época, las filiales contaban con mucha autonomía. A pesar del ta-

---

[1] Jorge Schvarzer, *Bunge & Born: crecimiento y diversificación de un grupo económico*, Buenos Aires, CISEA, Grupo Editor Latinoamericano, 1989, p. 24.

[2] En 2012, tras una larga lucha de la Asociación de Vecinos de Natzaret por recuperar espacios verdes y cuidar el medio ambiente, la Autoridad Portuaria de Valencia alcanzó un acuerdo con Moyresa (antes Arlesa) para que dejara vacantes los terrenos que ocupaba con su fábrica de molturación de semillas, demoliera los silos de hormigón y retirara los residuos peligrosos remanentes.

maño que había adquirido, no cotizaba en la Bolsa de Buenos Aires, y en ausencia de accionistas externos, el directorio no tenía a quién rendir cuentas. La cultura del secreto, arraigada en el grupo, potenciaba el misterio alrededor de su verdadero poder.

El contraste entre su tamaño e influencia y el grado de exposición pública de Bunge y Born en Argentina no podía ser mayor. En las paredes, en el refrigerador, en la alacena, en el armario, en el cuarto de baño y en el dormitorio, su rastro se podía seguir en una gran variedad de productos que se consumían en los hogares del país. Pero sus dueños eran unos perfectos desconocidos, la materia prima ideal para la construcción de un enemigo de la causa nacional y popular.

La División de Prensa de los Montoneros elaboró una historieta de cuatro páginas, con dosis iguales de material didáctico y de panfleto, para dar cuenta de la dimensión del trofeo que los guerrilleros tenían en sus manos (véase la reproducción completa en el Anexo documental).

Primer cuadro de la historieta que los Montoneros elaboraron para proponer el secuestro de los Born como una compensación al pueblo explotado por la empresa.

El primer dibujo mezclaba los logos de las marcas más exitosas del grupo Bunge y Born, con sus productos icónicos en Argentina: una camisa y una frazada de Grandes Fábricas Argentinas (Grafa, taller de textiles); aceite, harina, arroz y otros alimentos de Molinos Río de la Plata; un bote de pintura de la compañía Alba, y otros sin rótulo de la Compañía Petroquímica, junto con las latas de conserva, de la cual era un gran proveedor por medio de Centenera. La irradiación a los países vecinos se representaba con la expansión del negocio de las pinturas Coral en Brasil e Inca en el Uruguay.

ESTÁN EN TODAS PARTES. TODOS LOS DÍAS LOS COMEMOS, LOS TOMAMOS, LOS VESTIMOS... DESDE LOS FIDEOS HASTA LA ROPA, DESDE LA ALPARGATA HASTA LA LATA DE CONSERVA.

Para dar una idea de su dimensión global en el comercio de granos, diseñaron un planisferio con flechas que salían desde Argentina hacia todos los continentes. El texto, que llegó a las oficinas de Bunge y Born —y una de sus secretarias ejecutivas lo atesoró durante décadas—, decía:

BUNGE Y BORN HACE DE INTERMEDIARIO EN EL TRIGO, EL MAÍZ, EN TODOS LOS CEREALES QUE VENDE EL PAÍS. Y TIENE AGENCIAS DE PUBLICIDAD, COMPAÑÍAS DE SEGUROS, YACIMIENTOS MINEROS Y ESTANCIAS.

En Brasil, para eludir las barreras arancelarias que complicaban sus exportaciones de harina, a comienzos del siglo XX habían puesto en marcha un molino en el puerto de Santos, que operaba la Sociedad Anónima Molino Santista. La empresa de alimentos del grupo, Sanbra, iba a introducir cambios significativos en la comida de los brasileños: cuando solo se utilizaba la grasa de cerdo, lanzó el primer aceite vegetal comestible, luego la margarina envasada, la margarina de maíz y, por último, su versión light. También incursionó en el negocio minero con la compra de 100.000 hectáreas en el corazón del Amazonas. El grupo fue pionero en el desarrollo de la industria de los fertilizantes y las plantaciones, y en la explotación de una oleaginosa poco conocida entonces, la soja, que sumaría a la producción de trigo y de algodón.

HACE MUCHO QUE DEJÓ DE SER NACIONAL. ARGENTINA LES IMPORTA MENOS QUIZÁ QUE AUSTRALIA O SUDÁFRICA.

En la historieta elaborada por los Montoneros, el pueblo se rebelaba ante la explotación y procedía a secuestrar a los hermanos como un acto de justicia. En el dibujo de la emboscada, quien abría el fuego era uno de los custodios de los herederos. El militante montonero apenas respondía, en defensa propia y de una causa justa:

NO ES UN HOMBRE EL QUE DISPARA, SON LA MISERIA Y EL DOLOR DE TODO UN PUEBLO LOS QUE EMPUÑAN EL ARMA.

Pasaban por alto el asesinato de Juan Carlos Pérez, el chófer, un asalariado, y también el de Alberto Bosch, el gerente de Molinos que iba en el asiento del acompañante. Ninguna de las dos víctimas aparecía retratada.

Los últimos cuadros de la historieta comunicaban —a los militantes montoneros y a Jorge Born II al mismo tiempo— que los hermanos serían sometidos a un juicio político.

El veredicto carecía de sorpresa; los condenarían a pagar un rescate suculento que resolvería de una vez los problemas financieros de los Montoneros. Pero los Born lo ignoraban. Sus captores querían que atravesaran todo el juicio bajo la sombra de Aramburu, con miedo a que los sentenciaran a muerte.

En el plano alegórico también se meterían con las empresas. Exigirían una serie de concesiones en las negociaciones salariales y mejoras en las condiciones de empleo; los obreros de Bunge y Born obtendrían ventajas que —suponían— fortalecerían la representación que los Montoneros habían obtenido en las fábricas del grupo y en todo el frente gremial a través de la Juventud Trabajadora Peronista (JTP).

El capital simbólico de la Operación Mellizas no era desdeñable; la Conducción Nacional demostró a sus militantes que, aun en la clandestinidad, eran capaces de proezas. Los herederos del grupo económico más poderoso del país se encontraban en sus manos, a merced de su veredicto. Dentro de la «cárcel del pueblo» la puesta en escena transformó a los integrantes de la jerarquía montonera en jueces de la única multinacional de origen argentino, señal de que la revolución era posible.

La organización guerrillera había fijado en sus estatutos procedimientos formales que se respetaban a rajatabla. Se debía constituir un tribunal y someter a los hermanos a una serie de interrogatorios, de los cuales Horacio «Petrus» Campiglia y Rodolfo Walsh, del Servicio de Informaciones, esperaban obtener datos adicionales sobre las empresas que pudieran servir para cobrar el rescate.

La base de la acusación a la que se enfrentarían los hermanos fue publicada en el órgano oficial de propaganda, *Evita Montonera*. Describía el poder económico del holding, su ubicuidad en la vida nacional, su tenencia de tierras, su expansión en el extranjero, su capacidad de presionar y corromper al poder político. El clímax llegaba con una pregunta retórica: «¿De dónde salió tanta riqueza?». Y a continuación se respondía de modo sintético: «Bunge y Born nació, se desarrolló y sigue creciendo a costa de la explotación de los trabajadores».

Por eso, «[...] Montoneros decidió que Bunge y Born debía ser sometida a la Justicia popular y resolvió detener a los hermanos Jorge y Juan Born», cerraba el texto.

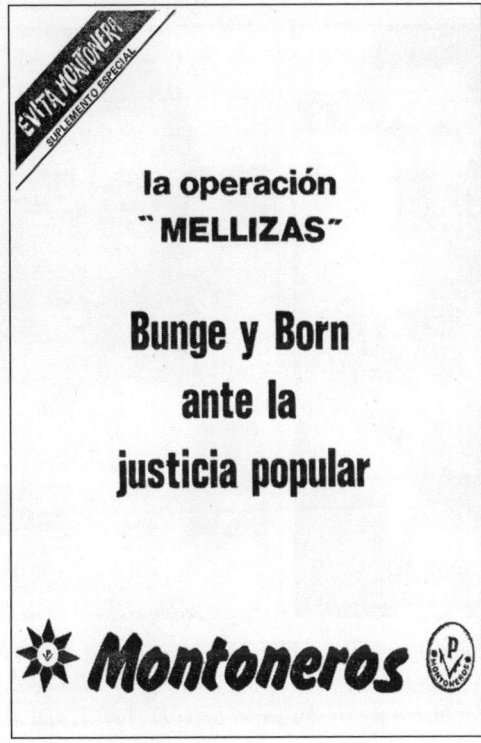

Portada del *número especial de* Evita Montonera, *donde se describe con detalle el secuestro.*

Cuando al cabo de las dos semanas de adaptación le comunicaron que durante la siguiente etapa de su cautiverio tendría la oportunidad de presentar la defensa de la empresa ante los Montoneros, Jorge Born comentó con incredulidad: «¿Un juicio? Pero si ustedes son jueces y parte... ¿Qué es eso?».

Le costaba comprender que en la «cárcel del pueblo» las reglas no se parecían a las que él, su familia y sus socios, como parte del poder, imponían y acataban en el mundo capitalista. Acaso las palabras sonaban iguales —juicio, fallo, condena—, pero el sentido se disolvía en algo del todo distinto.

CAUSA JUDICIAL N° 26.094

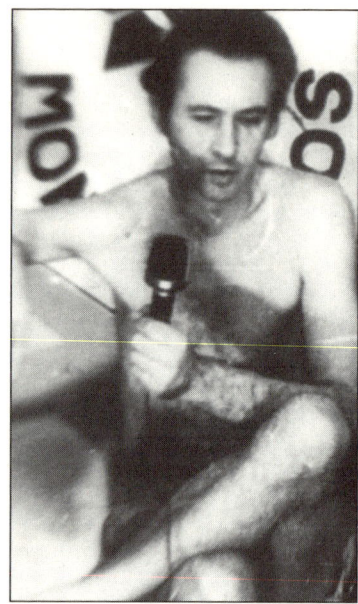
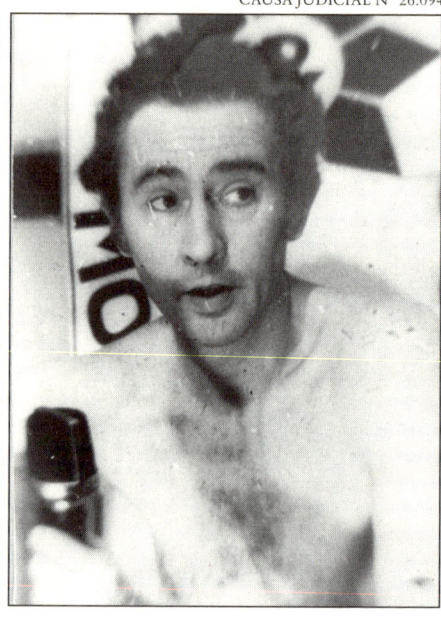

Jorge Born durante los interrogatorios del juicio político que los Montoneros le hicieron como símbolo de la multinacional propiedad de su familia. Algunos pasajes fueron registrados por el Servicio Audiovisual de los captores.

Jorge y Juan debieron responder, por separado, a los cargos que les formularon. La acusación principal fue la de haber sido un factor de desestabilización durante los dos primeros gobiernos de Perón (1946-1955).

Juan cooperó muy poco; enseguida dejaron de consultarle.

A Jorge lo interrogaron en días salteados, hasta completar quince jornadas que le resultaron interminables. Las audiencias del juicio político revestían cierta ceremonia; en el escaso espacio disponible se colocaban dos sillas para los fiscales guerrilleros, y Born respondía sentado en la cama, con el cuerpo erguido delante de una bandera de los Montoneros que colgaba para la ocasión.

Si bien todos los que abrían su puerta llevaban capuchas, aprendió a distinguir a quiénes lo indagarían por los aires de importancia que se daban. La prepotencia de sus modos y el trato reverencial de los guardias hacia ellos le hicieron pensar que se trataba de jefes de la organización.

Años más tarde, Rodolfo Galimberti contaría que él se había encargado en persona de hacer que Mario Firmenich ingresara en la *cárcel* de los hermanos. En lo que pudo ser una estrategia para eludir responsabilidades ante la justicia, Roberto Perdía lo contradijo y alegó —también años más tarde— que los integrantes de la Conducción Nacional no habían llevado adelante los interrogatorios, ya que por razones de seguridad estaban la mayor parte del tiempo en la provincia de Córdoba, separados por más de 700 kilómetros de sus presas.[3]

No obstante, algunas veces debieron verificar en persona cómo marchaba la operación más ambiciosa de la organización. Born siempre creyó que al menos un miembro de la cúpula fungió de fiscal.[4]

Durante el juicio político, Born III repitió la actitud que había tenido frente al estudio, la del alumno aplicado que se esforzaba por obtener buenas notas que satisficieran al padre. Pidió que le facilitaran un cuaderno y un bolígrafo para tomar notas.

En ocasiones la cúpula de los Montoneros le hizo llegar preguntas para que las despejase por escrito. Con una letra cursiva pequeña y prolija, el secuestrado respondió consultas sobre el funcionamiento de sus empresas, los salarios, las condiciones de trabajo, el papel de los sindicatos y las comisiones internas y la rentabilidad.

---

[3] Tras su ruptura con Juan Domingo Perón, los Montoneros habían sufrido su primera gran escisión: la Juventud Peronista Lealtad, un grupo muy numeroso de militantes que no aceptaban el verticalismo de los dirigentes ni su afán de disputarle la conducción al presidente. El cisma no marcó una diferencia en las ideas centrales —los leales solo sabían a qué oponerse—, pero dañó la seguridad de todos, cada día más amenazada por la actividad creciente de los parapoliciales de la Triple A. La Conducción Nacional se alejó de la ciudad de Buenos Aires, y los cuadros más importantes se alojaron en «casas operativas» en Córdoba, que supervisaba Horacio Mendizábal, integrante de la Conducción Nacional y responsable de esa zona.

[4] Años más tarde, Galimberti apoyaría la sospecha de Jorge Born al declarar en la causa judicial del secuestro que de los interrogatorios habían participado tres integrantes de la cúpula, a quienes identificó como Perdía, Raúl Yäger y Juan Julio Roqué.

En esos intercambios empleó algunos conceptos que había aprendido en la Escuela de Negocios de Wharton, de Filadelfia, en una universidad privada *ivy league* (las más antiguas y prestigiosas de Estados Unidos) donde lo había enviado su padre. Born obtuvo su diploma de *Bachelor of Science in Economics* en menos de cuatro años y con un promedio de distinguido, se destacó —como pretendía— gracias a la formación que había recibido en el Colegio Nacional de Buenos Aires, mucho más exigente que las *high schools* norteamericanas.

Luego el padre lo había mandado a Europa para que conociera las oficinas de la empresa en Londres y en Amberes. El heredero debía profundizar su visión y familiarizarse con las innovaciones que el grupo había importado para sus fábricas.

Si a los Montoneros les preocupaba tanto la situación de los obreros, pensó Born, él debía hablarles de la planta porteña de Grafa, la más importante del país en la manufactura de ropa de cama.

«¿Sabían que en Grafa tenemos una *nursery*, que fue la primera de la Argentina? Eva Perón la quiso conocer. Me acuerdo del día de su visita», se jactó.

La hilandería, que se había originado en la compra de Textil Sudamericana, funcionaba en un predio enorme de Villa Pueyrredón, un barrio que había crecido precisamente alrededor de esa planta. Como allí trabajaban muchas obreras textiles jóvenes, Born II puso a funcionar —al estilo de las fábricas europeas— una guardería para el cuidado de sus hijos. Eva Perón se interesó por la novedad, y la firma la invitó a recorrer las instalaciones. Cuando llegó, la recibió la plana mayor.

Born II había llevado a su hijo. Y ahora Born III, cautivo de un grupo de guerrilleros que exaltaban la memoria de «esa mujer» —como la llamaba, para burlarse de la prohibición de pronunciar su nombre, un relato de Walsh—, apelaba a aquel recuerdo.

En vano. Los Montoneros no se dejaron impresionar. Sin siquiera abrir un paréntesis breve para la anécdota, le reprocharon que Molinos Río de la Plata privaba a sus empleados de derechos elementales. No por mal desempeño, mientras él yacía en Piojo 2, la empresa concentraba la venta del 21 por ciento de la harina que se consumía en el país, el 23 por ciento del aceite, el 20 por ciento del arroz, el 19 por ciento de la yerba mate y el 15 por ciento de los alimentos balanceados.[5]

Molinos Río de la Plata funcionaba, desde 1902, en el Dique III de Puerto Madero, una zona que aún no había sido urbanizada pese a su cercanía al centro y que años más tarde se convertiría en el gran negocio inmobiliario de un barrio lujoso.

A comienzos de siglo, Bunge y Born había montado un molino harinero y ganado una licitación que le permitió desarrollar un complejo de elevadores —por entonces una obra de ingeniería de vanguardia, con tecnología alemana— para manipular el trigo. Los granos llegaban por la red ferroviaria hasta el puerto, que funcionó allí durante treinta años.

En 1919, el Partido Socialista impulsó en la Cámara de Diputados una Comisión Investigadora sobre trust, con la intención de denunciar las prácticas monopólicas de Bunge y Born. La producción de harinas había dado un salto importante, pues el trigo abastecía el mercado interno y generaba crecientes saldos exportables. Sin embargo, el número de molinos del país disminuía. El diputado Nicolás Repetto señaló un responsable: Molinos Río de la Plata.

«La construcción de este molino —dijo Repetto en alusión al de Puerto Madero— permite elaborar anualmente una cantidad mayor que la consumida en toda la República. El trust harinero se ha visto en la obligación de comprar los principales molinos del país, para evitar la competencia; y cuando no los ha podido comprar entonces el trust ha construido un molino tan grande o mayor.» El diputado Juan B. Justo completó la acusación al señalar que, en los últimos casos, Bunge y Born había recurrido a prácticas desleales, como vender por debajo de los costes, hasta ahogar a la competencia.

[5] J. Schvarzer, *op. cit.*, p. 47.

La comisión elaboró un informe sin más consecuencias que la publicidad de esas prácticas, que habían colocado a la compañía como la productora número uno de harina en Argentina. Molinos Río de la Plata continuó su expansión. Sumó la producción de aceite, arroz, yerba mate, alimentos balanceados y, más adelante en el tiempo, de harina leudante, gelatina y mezcla para tortas.

Al igual que los socialistas a comienzos de siglo, los Montoneros acusaron a Bunge y Born de haber abusado de su posición dominante en el mercado para aplastar a los productores pequeños y medianos, con una diferencia de importancia. La denuncia ahora tramitaba por fuera de las instituciones republicanas, a las cuales los jóvenes revolucionarios no les encontraban valor alguno; estaban abocados a la construcción de un orden nuevo que los habilitaba a impartir justicia en sus términos.

No podían verlo de otro modo. Habían crecido durante décadas de gobiernos civiles débiles y golpes militares. Si bien ellos mismos habían sido protagonistas de las tensiones y la violencia que consumieron a la última presidencia de Perón, los Montoneros culpaban a Bunge y Born de haber acopiado alimentos en 1974 para generar desabastecimiento y desestabilizar el tercer gobierno justicialista.

Además, el monstruo se había expandido sin mejorar los salarios ni sumar comodidades para sus trabajadores. En las plantas de Molinos Río de la Plata, por caso, faltaban comedores, y tendrían que instalarlos si la empresa pretendía la liberación de sus dueños. Jorge Born tomó nota en su cuaderno.

La acusación primera de los guerrilleros —que los directivos de Bunge y Born habían apoyado el golpe de 1955— se sustentaba en la historia. Perón había tomado medidas que afectaron, y mucho, a los intereses de las grandes compañías dedicadas a la venta de cereales.

Cuando Perón asumió su primera presidencia, el mundo salía de la Segunda Guerra Mundial; el contexto resultaba más que favorable para las exportaciones argentinas, en particular para el trigo, cuyas ventas se concentraban en pocas manos.[6]

Las grandes compañías cerealeras se habían impuesto como intermediarias de los productores pequeños y medianos, a los que también les prestaban servicios financieros. Bunge y Born se destacaba entre ellas porque operaba desde una locación de privilegio —en el puerto mismo—, tenía grandes extensiones de tierra y poseía además la Compañía Industrial de Bolsas, con la que se autoabastecía de los envoltorios de yute que se utilizaban en el transporte de los cereales.

Su poder era tan grande entonces que se decía que daba crédito al agricultor, le vendía la semilla y le compraba el grano; y cuando las cosechas se habían levantado, le vendía al campesino la cuerda para que se ahorcara. Según el periodista estadounidense Dan Morgan, autor de *Los traficantes de granos*,[7] el comentario exageraba «muy poco» la dimensión del pulpo.

En febrero de 1946, Perón inauguró el Instituto Argentino de Promoción del Intercambio (IAPI), que canalizó y centralizó los movimientos del comercio exterior a través del Estado. La puesta en marcha del IAPI y luego la nacionalización de los puertos redujeron drásticamente la participación de Bunge y Born como intermediaria en el comercio exterior; durante la década entera del gobierno justicialista, el valor total de las exportaciones del grupo resultó inferior a la facturación de tan solo uno de los años de oro, 1929.[8]

En 1955, tras la expulsión de Perón del poder, el IAPI dejó de existir, los militares de la llamada Revolución Libertadora revirtieron las medidas en un abrir y cerrar de ojos.

En La Maison lo celebraron.

---

[6] Cuatro compañías exportadoras —Bunge y Born, Louis Dreyfus y Cía., La Plata Cereal Co. y Louis Ridder Ltda.— acaparaban el 90 por ciento de la producción.

[7] Dan Morgan, *Los traficantes de granos. La historia secreta del pulpo mundial de los cereales: Cargill, Bunge, André, Continental y Louis Dreyfus*, Buenos Aires, Abril, 1984, p. 49.

[8] Raúl Green y Catherine Laurent, *El poder de Bunge y Born*, Buenos Aires, Legasa, 1988, p. 98.

Curiosamente, otras políticas del primer peronismo habían beneficiado la facturación de Bunge y Born. Un tema que no se discutió en el juicio político.

Al aumentar el poder adquisitivo de las clases populares —por ejemplo, con el aguinaldo, que representaba un salario más al año—, el peronismo había hecho crecer el mercado interno, que Bunge y Born abastecía con sus fábricas locales. Pero, aunque sus balances mejoraran, los principales gerentes del grupo, de pensamiento económico inclinado por la iniciativa privada y el mercado, desconfiaban del populismo de Perón.

Como reacción, Born II y Hirsch cambiaron el criterio y la dirección de sus inversiones. Hasta entonces solo se habían movido fuera de Argentina hacia otros países —Brasil y Uruguay, por acaso— para comprar molinos cuando les colocaban barreras a la importación que les impedían ingresar en esos mercados. Con Perón en el poder, el grupo destinó sus excedentes a invertir y crecer en Brasil, con tanto ímpetu que en pocos años haría que la compañía se transformara en binacional.

Los Montoneros le insistían a Jorge Born con preguntas sobre las relaciones entre los gerentes y el poder político para demostrar que el crecimiento del grupo les debía tanto a los vínculos corruptos con los gobiernos sucesivos como a sus prácticas comerciales desleales.

Él trató de convencerlos de que Bunge y Born se manejaba con autonomía del poder de turno. Por una decisión que se había respetado desde los inicios, explicó, ninguna de sus empresas se presentaba a licitaciones públicas ni firmaba contratos como proveedores de gobiernos a nivel nacional, provincial o municipal.

El cautivo no quiso entrar en detalles, pero la compañía había sufrido durante la Primera Guerra Mundial la expulsión del círculo de exportadores de Estados Unidos porque le atribuían simpatías proalemanas. Ellos, les machacó, cuidaban mucho su imagen.

Los Montoneros ignoraron esos argumentos.

Se propusieron demostrar que Bunge y Born se había beneficiado de las regulaciones (o de su ausencia) allí donde sus empresas monopolizaban o dominaban un rubro. En un país como Argentina, con inflación, inestabilidad económica y fluctuaciones bruscas del tipo de cambio, las operaciones de comercio exterior de gran volumen les permitían hacer diferencias enormes si liquidaban las exportaciones en el momento más conveniente para ellos, para lo cual solo utilizaban información privilegiada del Banco Central y del Ministerio de Economía. Obtenían así ganancias fabulosas del negocio financiero, y las arcas del Estado resultaban las grandes perdedoras.

¿Autonomía del poder de turno? Inverosímil para los interrogadores.

En distintas sesiones —algunas de las cuales grabó la División Audiovisual de los Montoneros—, Jorge debió responder sobre la relación del grupo con los gobiernos, las Fuerzas Armadas, los sindicatos y los medios de comunicación.

De su «confesión» surgía que por Mario Hirsch, volcado en las relaciones públicas de alto nivel, Bunge y Born mantenía vínculos ilícitos con políticos y militares que habían interrumpido los procesos democráticos.

La casa del vicepresidente del holding, en la avenida del Libertador al 2000, funcionaba como un polo de gestiones reservadas con las máximas autoridades del país. Si Hirsch padre había impulsado la diversificación de la compañía e iniciado las relaciones públicas, su hijo Mario había desarrollado las cualidades de un lobbysta sofisticado que sabía cómo tratar con el poder.

Jorge Born padre, contó su hijo a sus secuestradores, había sido consejero y amigo de Arturo Illia, un radical electo presidente en 1963, cuando el peronismo se encontraba inhibido de presentar candidatos. Durante el gobierno de Illia, precisamente, Bunge y Born obtuvo la autorización para abrir nuevas plantas de la empresa textil Grafa en dos provincias que ofrecían un régimen impositivo especial. Así y todo, al cabo de tres años los directivos de Bunge y Born apoyaron la llegada de los militares. Como quien pide permiso, el general golpista que accedió al poder, Juan Carlos Onganía, consultó la opinión de Hirsch antes de designar a su ministro de Economía, Adalbert Krieger Vasena.

—Con Krieger Vasena hubo una relación estrecha y continua mientras fue ministro —relató Jorge Born a sus captores.

—¿De qué modo?

—[Egidio] Ianella [presidente del Banco Central] nos anticipaba el monto de los créditos de Bunge y Born para que se pudieran planificar las adquisiciones de cereales y algodón a los productores. También nos anticipaba la evolución de la política: algo muy útil.

Contra tanta sinceridad, su narrativa de la corrupción política se encuadró en la hipocresía propia del empresariado argentino, que depositaba toda la culpa sobre los funcionarios sin cuestionar su propio papel. Pagar sobornos parecía una imposición necesaria. No existía entonces una ley que regulara los aportes del empresariado a las campañas electorales; no quedaban asentados en ningún registro de acceso público ni en la contabilidad oficial de las empresas.

Born III dijo primero:

—El problema con los políticos es uno solo: ¡todos vienen a pedirnos dinero!

Luego agregó, con una suerte de ingenuidad:

—Y a ninguno se lo negamos, según el sistema de representación proporcional: más voz, más dinero.

Los Montoneros ahondaron en la relación de la empresa con las comisiones internas de las fábricas y con los jefes de los sindicatos. Querían un testimonio que pusiera en evidencia la complicidad de la «burocracia sindical» —a la que habían combatido mientras estuvieron dentro del peronismo— con el capital.

Hacia 1974, la proyección de la izquierda en los ámbitos gremiales había ganado terreno, y su mayor influencia aumentaba la conflictividad sindical, aunque les resultaba muy difícil acceder a la conducción de los sindicatos.

El peronismo había creado un modelo —que perdura desde entonces— de gremios únicos por rama, con una democracia interna muy acotada y sin representación de las minorías. Eso desalentaba la competencia y favorecía las reelecciones indefinidas de los líderes, muchos de ellos volcados en negocios próximos a sus funciones y entregados a la corrupción; su enriquecimiento los había alejado de la forma de vida de los trabajadores a quienes decían representar.

Tan solo en un puñado de fábricas los delegados más comprometidos conseguían lugares en las comisiones internas. Y disparaban una alianza inconfesable: tanto para los empresarios como para la conducción gremial, esos delegados díscolos constituían un adversario en común.

Born lo explicó con sencillez. Ellos mantenían una relación excelente con los dirigentes de peso de las industrias en las que tenían posiciones dominantes, dijo, pero el desprestigio de esos gremialistas les ocasionaba problemas serios.[9] Música para los oídos de la cúpula montonera.

La conflictividad, admitió el secuestrado, resultaba mucho más alta en las plantas que escapaban al control de esos dirigentes.

Los Montoneros explotaron las palabras de Born para cargar contra los jefes sindicales, quienes les habían ganado casi todas las batallas. La voz en off del audiovisual que produjo Quieto concluía:

> *Para Bunge y Born, tener buenas relaciones no significa tomar juntos un café. Para Bunge y Born, tener buenas relaciones con un sindicalista significa que el sindicalista, a cambio de unos cuantos pesos y ayudado por matones, traiciona a los obreros impidiendo que hagan huelga. Como ven, no exagerábamos en nada cuando decíamos que Bunge y Born como multinacional es todo un cáncer que corroe a la Nación y todo lo compra: funcionarios, ministros, presidentes, militares y sindicalistas.*

---

[9] Born señaló que la multinacional mantenía una buena interlocución con los dirigentes nacionales de la Unión Obrera Metalúrgica (UOM, de Lorenzo Miguel), la Asociación Obrera Textil (AOT, de Casildo Herrera) y la Federación Aceitera (de Estanislao Rosales), los tres que tenían poder en las industrias de peso para la compañía y el mayor número de afiliados en sus fábricas.

Cuando le achacaron que la compañía poseía casi un millón de hectáreas, Born III se rió de la exageración, aunque no tanto como imaginaron los Montoneros cuando arrojaron la cifra para ver de qué manera reaccionaba.

Bunge y Born había comprado algunas de las estancias más tradicionales del país, poseía además grandes extensiones de tierra en el corazón productivo (las provincias de Buenos Aires, Santa Fe y Entre Ríos) y también en el norte del país (en las provincias de Chaco y Formosa) para la producción de algodón y la explotación forestal de un aserradero propio. A eso se sumaban las extensiones que los directivos adquirían a modo de inversión personal y que Bunge y Born administraba de manera centralizada, como un beneficio extra. Solo el padre de los secuestrados llegó a poseer 250.000 hectáreas.

Muchas veces, Born y sus captores se enfrascaban en debates estériles. El heredero intentaba que los Montoneros precisaran cómo sería el país si ellos tomaban el poder; le parecía que sus teorías abstractas carecían de correspondencia práctica. Cada tanto salía del lugar de quien debía dar explicaciones para formular sus propias preguntas: «Pero ¿qué es el pueblo para ustedes? ¿Saben lo que es gobernar un país? ¿Cómo harían las cosas, si no tienen la menor idea de gestionar nada?».

Al cabo de semanas de intercambios, los Montoneros consideraron probados los siguientes cargos contra la empresa Bunge y Born:

1. *Explotación a la clase trabajadora: la compañía se había expandido merced a la explotación de sus empleados.*
2. *Prácticas monopólicas: en numerosas oportunidades y con procedimientos diversos, la empresa había utilizado maniobras de estrangulamiento para liquidar a la empresa nacional mediana y pequeña.*
3. *Agresión a los intereses nacionales: Bunge y Born había utilizado sus ganancias obtenidas en el país para expandirse en el exterior; además había avalado el golpe reaccionario y proimperialista que derrocó a Perón en 1955.*

JUICIO POLÍTICO AL PULPO BUNGE Y BORN

En función de los delitos de la empresa, a los secuestrados Jorge y Juan Born les cabía una condena desglosada en varios ítems:

1. *Prisión de un año (que luego, al garantizar el dinero del rescate, se conmutaría a nueve meses).*
2. *El pago de una suma de importancia por su liberación.*
3. *La entrega de mercadería por un valor de un millón de dólares en barrios populares, fábricas, escuelas y hospitales.*
4. *La solución inmediata a los conflictos sindicales en las fábricas, con la aceptación de las exigencias de los trabajadores.*
5. *La colocación de bustos del ex presidente Perón y de Eva Perón en todas las fábricas del holding, más autorización para que los trabajadores suspendieran sus actividades para sus inauguraciones, como reparación simbólica por el apoyo que el grupo había brindado al golpe de 1955.*
6. *La exhibición en las pizarras de las fábricas, por el término de quince días, de una solicitada cuyo texto los Montoneros entregarían una vez finalizadas las negociaciones.*

Al cabo de tanta angustia y miedo, de tanto sufrimiento extra por la falta de aire y de luz —que le cortaban a la noche y le escatimaban durante el día sin motivo aparente—, Born III respiró aliviado. El juicio político había sido una suerte de farsa, una operación de propaganda que de paso presionó la psique de él y de su hermano, el más afectado. Pero no les esperaba el destino de Aramburu. Ya no le quedaban dudas: los Montoneros no buscaban la historia, buscaban su dinero. Nada más. El móvil número uno de los crímenes en el mundo entero.

Sin embargo, en la euforia de la proclama revolucionaria, a los guerrilleros se les escapó un detalle.

El padre de sus sentenciados no estaba dispuesto a pagar los cien millones de dólares que le habían solicitado.

Ni siquiera para salvar la vida de sus hijos.

No se trataba de avaricia ni de falta de recursos. Tenía esos fondos, como individuo, y también los tenía la empresa. Pero carecía de la voluntad para doblar la cerviz. Ceder a la extorsión implicaría contradecir su vida entera.

Born II se negaba a entregar sus principios.

Perderlos no le parecía menos grave que perder a sus hijos.

CAPÍTULO VI

30 de octubre de 1974 - 28 de febrero de 1975
Carta al padre

En enero de 1975, los Montoneros evaluaron la marcha de la Operación Mellizas.

Durante más de tres meses habían acumulado un puñado de contactos, todos frustrantes, con distintos empleados de Bunge y Born. El padre no se había dignado atenderlos, recibía sus mensajes por medio de terceras personas.

Al primer pedido de rescate, de cien millones de dólares, uno de sus intermediarios había transmitido su contrapropuesta, tan irrisoria que bordeaba lo temerario. Un abogado de alto copete, que por alguna razón trataba a los Montoneros como si fueran sus subordinados, les había ofertado, como quien se cree en la posición de poner condiciones, diez millones de dólares.

Apenas el 10 por ciento de la cantidad exigida.

Una burla. Ni siquiera ameritaba que fuera considerada.

En respuesta, los Montoneros cortaron toda comunicación. Pensaron que, al pasar semanas sin noticias, Born II comprendería de una vez quién mandaba. Pero ni siquiera el silencio forzó un movimiento del empresario.

Los hermanos habían entrado en el año 1975 sin advertirlo. Ni en Navidad ni en Año Nuevo les ofrecieron un menú especial. Nada aconteció que les alterase la rutina. Por el aislamiento sonoro de las celdas, tampoco escucharon las celebraciones en la zona ni la detonación de los fuegos de artificio.

La clausura en la que vivían superaba la cuestión de los ruidos. La realidad se había difuminado poco a poco, con un efecto de desestabilización psíquica grave para Juan y una sensación de alejamiento del mundo para Jorge. Todo se reducía a ese espacio de seis metros cuadrados donde despertaban cada día, lleno de nada, y a las negociaciones casi inexistentes por su libertad.

Ignoraban que la violencia política había progresado más lentamente desde la izquierda que desde los parapoliciales de José López Rega, la Triple A. Tampoco sabían que los Montoneros habían dado un golpe espectacular el 1 de noviembre. Ni para jactarse de sus hazañas de guerra corrían el riesgo de conectar a los cautivos con el mundo exterior.

Horacio Mendizábal había planificado la acción que comenzó a la una de la madrugada de ese día, cuando el buzo táctico Máximo Nicoletti y otros tres militantes (una mujer entre ellos) se sumergieron en el atracadero Sandymar, en el paseo tradicional del Tigre, a solo una hora de la ciudad de Buenos Aires. En los canales del Delta, el comisario Alberto Villar guardaba su embarcación *Marina*. Los Montoneros llevaban veinte kilos de explosivos trotyl, resistentes al agua, que colocaron a la altura del asiento de Villar.

A las 10.30 de la mañana, el poderoso policía —un antiguerrillero feroz que codirigía la Triple A— se instaló en el bote con su mujer, Elsa María Pérez. El trotyl voló la lancha. Villar y Pérez murieron en el acto. A López Rega lo afectó una ola expansiva simbólica. Los Montoneros se habían atrevido a asesinar a uno de sus colaboradores más estrechos.

Born III tampoco sabía que, si no bastara con sus limitaciones internas, las encontraría también fuera; el 6 de noviembre, la presidenta había decretado el estado de sitio, un régimen de excepción pensado para situaciones de guerra, por el cual quedan en suspenso ciertas garantías constitucionales y las Fuerzas Armadas adquieren facultades extraordinarias. Se enteraría al recuperar la libertad, ya que la medida se mantuvo hasta el golpe de Estado del 24 de marzo de 1976, y las juntas militares la heredaron, al igual que la simiente del terrorismo de Estado pergeñada por López Rega.

A mediados de diciembre, el ERP, que jamás había depuesto las armas, debió suspender su campaña de atentados contra militares. Once días antes, en la provincia de Tucumán, habían matado al capitán Humberto Viola para responder al accionar de un comando de inteligencia que colocaba bombas en las casas de activistas y guerrilleros. En el operativo, los guevaristas balearon también a la hija de Viola, Cristina, de tres años, que viajaba en el automóvil. Los Born se mantuvieron ajenos a la indignación nacional que causó el crimen de la niña, que no mermó con el anuncio de que la guerrilla de izquierda ya no atacaría a los uniformados en las calles, para evitar nuevas víctimas civiles.

Un mes y medio antes de entrar en Piojo 1, los hermanos habían compartido el asombro mundial que provocó la primera dimisión de un presidente de Estados Unidos. Tras el escándalo del espionaje en una oficina del Partido Demócrata en el edificio Watergate, revelado por el diario *The Washington Post*, y ante el riesgo de que le plantearan cargos formales de conspiración para obstruir la justicia, el republicano Richard Nixon había renunciado el 9 de agosto.

Al reemplazarlo Gerald Ford, la vicepresidencia había quedado vacante. El 19 de diciembre ocupó ese lugar el empresario Nelson Rockefeller, por cuya visita a Argentina, durante las revueltas de 1969, se habían incendiado los supermercados de la cadena Minimax, perteneciente a una de sus tantas compañías multinacionales.

La familia Born tenía amistad con los Rockefeller. Jorge solía visitar a David, el hermano de Nelson vinculado a los negocios con América Latina, cada vez que coincidían en Nueva York. Pertenecían al mismo mundo. Pero los herederos, incomunicados, no alcanzaron a conocer el ascenso político de Rockefeller.

Eran tiempos agitados en Estados Unidos: perdían la primera guerra televisada de la historia, que no los mostraba como los héroes de antaño sino como los intervencionistas que rociaban aldeas con napalm. El Congreso había cortado ya los fondos para las actividades militares en Vietnam, la opinión pública presionaba por el regreso de los soldados estadounidenses. Sin ese apoyo, el régimen de Vietnam del Sur comenzó a resquebrajarse.

Aquel enero de 1975 se combatía a 120 kilómetros de Saigón; los comunistas del Viet Cong ganarían tres meses más tarde. A Estados Unidos los quedó el saldo de una derrota histórica y deshonrosa —una suerte de David contra Goliat—, más de 58.000 muertos, 300.000 heridos y otros cientos de miles traumatizados.

Aunque había perdido la cuenta de los días que llevaba en cautiverio, Jorge intentaba mantenerla. Juan, en cambio, había renunciado a la noción del tiempo y su psique se desmoronaba. Su hermano mayor lo ignoraba. Ambos desconocían que estaban en la «cárcel del pueblo» Piojo 2, apenas separados por una pared doble y un hueco aislante.

Los guardias ya no sabían cómo tratar a Juan.

Uno de ellos presentó una queja ante Rodolfo Galimberti: «Está totalmente loco. No te puedo explicar lo insoportable que se pone. Empieza a los gritos, se tira de los pelos, tiene alucinaciones, dice cosas espantosas», detalló.[1] Según la descripción de su comportamiento, Juan

---

[1] Eduardo Anguita y Martín Caparrós, *La voluntad*, tomo 2, Buenos Aires, Planeta, 2013, p. 456.

CARTA AL PADRE

podría haber caído en un estado psicótico, pero ningún médico le podía diagnosticar en la distancia.

La Columna Norte presionó sobre la cúpula para acelerar los tiempos. Galimberti no tenía la cantidad suficiente de hombres dispuestos a pasar una semana encerrados en un hueco con un secuestrado que parecía haber perdido la razón y les hacía pasar momentos muy desagradables las pocas veces que entraban en contacto con él, cuando entraban en la celda para llevarle comida o a cambiar el agua del cubo. Tampoco podía rotar más parejas, pues muy pocos militantes debían saber que los hermanos estaban bajo su cuidado. En esas condiciones, el grupo corría riesgos que comprometían la seguridad de la acción.

La Conducción Nacional de los Montoneros decidió pasar la presión a Jorge Born padre, quien después de todo era el que prolongaba innecesariamente el proceso. Le envió un mensaje imposible de ignorar.

La víctima elegida: Antonio Muscat. Tenía cincuenta y dos años y ocupaba un puesto gerencial en la administración del grupo, con cierta antigüedad ya. Jorge Born II en persona le había entregado una medalla al cumplir veinticinco años dentro de la compañía, y la familia conservaba la foto de la ocasión en un portarretratos.

El 7 de febrero de 1975, Muscat conducía su coche por Quilmes, el municipio del sur del Conurbano donde vivía. Su hija Silvia, de veintitrés años, iba en el asiento del acompañante. Como todos los días laborables, viajaban juntos a la capital. Silvia trabajaba cerca de las oficinas de su padre. A él le habían sugerido, como al resto de los gerentes de la compañía, que se mudara por un tiempo a un apartamento en el centro, que ofrecía mejores condiciones de seguridad al ahorrarle los desplazamientos. Muscat había preferido preservar la vida tranquila en el barrio, en una casa que compartía con su mujer y las tres hijas del matrimonio.

Aquella mañana, en una zona de poco tránsito cercana a las vías del tren, Muscat alcanzó a notar que un automóvil lo seguía. Pero nada pudo hacer para escapar. En una maniobra muy rápida, dos vehículos le bloquearon el camino. Quedó atrapado y lo obligaron a bajar. Le tiraron gas pimienta en el rostro y sin que mediase siquiera una palabra le dispararon a corta distancia. Murió mientras lo trasladaban al sanatorio más cercano.

Los Montoneros nunca asumieron la autoría del asesinato de Muscat, pero la noticia funcionó como un correo ensangrentado que llevó un ultimátum a las oficinas centrales de Bunge y Born: o el padre de los cautivos empezaba a negociar de una vez, o más directivos del holding serían asesinados.

Ocho días más tarde, los Montoneros balearon el frente de las casas de Alberto Méndez y de León San Juan, ambos empleados jerárquicos de una planta de Molinos Río de la Plata en Avellaneda, también al sur del Conurbano. En ese tiempo, la fábrica de 95.000 metros cuadrados —la de mayor producción de aceite comestible del mundo, con 1.000 obreros y 300 administrativos— atravesaba un conflicto gremial importante.

En un par de ocasiones, integrantes de la comisión interna, que estaba vinculada a los Montoneros, habían encerrado a Méndez —quien era jefe de personal— en su oficina. Méndez había padecido el escándalo que significó que se encontrara una rata envasada dentro de una lata de aceite de cinco litros, incidente que no dudó en denunciar como parte de un boicot. Cada vez que quería ir al cuarto de baño tenía que pedir que lo escoltaran guardias de seguridad. La muerte de Juan Carlos Pérez, asesinado el día del secuestro de los hermanos Born, lo había conmovido; antes de que le asignaran la tarea de trasladar a los herederos, la víctima había trabajado como chófer en la planta de Avellaneda.

El conflicto se metió, literalmente, en su casa, un chalet en una zona residencial de Banfield, también al sur del Conurbano, a media hora de la planta donde trabajaba. Sus dos hijos, Ricardo y César, de dieciocho y catorce años, respectivamente, ya se habían acostado.

Méndez se encontraba en el dormitorio principal con su esposa cuando escuchó los tiros. Ordenó a gritos que todos se tiraran al suelo, pero él mismo se puso de pie cuando observó que su madre, que vivía con la familia, caminaba por el pasillo. Alcanzó a empujarla dentro del cuarto de baño, y una bala que pasó demasiado cerca de ella rebotó en la llave de luz. Cuando la balacera amainó, esperaron unos cuantos minutos y salieron a la calle. En pijama conversaron con los vecinos, que, atraídos por la curiosidad y el miedo, se habían congregado en la acera, delante del jardín que ocupaba el frente de la casa. Había unos cuantos cristales rotos, pero ningún panfleto de un grupo que se atribuyera el atentado.

Al día siguiente, Méndez se enteró de que la casa de su compañero de trabajo San Juan, quien vivía a cinco cuadras de la suya, también había sido baleada. Los ataques demostraron que la organización armada manejaba información detallada sobre los movimientos y las viviendas particulares de los directivos de la compañía.

Todos se debían sentir amenazados.

Así fue.

Después de esos atentados, la empresa aceptó todas las demandas sindicales en sus fábricas e instalaciones: el aumento del valor de las horas extraordinarias, la presencia permanente de un médico de guardia en la planta y la construcción de un comedor para los obreros.

Y, por fin, se avanzó en las negociaciones por los secuestrados.

El círculo familiar de los Born había dejado el país a los pocos días del secuestro. La esposa del patriarca, las nueras y los nietos aguardaban el desenlace en Punta del Este, el balneario de Uruguay que la clase alta argentina elegía para veranear.

Matilde Frías Ayerza, la madre de los secuestrados, se había instalado de manera permanente en la casa que tenían en la zona de la punta, a metros del puerto y de una marina con un muelle donde atracaban embarcaciones de lujo, entre el Río de la Plata y el océano Atlántico. Compartían la casa con ella una de sus nueras, Virginia Agote, la esposa de Juan, y los cuatro hijos del matrimonio. Inés Magrone de Alvear —casada con Jorge Born hijo, descendiente de dos presidentes— prefirió que ella y sus hijos ocupasen una propiedad de su familia, un poco más alejada del centro, camino a las playas de la Barra.

Los niños en edad escolar —los ocho primos, cuatro hijos de Jorge y cuatro de Juan, que tenían entre dos y doce años— comenzaron las clases en un colegio uruguayo. Sus madres no querían que perdiesen la escolaridad ni una rutina que les estructurase los días de angustia. Se preparaban para una larga espera.

Born padre vivía la distancia con alivio. Su mujer lo había presionado sin tregua para que pagara de una vez cuanto dinero hiciera falta. Como madre, Matilde se rebelaba contra la demora de las negociaciones. Él, en cambio, sabía separar los papeles, hacía a un lado al padre y dejaba que el empresario tomase el control de la situación. Aun cuando se tratase de las vidas de sus hijos.

La historia del secuestro corría como un rumor misterioso entre las familias con casa en Punta del Este y las que llevaban a sus hijos a los colegios argentinos donde los niños Born habían dejado de asistir de modo abrupto y sin que mediaran explicaciones. En esos círculos se rumoreaba que Matilde había amenazado con pedirle el divorcio a ese hombre de setenta y tres años con el que había compartido gran parte de su vida, si algo les pasaba a sus hijos mayores. Aun sin conocer el estado tan delicado de Juan, la madre padecía por los hermanos encarcelados.

El tercer varón, Julio, ya se había mudado a Madrid con su mujer, Victoria Hueyo, y sus dos hijos. Tan solo Matilde, Mili, la única mujer de los cuatro hermanos, permaneció en Buenos Aires con su marido, Celedonio Pereda, y sus hijos.

Pereda, gran terrateniente de la provincia de Buenos Aires, presidía desde 1972 la Sociedad Rural Argentina (SRA), la entidad privada más poderosa de los productores del campo. Cuando gran parte de su familia política emigró, Pereda no quiso dejar el lugar de poder que ocupaba en la SRA —desde allí sería uno de los grandes sostenes del golpe militar de 1976— ni descuidar sus negocios. Además, debía cuidar de Mili, quien necesitaba tranquilidad: poco antes del secuestro había sufrido una trombosis que le había dejado una renguera.

Después del asesinato de Muscat, cuando ya había quedado muy solo en Buenos Aires, Born padre debió aceptar que también Mario Hirsch, su principal apoyo en la empresa, se marchara. Con los hermanos en peligro, resultaba imperioso resguardar la sucesión de la compañía. El vicepresidente de Bunge y Born se radicó en Madrid con Elena de Olazábal, su segunda esposa, y los tres hijos de ella de un matrimonio anterior. Escapó de los guerrilleros argentinos, pero en España resultó víctima de ladrones comunes que lo maniataron durante horas para robar objetos valiosos de su casa.

Born iba a sentir su ausencia más que cualquier otra; el secuestro se produjo cuando ya estaba en trámite su jubilación. A los sesenta y tres años, Hirsch se preparaba para asumir el control de la compañía. Como los Hirsch eran más jóvenes que los Born, la alternancia entre las familias fluía a la perfección y los ciclos se cumplían con armonía.

Mario Hirsch había logrado reproducir con Jorge Born II un vínculo tan sólido como el que habían labrado sus padres, Jorge Born (presidente desde 1884 hasta 1920) y Alfredo Hirsch (presidente entre 1928 y 1956, detrás de Ernesto Bunge). Los Hirsch pasaban de generación en generación su gratitud a los Born porque el primer Jorge había reconocido el aporte transformador al crecimiento de la compañía y los había elevado de empleados a socios principales. Con el secuestro de los hermanos, Hirsch hijo honró la confianza que Born I había depositado en su padre.

Como la compañía aún no era pública, a Born II y a Hirsch les alcanzaba con consultar entre ellos para disponer de dinero. Gracias a que no existían otros accionistas que opinasen, podían mover grandes sumas a discreción, sin necesidad de asentar en las actas de las reuniones de directorio los datos que pudieran comprometer a Bunge y Born ante las autoridades o en causas judiciales.

En un gesto de lealtad —recíproco de otros de la familia Born a la suya—, Hirsch le entregó a su socio la disposición total del dinero que creyera necesario para pagar la libertad de sus hijos.

El *insider* que les había pasado a los Montoneros información sobre la capacidad financiera de Bunge y Born no se había equivocado en lo esencial. La compañía se hallaba en condiciones de disponer de la cifra que le exigían sin vender siquiera una de sus empresas, sin tomar créditos y sin poner en riesgo sus inversiones. Lograría cubrir el pago con sus cuentas en el extranjero. Sin duda chocaría con complicaciones logísticas para entregar tantos millones de dólares a una guerrilla clandestina en un país con control de cambios. Pero por lo demás, la firma podía afrontar la suma que le pedían.

Así las cosas, un único impedimento separaba a Born II de la puerta hacia la negociación: él mismo.

Cavilaba. No quería dar el brazo a torcer.

—¡Estamos hartos de su padre! ¿Qué le pasa que no nos atiende al teléfono? —se quejaban los Montoneros ante Jorge.

—Ustedes no lo conocen, es evidente. Pueden intentar lo que quieran, pero no va a aceptar un disparate.

—¿Por qué no le escribe a su madre?

—No serviría de nada. Si se trata de hacer algo que él considera que está moralmente mal, a mi padre no lo mueve nadie, ni mi madre ni el Dios de arriba —respondía con calma.

Ningún detalle de la narración montonera lo sorprendía. Era un retrato de la actitud habitual de su padre. Tanta serenidad irritaba a sus captores.

—Pero ¿de qué están hechos ustedes? —repetían.

Born vio que otra persona se sumaba a los guardias. Alguien de mayor jerarquía, especuló al medir su actitud. Le preguntó sin preámbulos:

—Si no es con su padre, ¿con quién podemos hablar?

—En otras circunstancias hablarían conmigo. Yo soy la persona indicada, pero estoy metido acá dentro.

—Entiendo. Pero seguramente hay alguien de su confianza con quien podríamos contactar. ¿Quién podría ser?

Su madre quedaba descartada de plano. Aunque Matilde era una mujer fuerte e independiente, el hijo suponía —con acierto— que el padre ya la había hecho a un lado. Además, ella, que jamás interfería en los temas vinculados a la empresa, habría dejado el asunto en las manos de él, como de costumbre. Cualquier intento por arrastrarla al centro de la escena conduciría al fracaso, y acaso al riesgo de que el padre lo interpretara como un truco para torcer su voluntad. No funcionaría.

Pensó entonces en un familiar cercano, más o menos de su edad, con quien él tenía una relación afectuosa y a quien su padre escucharía. Eligió preservar la identidad del hombre y les entregó solo un número de teléfono y un apodo.[2]

Desde el momento en que ofreció un canal para llegar al padre, Jorge Born sirvió y se volvió funcional a los intereses de los Montoneros. Él sentía otra cosa, que por primera vez en meses de cautiverio hacía algo por su destino y el de su hermano. El padre podía ignorar las llamadas de los guerrilleros, pero le resultaría imposible desoír un mensaje que le llegase por un intermediario que hubiera designado su hijo. El primer recado —el más relevante en la etapa que atravesaban— no requería de texto: al elegir a una persona cercana a él, el hijo le pedía que abriera el diálogo.

El amigo no lo defraudó, atendió al teléfono y se mostró dispuesto a trasladar el mensaje a Jorge Born padre. Todo un progreso.

A pesar del miedo y de una cierta repulsión que le provocaban los guerrilleros, acudió al lugar que le indicaron y siguió las instrucciones hasta dar con una carta escondida detrás del espejo de un baño en un bar. El texto, escrito a máquina, se dirigía a Born padre en un tono amenazante. Decía que se debía comenzar a negociar de forma inmediata porque, si continuaban las dilaciones, se verían acciones todavía más

---

[2] Por petición de Jorge Born, su nombre se mantiene en reserva.

drásticas. Para destacar algunas palabras y su propio nombre, los Montoneros usaban las mayúsculas.

Una semana más tarde, el abogado de la compañía, José María Videla Aranguren, contactó con la persona que Born hijo había elegido de mensajero y le preguntó si tenía manera de entregar una respuesta. Sería la primera comunicación efectiva, con ida y vuelta, entre los secuestradores y el padre, que, por fin, había reaccionado.

El amigo, un profesional exitoso cercano a la familia, se encontró de pronto inmerso en un mundo desconocido, lleno de riesgos y de códigos que alguien como él, ajeno a la militancia política de los años setenta, no alcanzaba a comprender. Pero aprendió a moverse y a interpretar para transformarse, a petición de los Montoneros y por su afecto hacia los cautivos, en el correo que llevaba y traía notas.

La tarea creó una suerte de rutina, que comenzaba cuando el amigo de Born atendía a las llamadas telefónicas en las que se le indicaban en clave las primeras instrucciones. A continuación, las ponía en práctica, lo cual lo llevaba a recorrer varias postas. Los Montoneros lo guiaban mensaje a mensaje por estaciones de tren, bares, hospitales y otros espacios públicos de la ciudad de Buenos Aires y de la provincia, hasta que se sentían seguros de que se movía «limpio», que nadie lo seguía. Al final del recorrido, las notas podían aparecer en un sobre escondido en algún lugar insólito o debajo de una piedra en un parque.

Terminó enero. Cuatro meses y medio sin saber de sus hijos, y Born padre seguía sin avenirse a las exigencias de los Montoneros. Pero al menos aceptaba la conversación que su hijo había propuesto desde Piojo 2.

Hacía ya bastante tiempo que Jorge había logrado entablar una relación de cierta cordialidad con sus carceleros. Acaso había sido parte de una estrategia deliberada de los Montoneros; como el padre no había cedido por la fuerza, intentaron seducir al hijo. O tal vez habían comprendido que, paradójicamente, el propio secuestrado era el único que poseía la llave para que ellos pudiesen cobrar su rescate. Necesitaban de su fortaleza mental.

Born soportaba bien la rutina del cautiverio. Extrañaba más lo superfluo que lo básico, su whisky y sus cigarrillos predilectos, los Chesterfield que se habían convertido en señal de distinción gracias a una publicidad eficaz con estrellas de Hollywood de la época. Alguna vez los guardias le habían convidado a un cigarrillo, de otra marca. En su celda diminuta y con ventilación escasa, donde se concentraba el humo, inhalaba con fuerza, exhalaba y se quedaba envuelto en una nube de olor embriagante. Lo disfrutaba.

Soñaba con fumar un paquete entero. Y cuánto mejor si pudiera completar esa ceremonia del tabaco con un Scotch...

—¿Nos podríamos tomar un whisky juntos? —se había atrevido a preguntarle una noche, pocas semanas después de su secuestro, a uno de sus custodios.

La respuesta, si bien seca, no había sonado terminante, sino casi parecida a una disculpa:

—Somos combatientes, no podemos tomar whisky con usted...

De la confrontación áspera de las primeras semanas, su relación con algunos de sus vigilantes había evolucionado hacia un diálogo más ameno, que incluía momentos de distensión y de desafío mediante algunos juegos. Todo había empezado con las palabras cruzadas que llenaban en la sala de guardia; si algún renglón quedaba inconcluso, lo consultaban a Born para, con su ayuda, completar todos los casilleros.

Los custodios contaban además con un mazo de barajas españolas y un tablero para jugar a las damas, y algunos se habían mostrado dispuestos a compartir sus pasatiempos con el cautivo. Born ignoraba las reglas del truco;[3] hasta que las aprendiera y llegase a un nivel de entretenimiento habría pasado demasiado tiempo. Entonces apelaron a los más sencillos. A Born le pareció que las damas eran una versión elemental del

---

[3] Un juego de azar y de picardía en dosis equivalentes, originario de Valencia y muy popular en Argentina y Uruguay.

backgammon, un juego de mesa antiguo, de azar y estrategia, muy difundido entre las clases altas, en el cual él destacaba.

En esas distracciones habían fluido las conversaciones casuales. Y se había abierto una puerta interesante para Born, las apuestas con los guardias. Tal vez podría, mediante alguna, ganar un whisky y unos Chesterfield.

La oportunidad se le había presentado la noche de una pelea de boxeo cargada de simbolismos que excedían al deporte.

El 30 de octubre de 1974, Muhammad Ali retó a George Foreman en África. Buscaba recuperar el cinturón que le habían arrebatado fuera del ring en 1967, cuando se mantenía como campeón invicto de los pesados.

En aquel momento, los movimientos por los derechos civiles habían logrado sus primeras conquistas para terminar con las leyes de la segregación en Estados Unidos. Ali se había sumado a los grupos más radicales que representaba Malcolm X, había adoptado la religión musulmana y había dejado de usar el nombre con el cual había sido bautizado —el de su padre, que honraba a un abolicionista del siglo XIX—, Cassius Marcellus Clay. La guerra de Vietnam aún despertaba más sentimientos de patriotismo que de rechazo entre los estadounidenses. Cuando Ali se negó a enrolarse por objeción de conciencia, el gobierno le quitó el título y lo dejó cuatro años sin pelear —en un período clave para su carrera—, hasta que en 1971 un fallo de la Corte Suprema le dio la razón al boxeador.

Ya la historia empezaba a inclinarse a su favor; con las tropas en retirada, el clima político había cambiado. Faltaba poco para que cayera Saigón y Vietnam se reunificara como país bajo el mando del norte comunista.

Ali pelearía en un escenario que reivindicaba, además, su condición de negro: en África, en la República del Zaire, en un estadio al aire libre, delante de 60.000 personas. Por medio de Don King, un joven promotor en aquel tiempo, el dictador Mobutu Sese Seko había ofrecido cinco millones de dólares a cada boxeador para que el mundo viera un estadio repleto de gente que coreaba su nombre.

Diez millones.

Una cifra extraordinaria para el deporte. Pero nada en comparación con lo que pretendían los Montoneros para liberar a los secuestrados.

Jorge Born admiraba la agilidad de bailarín con la que el retador recorría el ring, aunque casi nada sabía sobre el boxeo. En sus tiempos de estudiante universitario en Estados Unidos, apenas había seguido la segunda etapa de la trayectoria exitosa de Sugar Ray Robinson. Aquel campeón de los pesos medianos terminó elegido como el mejor boxeador del siglo xx.

Las posturas políticas de Ali le parecían demasiado radicales, pero Born comprendía la problemática de la segregación racial y sus secuelas. Había sentido la tensión en Filadelfia a comienzos de los años cincuenta, mientras vivía en el campus de la Escuela de Negocios de Wharton. Allí los negros solo ingresaban para realizar las tareas de limpieza.

Gobernaba el militar republicano Dwight Eisenhower y Joseph McCarthy se dedicaba a la caza de brujas desde el Comité de Actividades Antiestadounidenses del Senado, que perseguía a cualquier persona sospechosa de simpatías aun lejanas con el comunismo. Como la vida en la universidad no ofrecía grandes emociones, Born aprovechaba cada receso para escapar a Nueva York, donde asistió al nacimiento de los movimientos por los derechos civiles.

Sus conocimientos sobre Ali y el contexto en el que se desarrollaba la pelea le sirvieron para encontrar un tema de conversación con sus guardias. De las charlas surgió algo curioso, en función de las corrientes políticas de las partes; Born apostaba por el triunfo de Ali, mientras que sus guardias montoneros se inclinaban por Foreman. Negro como Ali, Foreman no tenía compromiso con la causa de los derechos civiles. La elección de los guardias montoneros seguía un criterio estrictamente deportivo. Las apuestas ubicaban como amplio favorito a Foreman, quien tenía veinticinco años —nueve menos que el retador— y venía de ganar la corona en combate contra Joe Frazier, el mismo boxeador que había derrotado a Ali.

La noche de la pelea, ya entrada la madrugada, los guardias aparecieron de sorpresa en la celda de Jorge Born con un televisor en blanco y negro y un vaso de whisky.

—Vamos progresando... —les dio la bienvenida.

—Le aclaro que fuimos autorizados por la conducción —se apuró a señalar un encapuchado, para que Born no creyera que cometían una transgresión que los acercaría más a su presa que a sus jefes.

En un gesto de proximidad física inédito en la «cárcel del pueblo», los guardias enchufaron el aparato y se sentaron en la cama junto a Born. En un espacio diminuto y con reglas tan rígidas, hasta el mínimo movimiento adquiría un significado.

Born se animó y lanzó una apuesta: si ganaba Ali, le darían un whisky todas las noches. Le respondieron que tendrían que consultar, pero el desafío quedó planteado aun si Born no tenía nada para ofrecer en caso de que perdiera.

Antes de que empezara la pelea, el Estadio Nacional en el Zaire, repleto, ya rugía: «*Ali bomaye!! Ali bomaye!! Ali bomaye!*». («¡Ali matalo!»)

Al comienzo, Ali rebotaba contra las cuerdas y Foreman dominaba la pelea.

Primer asalto. Segundo asalto. Tercer asalto. Cuarto asalto. Quinto asalto. Los movimientos ágiles del retador no alcanzaban a lastimar al campeón. No obstante, mantenía una actitud desafiante y murmuraba al oído de Foreman para provocarlo y desconcentrarlo: «¿Esto es todo lo que tienes para dar, George...? ¿Esto es todo?».

Sexto asalto. Séptimo asalto. Ali seguía a la defensiva, aunque cada tanto pegaba un golpe certero. Peligroso. En el octavo asalto de quince, realizó una combinación con la derecha y volteó a Foreman. El campeón cayó, KO.

Mientras Ali festejaba bajo la lluvia en el Zaire, Born se deleitaba en su cueva con el triunfo que le ganó un whisky cada noche. Roberto Quieto, el mismo responsable del secuestro, se ocuparía de enviar a la «cárcel del pueblo» las botellas que pagarían la apuesta. A la persona que se encargaba de las compras le llamó la atención el interés repentino de Quieto por el Scotch, pero nunca se atrevió a preguntarle a qué respondía.

En algún momento de febrero de 1975, cuando el agobio y la desesperanza lo apretaban, Jorge se recordó a sí mismo que existían algunos motivos para que se sintiera animado. Había mejorado la calidad de su vínculo con los guardias. Había encontrado un canal de diálogo con su padre, aunque todavía se esperase algún progreso concreto en las negociaciones para su liberación.

Juan, al otro lado de la pared, nada sabía de esos avances, ni de otra cosa. Se derrumbaba un poco más cada día.

Fue por entonces cuando los Montoneros resolvieron compartir con Jorge la inquietud que les causaba su salud. Alguien —Born estimó que podía tratarse del dirigente de la Conducción Nacional Roberto Perdía— se presentó encapuchado y le anunció con tono grave:

—Su hermano está desequilibrado. Es preocupante. Si ustedes no se apuran, esto va a terminar mal para todos.

Por primera vez en más de cuatro meses, Jorge recibía noticias sobre Juan. Aunque la cifra millonaria le había permitido inferir que los guerrilleros pedían un rescate por ambos, al fin sabía con certeza que su hermano estaba vivo.

—¿Y yo qué puedo hacer? —preguntó.

—Lo vamos a llevar a que lo vea.

—¿Dónde está?

—Eso no se lo vamos a decir. Le vamos a vendar los ojos hasta que esté dentro de la celda de Juan. Va a tener tiempo para hablar con él.

Juan siempre había sido más frágil que su hermano mayor, mucho más sensible a las presiones. ¿Con qué se iba a encontrar Jorge? Quería que le anticiparan algo sobre el cuadro.

—Pero ¿cómo está exactamente?

—Bueno, ya le dije… No está normal.

Jorge Born se dejó atar las manos y los pies, y vendar los ojos. Lo sentaron en una silla y lo sujetaron. Lo levantaron entre varios, aunque a esas alturas de su cautiverio había perdido cinco kilos, y ya se acercaba a los setenta y seis con los que saldría. De nuevo sintió que sus piernas largas colgaban en el aire. Lo metieron y lo sacaron del hueco que daba al patio trasero de La Carpintería. Al subir y bajar imaginó que estaba en una casa con escaleras. Supo que no había salido a la calle y que no había estado dentro de un coche, pero nunca sospechó que todos los movimientos habían sido apenas un teatro para fingir su traslado y dejarlo de nuevo en el punto de partida, solo que en la celda vecina.

Le quitaron las vendas.

—Acá está su hermano.

Los guardias cerraron la puerta y los dejaron solos. Encontró a Juan tirado en la cama, acurrucado, en calzoncillos, con el torso desnudo y el rostro demacrado. No lo había imaginado con tan mal aspecto. Jorge se arrimó a la cama y le habló al oído. Juan saltó, alterado:

—¡Salí, fantasma!

—Soy Jorge, tu hermano.

—¡¡Salí de acá, fantasma!!

—Pará, Juan. ¿Qué fantasma? No soy un fantasma. Soy yo. Jorge.

Juan lo observó sin reconocerlo. La soledad de meses en ese hueco vejatorio lo había convencido de que los asaltantes habían matado a Jorge. No podía estar vivo, habría sabido de él…

—¡¡Fantasma!! ¡¡Fantasma!! —desvariaba, repetitivo.

Jorge se desesperó. No aguantaba ver a su hermano menor en ese estado. Necesitaba hacerlo reaccionar. Sin pensarlo, levantó la mano y le asestó una bofetada.

—Los fantasmas no pegan. Soy yo. ¿Te das cuenta?

—Vos, Jorge, estás muerto. ¡Muerto!

—¿Cómo voy a estar muerto, si estoy acá?

—¡¿Me dejás tranquilo, fantasma?!

La impotencia desmoronaba a Jorge. ¿Cómo demostrarle a alguien perdido en un cuadro alucinatorio algo tan absurdo como que él no era un fantasma? La bofetada no había funcionado. El diálogo resultaba aún más ineficaz para sacar a Juan de su delirio.

—¿Qué te parece si nos fumamos un cigarrillo? ¿Te queda alguno?

—No sé... Pediles a estos hijos de puta que te den uno.

Esa hostilidad había marcado su relación con los guardias desde el comienzo. No podía tolerarlos y no les dirigía la palabra. Si intentaban el mínimo contacto, estallaba con violencia o los incomodaba, a veces comenzaba a masturbarse y así lograba que se marcharan.

Jorge golpeó la puerta y consiguió un cigarrillo encendido. Juan se incorporó en la cama. Se había sentado, y ese pequeño gesto marcaba un progreso. Miró a su hermano, pestañeó como quien despierta de un sueño y preguntó:

—¿Dónde estamos?

—Metidos en una «cárcel del pueblo» de los guerrilleros.

—Son unos degenerados.

—No, son unos sinvergüenzas: quieren dinero. Como siempre.

Juan conectaba y desconectaba. La conversación no fluía, los minutos pasaban. Jorge intuía que pronto lo sacarían y no concebía la posibilidad de dejarlo en un estado tan lamentable. Quizá si creyera que pronto lo iban a liberar —aunque fuese mentira— toleraría mejor la espera...

—En cualquier momento me vuelven a llevar a donde me tienen encerrado, pero vos quedate tranquilo que yo estoy hablando con ellos y voy a arreglar las cosas.

—¿Cuándo vas a volver?

—No tengo idea, pero vos calmate y dejá de pensar en fantasmas.

—Avisame, avisame...

—Yo te aviso. Vos quedate tranquilo.

Jorge llamó a la puerta para que lo devolvieran a su celda.

Necesitaba salir de la de su hermano, donde de pronto el aire parecía enrarecido, como si las emociones lo contaminaran. Los Montoneros descubrieron enseguida que habían logrado el efecto que buscaban. Jorge no había sido capaz de pedirle a su padre por su propia suerte —extrañamente, lo vivía como una traición—, pero implorar por el hermano le resultaría fácil. El débil, el necesitado de ayuda, ya no sería él.

—¿Cómo lo vio? —le preguntó uno de esos encapuchados de nivel superior dentro de la organización.

—Lo veo muy mal, qué quiere que le diga… No va a mejorar mientras siga acá. Tienen que dejarlo ir.

—Usted sabe muy bien que eso es imposible hasta que se arregle el pago. ¿Por qué no le escribe a su padre?

—No serviría de nada… Ustedes no entienden cómo piensa mi padre. Ustedes no entienden nada. Ni siquiera saben cuánto dinero es cien millones de dólares… No tienen la menor idea. Pero dada la situación de mi hermano, si bajan a cincuenta millones podemos empezar a conversar.

—Son cincuenta millones por cada uno de ustedes y no vamos a liberar a ninguno hasta no haber arreglado por ambos.

—Entonces cierren la puerta y hagan lo que quieran.

Jorge lo dijo con la fuerza de saber que por fin había abierto la negociación; los Montoneros no habían declarado imposible una rebaja, solo les importaba arreglar. Del lado de Born, el hijo había mencionado una cifra —cincuenta millones de dólares— que quintuplicaba la contraoferta inicial del padre.

A partir del encuentro de los hermanos ocurrió algo significativo que cambiaría el curso de los hechos. Aunque les había dicho que de nada serviría, Jorge aceptó la sugerencia de los Montoneros y le escribió una carta a Born II.

Se sentía más liberado para hacerlo. Contaba con un logro para exhibir: la cifra se podría discutir. Y con una urgencia para presionar, la situación delicada de Juan. Pensó mucho en el texto y en el tono. Si sus verdugos dejaban pasar una nota en la cual él mencionaba una cifra menor a los cien millones de dólares, el padre iba a inferir que habían aceptado una rebaja. Le propondría una comunicación intelectual más allá de la literalidad del texto.

Por instrucciones de los Montoneros, mencionó la fragilidad psíquica de Juan pero sin describir la gravedad completa del cuadro. El menor de los hermanos se había convertido en un problema para los guerrilleros; en algún tramo de los intercambios, Jorge podía utilizar a su favor el apuro que tenían por liberarlo.

Contra los protocolos de seguridad y con un riesgo que no habían esperado, la Columna Norte había colado dentro de la cárcel a un montonero ajeno al operativo, un psiquiatra que permitió que la militancia le ganase a la profesión y, en lugar de indicar que sacasen al paciente de la situación que le causaba tanto daño, cooperó para prolongar el encierro.

Querían que medicara al secuestrado problemático con algo más eficaz que el Valium, un ansiolítico y relajante muscular que le suministraban sin resultados. El psiquiatra eligió Halopidol, uno de los primeros antipsicóticos que se usaron en el siglo XX para tratar delirios y manías. Lo dejaría sedado y despejaría su confusión. Les advirtió que no se excedieran en las dosis porque Juan podría sufrir desde movimientos involuntarios hasta convulsiones o alteraciones respiratorias. La medicación le producía una somnolencia profunda y lo mantenía en calma durante algunas horas. Pero pronto Juan volvía a gritar, porque el Halopidol solo trataba el síntoma, la expresión del trauma de estar en la «cárcel del pueblo». Para su mal existía una única solución duradera: la libertad.

En la carta al padre, Jorge empleó un lenguaje coloquial para suavizar el relato del cuadro: «Con lo nervioso que es Juan, ya se viene tragando unos cuantos meses acá dentro, y es muy duro. Está en una situación bastante desagradable. Yo tampoco estoy demasiado bien, como te podrás imaginar». Con ese matiz de equiparación quiso disimular el deterioro de la salud mental del hermano menor.

También escribió que tal vez ellos podrían ofrecer cincuenta millones de dólares, «una cifra horrible», pero la mitad de lo que reclamaban «los guerrilleros sinvergüenzas»...

A la nota de su cautivo los Montoneros sumaron otra, escrita a máquina, en tono muy amenazante, con abuso de las mayúsculas para enfatizar la inflexión imperativa. Reiteraban, en calidad de condiciones innegociables, todas las exigencias que habían surgido del juicio político: el reparto de comida, la colocación de bustos de Juan y Eva Perón en las fábricas, la solución de todos los conflictos gremiales, la publicación de solicitadas en medios internacionales. Y, desde luego, el rescate de cien millones de dólares.

Born II recibió los dos textos. Los leyó y sin vacilar les mandó a decir a los Montoneros que nada de lo que pretendían era viable y que, si no tenían otra propuesta, que hicieran lo que tenían que hacer con sus hijos.

Apostó fuerte. Poco antes, el 26 de febrero, los Montoneros habían secuestrado al cónsul honorario de Estados Unidos en Córdoba, el ingeniero retirado John Patrick Egan. Habían dado cuarenta y ocho horas para cambiarlo por cinco presos políticos. El gobierno de Isabel Perón no podía cooperar, al menos dos de los cinco se habían esfumado en las manos de los parapoliciales. El cadáver de Egan había aparecido el 28 de febrero, puntualmente, envuelto en una bandera con la inscripción «Montoneros».

Si hacían eso con un representante diplomático estadounidense, podrían hacer cualquier cosa con sus hijos. Pero sabía que los guerrilleros solo querían dinero. Para eso debían mantenerlos vivos.

Como quien otorga una gracia, Born II agregó que podría aceptar una negociación sobre la base de la carta que había escrito su primogénito.

CAPÍTULO VII

Marzo de 1975
La liberación de Juan

Cuando Jorge Born II se decidió a iniciar la negociación con los Montoneros, sus hijos llevaban cinco meses en la «cárcel del pueblo». Para Juan había sido un tiempo excesivo de encierro e incertidumbre, y se había desestabilizado. El psiquiatra montonero que se había prestado a medicarlo llegó a advertir, al menos, que si no lo liberaban pronto el trauma podría dejar una huella duradera.

La disparidad de recursos financieros entre los guerrilleros y la multinacional se hizo visible antes de que siquiera lograsen acordar la cifra a pagar por los hermanos. Desde los primeros intercambios se notó que Bunge y Born podría disponer de millones de dólares en billetes de baja denominación, pero que los Montoneros difícilmente lograrían resolver la cuestión logística del cobro y el movimiento posterior del dinero.

Jorge Born III observaba a sus captores con desaprobación ya casi automática. Le parecían unos improvisados. Le alteró sobremanera que reclamasen sumas de dinero para cuyo manejo no estaban preparados. ¿Cómo podían ser tan necios?

Él había cumplido con su parte: su padre había abierto al fin el diálogo. Poco a poco, también él se había transformado en un interlocutor que, cautivo y en paños menores, guiaba y le ofrecía soluciones a la guerrilla mentecata. Pero ¿qué aportaban los Montoneros? Born medía su desempeño con criterio de empresario y concluía —una vez más— que se comportaban como chiquilines. Pero el problema iba más allá de la ineficacia que le impedía respetarlos. La falta de planificación afectaba también a su vida y a la de su hermano.

Después del primer intercambio de cartas, habían dejado de lado los cien millones de dólares originales, pero se habían plantado en exigir ochenta.

Para avanzar hacia una nueva rebaja, Born los desafió:

—¿Ustedes saben cuánto espacio ocupan 80 millones de dólares en billetes grandes?

Silencio. Algo extraño, pues los guerrilleros siempre tenían algo para decir. Parecían esperar la respuesta a un acertijo. Les dijo:

—¡No caben en este cuarto!

El heredero tomó algunos de los papeles que los Montoneros le facilitaban para sus anotaciones y con suma prolijidad los rompió en pedazos con la forma aproximada de un billete. Formó un piloncito. Mientras los acomodaba, decía:

—Ochenta millones de dólares en billetes de 100, serían 800.000 billetes de 100. Estos son diez billetes, digamos. Multiplíquenlo por 8.000. ¿Qué tal? ¿Dónde los guardan cuando los reciben? ¡¿En qué los transportan?! ¿Y en qué banco los depositan? ¡Qué digo! Ni una cuenta en un banco deben de tener... Ustedes no tienen estructura, no tienen nada de nada... No saben lo que es un banco, salvo para asaltarlo.

Con la seguridad de quien ha tenido en sus manos fajos de dólares y ha movido dinero en los circuitos financieros del mundo, Born agregó:

—Además, supongo que se habrán dado cuenta, ¿no?, para una operación ilegal no pueden usar billetes grandes. Van a tener que ser de 50 o de 20 dólares... A ver, calculemos: ¿cuánto espacio pueden ocupar?

Para su sorpresa, los guardias no se molestaron por su lección sardónica y aceptaron el desafío. Le proveyeron de un lápiz para que marcara en las paredes, que tenían adosadas planchas de espuma de poliestireno, el espacio físico que estimaba un millón de dólares —uno, no 80— podría llegar a ocupar según la denominación de los billetes.

Podían dividirlo en 20.000 billetes de 50 dólares, en 100.000 de 10 dólares, o en 200.000 de 5 dólares, que sería lo más seguro. Las marcas en la pared dejaron estupefactos a los Montoneros.

Born aprovechó para seguir con las preguntas:

—¿Qué piensan hacer con tanto dinero? A ningún lado pueden ir ustedes con esa fortuna... ¿La van a llevar a Cuba?

A la mención de la isla socialista siguió un silencio notable, que marcó una pausa en el diálogo.

—Eso a usted no le importa —le cortaron.

Antes que pensar en sacar el dinero del país, los Montoneros necesitaban resolver asuntos más urgentes, como conseguir los fondos para cubrir una cantidad importante de cheques que habían librado dirigentes poco conocidos de la organización, cuya identidad podría quedar expuesta. Raúl Magario —el Gordo Kuki, jefe de Finanzas— le había informado a Mario Firmenich de que el Nuevo Banco Italiano les había rechazado ya 150 cheques.

La contabilidad de los Montoneros se manejaba entre pocos. Los movimientos se asentaban en dos libretas idénticas, escritas a mano, que se mantenían por separado por cuestiones de seguridad. Como jefe máximo de la Conducción Nacional, Firmenich tenía una copia en custodia; la otra estaba en manos de Magario, quien informaba a Roberto Perdía. Dentro de la estructura de la organización guerrillera, la división de Finanzas tenía carácter federal, ya que dependía de forma directa de la Conducción Nacional, sin intermediarios.

En los meses previos al retorno de Juan Domingo Perón al país, los Montoneros habían volcado sus últimos recursos —el rescate de 500.000 dólares que habían cobrado por el secuestro del presidente local de la empresa Philips, Jan van de Panne, en 1972— en la campaña presidencial de Héctor Cámpora y en el esfuerzo económico del diario *Noticias*.[1]

El gobierno de Isabel Perón había clausurado el matutino días antes de que el regreso de los Montoneros a la lucha armada, el 6 de septiembre de 1974, pusiera una mayor presión sobre sus finanzas. Al volver a la clandestinidad debieron asumir una cantidad de gastos fijos enorme y tomar riesgos de alto coste económico.

Aunque nunca habían entregado sus armas al Estado, ni aun durante los cuarenta y nueve días de gobierno de Cámpora, ya no les alcanzaba con esa clase de pertrechos. La actividad guerrillera requería mucha inversión en infraestructuras para mantener «casas operativas» y vehículos; asegurar los talleres en los cuales reparaban el armamento o fabricaban otro nuevo; financiar medios de propaganda que se imprimían de manera clandestina para burlar la censura y mantener informados a sus militantes; crear células en otros países para desarrollar contactos internacionales, y solventar al Servicio de Documentación, una división muy sofisticada que se dedicaba a falsificar todo tipo de papeles.

Además, la Conducción Nacional debía pagar a más de mil combatientes un salario equivalente al de un obrero industrial. Algunos militantes con trabajos que podían servir de cobertura para ciertas operaciones de la guerrilla habían recibido la orden de continuar con sus rutinas, pero el resto pasó a conformar un ejército revolucionario que percibía una renta para subsistir.

Unos y otros —los que continuaron en la superficie y los que comenzaron a moverse en las sombras con identidades falsas— subordinaron cada aspecto de sus vidas, en el plano público y en el privado, a las

---

[1] *Noticias* fue un experimento de prensa política destinada al lector común, no al militante; quiso combinar el periodismo de opinión, inspirado en el matutino francés *Le Monde*, con un formato más popular, al estilo del inglés *Daily Mirror*. Lo realizaron periodistas profesionales que formaban parte de la guerrilla peronista (entre ellos, Francisco Urondo y Rodolfo Walsh, que intervendrían en la Operación Mellizas, y Juan Gelman, el poeta que recibiría el Premio Cervantes antes de morir) junto con otros ajenos a la organización.

decisiones de la Orga. Así hablaban los Montoneros: la Orga, una designación impersonal que por efecto del lenguaje desdibujaba al sujeto de la acción y reforzaba el carácter inapelable de las órdenes que emitía esa suerte de colectivo al que se le atribuía un poder y un saber superiores. Para formar pareja o para separarse, para cambiar de trabajo o para mudarse de ciudad, era necesaria la autorización de la Orga.

El manejo del dinero, como tantos otros aspectos, seguía una lógica verticalista. Las columnas y las regionales contaban con autonomía táctica para robar un banco, pero los frutos de los «operativos de expropiación» —en la jerga montonera— debían ser entregados a la Conducción Nacional, la única autorizada para determinar cómo se repartían esos fondos.

Magario en persona distribuía el dinero en efectivo por todo el país. Su mayor preocupación era la seguridad de las «casas operativas» en las que lo almacenaba. Ninguna precaución resultaba excesiva, dado que las fuerzas de seguridad perseguían el dinero con tanto o más interés que a los revolucionarios. La división de Finanzas debía estar atenta a las bajas; toda vez que caía algún montonero que manejaba datos sensibles, Magario ordenaba que los fondos se mudaran a otro domicilio. El gobierno de Isabel Perón, que inventaba enfrentamientos para cubrir sus crímenes y manipulaba la información sobre la represión a la guerrilla, ocultaba de forma sistemática los operativos en los que incautaba dinero de los guerrilleros. Ni siquiera los damnificados por las organizaciones podían reclamar.

El jefe de Finanzas, que en esa instancia se veía a sí mismo como un trashumante, conducía por la carretera en dirección a la provincia de Mendoza cuando escuchó la noticia de que los Montoneros habían secuestrado a los hermanos Born. Él no lo sabía.

La planificación de la Operación Mellizas había llegado hasta la construcción de las cárceles para los cautivos, y no de bóvedas para los billetes. Los Montoneros estimaron que cobrarían el rescate según la metodología forjada en la experiencia de secuestros anteriores, pero no calcularon que la cifra que pedían les resultaría inmanejable. Y que los obligaría a recurrir, por primera vez, a personas ajenas a la Conducción Nacional para poder sacar el dinero de Argentina.

Después de asistir durante meses, con impotencia, al choque entre la moral protestante de su padre y las desmesuras de los Montoneros, Jorge Born empezó a elaborar la idea de un trato. La clave, le pareció, era dividir el proceso en partes.

Había visto a Juan muy desmejorado y había advertido la precariedad de la estructura financiera de sus captores. Si la operación se escalonaba, acaso se solucionarían ambos problemas. Su hermano podría salir libre contra el pago de la mitad del rescate, mientras los guerrilleros terminaban de resolver las cuestiones operativas para cobrar la otra mitad.

La cúpula de los Montoneros accedió, en parte bajo presión de la Columna Norte; el peligro de continuar con Juan encerrado en esas condiciones excedía al que correrían si la Operación Mellizas se dividía en dos. Eligieron asumir los riesgos de confiar en que Born padre sería capaz de mantener la reserva y en que Juan no se convertiría en un hilo suelto para dar con el paradero del hermano. Después de todo, a nadie le convenía una filtración; los Montoneros se perderían de cobrar la otra mitad, pero Bunge y Born quedaría expuesto como un financista de organizaciones terroristas, y un destino trágico le aguardaría a Jorge.

Sin embargo, nada hacía augurar lo peor. La compañía había negociado con el ERP para que liberase a Alfonso Margueritte, el alto ejecutivo de Bunge y Born que la guerrilla de izquierda había secuestrado poco después del inicio de la Operación Mellizas. Se habían pagado cinco millones de dólares y, el 7 de marzo de 1975, Margueritte había recuperado su libertad. Pero su salud se había debilitado demasiado durante el cautiverio, y murió a los pocos meses de haber sido liberada.

El caso sentó un antecedente: Born padre había aceptado pagar el rescate por un gerente de la compañía.

Ahora solo restaba ver de qué modo se lograba que volviese a resignar sus principios para sacar a sus hijos de las entrañas de los Montoneros.

Las cartas iban y venían, y los números se ajustaban; los guerrilleros habían bajado a ochenta millones de dólares y habían dejado pasar la nota en la que Born le sugería al padre que ofertase cincuenta millones de dólares. La cuestión operativa, en cambio, permanecía pendiente. Bunge y Born no disponía de esa suma en Argentina y no podría ingresarla en el país mediante el sistema bancario.

Jorge sabía que el dinero se guardaba en Suiza y que para disponer de efectivo su padre tendría que recurrir a Zurfin, la compañía financiera del grupo con sede en Zurich, pero de ningún modo quería compartir esos datos con sus captores. Inventó la historia de un crédito que supuestamente habían tramitado en la Unión Soviética.

Alguien que desconociera el negocio mundial de los granos podía encontrar inverosímil que una compañía como Bunge y Born mantuviese intercambios con los rusos durante la guerra fría. Pero esas cosas sucedían. El cautivo tenía una explicación en caso de que sus captores se interesaran en escucharla.

En el año 1972, en un giro significativo de su política exterior, Estados Unidos había autorizado las primeras ventas de granos a la Unión Soviética. La decisión abrió un mercado enorme —al comienzo de manera limitada por razones políticas—, que había estado vedado a las compañías cerealeras multinacionales.

Por cuestiones de orgullo nacional, después de la revolución bolchevique de 1917 los rusos no habían querido admitir que eran incapaces de autoabastecer su demanda interna de alimentos. Los estadounidenses, a su vez, habían apartado sus granos excedentes como parte de una estrategia que provocara hambre y malestar en la población de su potencia rival.

Los primeros embarques generaron cierta inquietud entre los sindicatos navieros y en la opinión pública norteamericana, pero al cabo de tres años Estados Unidos, interesado en comprar el petróleo que la Unión Soviética tenía en abundancia, alcanzó un acuerdo permanente de intercambio. Entonces, Bunge y Born comenzó a vender granos a los soviéticos desde todas sus filiales.

Por una gestión de José Ber Gelbard, el ministro de Economía del último gobierno de Perón, Argentina colocó además toneladas de maíz, trigo y sorgo en el mercado ruso.[2] Jorge Born suponía que los Montoneros conocerían ese dato: habían acompañado con entusiasmo la apertura comercial a los países del Este, proceso que se interrumpió tan pronto la presidenta Isabel heredó el poder.

En cualquier caso, el padre entendería el mensaje subyacente a la mentira que su hijo escribió en su carta al sugerirle que utilizara «con cuidado extremo el dinero de los rusos» para afrontar los pagos que exigían los Montoneros.

Con la negociación ya encaminada, Jorge Born empezó a recibir en su celda las visitas regulares de un encapuchado con talante de jefe. Parecía bastante astuto en el manejo de los números. Se entendían razonablemente bien.

Al final de cada intercambio establecían cuánto habían avanzado, o cuánto habían retrocedido, según el porcentaje de acuerdo alcanzado. Born nunca conoció la identidad de su contraparte.[3]

La primera señal de que Born II ya no tenía reparos en pagar llegó cuando ofertó treinta millones de dólares a entregar en el extranjero. Aunque no precisó si la cifra era para liberar solo a Juan o a sus dos hijos, a partir de ese momento Jorge se sintió mucho más tranquilo. Treinta millones tenían la contundencia necesaria para que los Montoneros no los mataran, a ellos ni a ningún otro familiar o gerente del grupo.

[2] Gelbard viajó en mayo de 1974 a la Unión Soviética y a otros países que conformaban el bloque del Este —Hungría, Polonia y Checoslovaquia— para firmar acuerdos comerciales con el objetivo de reducir la dependencia del comercio exterior argentino del intercambio con Estados Unidos.

[3] Según testificó Rodolfo Galimberti, los encargados de cerrar el trato conformaban una lista corta: Firmenich, Perdía, Juan Julio Roqué y Horacio Mendizábal. Ellos decidían, aunque no hablaran personalmente, cada paso con el secuestrado. Esto surgió de la causa judicial N.º 41.811 que se tramitó en la localidad de San Martín, en la provincia de Buenos Aires.

LA LIBERACIÓN DE JUAN

Los Montoneros también interpretaron la oferta como un progreso. Pero insistían en cobrar —al menos los primeros pagos— en pesos y en Argentina. Tenían sus razones: los cheques rechazados, los salarios adeudados, la estructura que sostener y las operaciones por venir. Pero no las revelarían.

En la «cárcel del pueblo» y con la poca información que manejaba, Born no le encontraba sentido a esa terquedad; la inflación de 1974 había sido del 40,10 por ciento y la presión sobre los precios aumentaba a medida que se profundizaba la crisis política y económica que terminaría con el gobierno de Isabel. ¿Para qué querían tanto dinero en una moneda que cada día perdía valor? En cambio, no le costaba entender la resistencia de la compañía a pagar en el país y en moneda nacional; si tenían que cambiar dólares para comprar pesos, deberían sortear todo tipo de controles.

Mientras conversaban sobre otros detalles, la familia exigió que a Juan lo medicara un profesional hasta su liberación, y los Montoneros, que volara a Europa apenas saliera y que no tomara contacto con nadie, ni tan siquiera con su círculo íntimo, hasta que su hermano Jorge también hubiese recuperado la libertad.

Arreglaban algunos asuntos por escrito, con el familiar de Jorge Born como correo, y resolvían otras cuestiones en llamados que requerían al menos dos comunicaciones. Quien atendía en la empresa debía prestar atención a un diálogo en apariencia algo incoherente, pues su interlocutor, de manera casual, iba soltando números que, todos juntos, componían el nuevo teléfono al que debía llamar.

Por fin recibieron por escrito «directivas para establecer una nueva vía de comunicación telefónica», que sería la definitiva. Los Montoneros anunciaron:

Ante la posibilidad de infiltración y a los efectos de mejorar las condiciones de seguridad de nuestras comunicaciones es necesario que tengamos una vía de comunicación.

- *Tiene que ser un teléfono ubicado en Capital Federal.*
- *No puede estar vinculado a ninguno de los edificios de la empresa, ni de profesionales vinculados a ella (abogados, contadores, etc.).*
- *Tampoco puede ser el teléfono de ningún director o ejecutivo de la empresa.*
- *Exigimos que el teléfono sea el de algún familiar o amigo de confianza de algún directivo, excepción hecha de los familiares de los Born.*
- *Para nuestra próxima comunicación, nosotros le preguntaremos el costo de la mercadería. En caso de tener ustedes ya elegido el número telefónico, nos lo darán, previa suma del número de la cifra 235.271. Vale decir, si el número fuera 46-3245, ustedes le sumarían 235.271 y nos dirían por teléfono que el costo de la mercadería es de 698.516, con lo que nosotros, una vez efectuada la resta correspondiente, llamaremos al número indicado.*

En este nuevo número tendremos comunicación diaria de 8 a 10 horas, y arreglaremos los detalles relacionados con el cobro. En el número por el cual hasta ahora hemos llamado, seguiremos manteniendo comunicaciones diarias en el horario habitual y en estas llamadas simularemos no ponernos de acuerdo en la negociación.[4]

Cuando quedó establecido que los treinta millones solo compraban la libertad de Juan, la cifra se plantó en sesenta millones de dólares en total. Treinta millones por cada hermano. Un rescate récord, hasta hoy nunca superado. No obstante, antes de obtener la liberación de Jorge, Bunge y Born debería cumplir también el resto de las condiciones que se habían impuesto en el veredicto del juicio político.

---

[4] Los intercambios de notas no quedaron asentados en la causa judicial por el secuestro de los hermanos Born porque la familia nunca los entregó a las autoridades policiales. El contenido y el tono de las comunicaciones está tomado de la causa de Heinrich Metz, el gerente de Mercedes-Benz secuestrado por los Montoneros el 24 de octubre de 1975, en la que figuran los contactos de los Montoneros para exigir y cobrar el rescate.

La impaciencia de los Montoneros se traslucía en algunas cartas con el uso de las mayúsculas, el subrayado y el tono imperativo.

«*Ante la situación de estancamiento de las negociaciones, hemos hecho una revisión total del caso para evitar una prolongación de este problema. Tiene que quedar claro que esta es nuestra* ÚLTIMA PROPUESTA», escribieron en una ocasión. Luego enumeraron todas las condiciones, «exigencias inamovibles de nuestra CONDUCCIÓN NACIONAL», y señalaron que, en caso de incumplimiento, procederían a ejecutar a los hermanos, en un día y a una hora determinada, amenaza que ya no resultaba creíble, pero que los Montoneros insistían en incluir en sus partes.

Después de que le hicieran llegar una cinta con las voces de sus hijos como prueba de vida, Born II se comprometió a realizar el primer pago en moneda nacional.

Delegó los operativos de entrega del dinero en Miguel Gans, un gerente de origen alemán conocedor de cuestiones logísticas y de seguridad.

La primera entrega transcurrió bajo la supervisión de la Columna Norte, ya muy exigida por los imperativos inesperados y crecientes de la Operación Mellizas. No obstante eso, Galimberti no opuso reparos a la orden de la conducción: ansiaba liberar a sus hombres del peso que significaba custodiar a Juan. Con la experiencia que habían acumulado en otros secuestros extorsivos, habían establecido un procedimiento eficiente para el cobro. No tendrían que improvisar.

Los Montoneros enviaron por los canales habituales las «instrucciones para el cobro», que se debían cumplir «estrictamente» si se quería garantizar la vida de «los señores Born». En la nota se jactaban, con el lenguaje de una empresa líder, de conocer la materia: «Hemos desarrollado una determinada forma de efectuar este tipo de operaciones que garantiza la máxima seguridad para todas las partes».

Como un candidato que busca empleo, los Montoneros ofrecían antecedentes (penales, en este caso) que Bunge y Born podría corroborar: «Nosotros no podemos dejar de cumplir con lo acordado, porque jamás podríamos realizar en el futuro operaciones con otras empresas, lo cual nos impediría recurrir a esta, nuestra forma de obtener recursos para la organización militar del pueblo peronista. En todos los casos, una vez cumplidas nuestras condiciones, la organización cumplió con lo acordado. Algunas de estas empresas, por si quisieran hacer consultas, son Philips, Standard Electric, Cervecería Quilmes y Peugeot».

En cuanto a la salud de Juan Born y las condiciones generales del encierro, informaron: «El estado físico es bueno, ya que recibe atención médica, pero puede deteriorarse. Esto es así porque su lugar de detención es de reducidas dimensiones. Esto no lo podemos variar por razones de seguridad. Además, en razón de las condiciones de detención, no mantiene conversaciones prolongadas ni ve rostros humanos ya que sus carceleros lo ven con capuchas. Próximamente le haremos llegar el parte médico de nuestro Servicio de Sanidad».

A continuación recurrían al tono de amenaza más habitual: «Recordamos, además, que cualquier transgresión a las normas por nosotros impuestas, en especial en esta etapa, interrumpe inmediatamente la negociación».

Al cabo de dos pagos, Gans entendió que la metodología de los Montoneros se repetía. Tomaban la precaución de variar la geografía de los encuentros, pero los pasos que le hacían seguir eran los mismos. Él lo ignoraba, pero esa rutina que había detectado tenía un nombre en la guerrilla, «la calesita», que ilustraba su objetivo: marearlo con tantas vueltas.

Todo comenzaba con una llamada que debía esperar entre las 7 y las 8.30 de la mañana, para recibir los datos sobre la cita inicial.

Le repetían que debía ir solo y desarmado, en un coche sin antena de radio o con la antena plegada, y con la documentación en regla. En el baúl debía cargar cajas de vino marca Norton: algunas debían conservar su contenido original; en otras tenía que reemplazar las botellas por fajos de billetes.

¿El efectivo en cajas de vino? La primera vez que lo escuchó, Gans no pudo dar crédito a la ocurrencia de los Montoneros. Pero si algo les faltaba a los guerrilleros era sentido del humor; se trataba de una indicación, no de un chiste.

Con el dinero mezclado entre las botellas, el encargado de concretar el pago comenzaba su camino hacia la cita inicial. Una vez que corroboraban que nadie lo seguía, le daban nuevas indicaciones. Clic, fin de la llamada.

Desde la reunión preparatoria hasta que el dinero cambiaba de manos podían pasar entre tres y cinco horas de movimientos constantes. No era infrecuente que los Montoneros abortaran el procedimiento una vez en marcha, porque consideraban que las condiciones de seguridad no eran óptimas. Gans fortaleció la virtud de la paciencia.

Si lograba avanzar, un militante camuflado —el barrendero de una plaza, la enfermera con delantal blanco de un hospital, una monja que caminaba por la calle— guiaba al agente de Bunge y Born al escondite donde le habían dejado la fotocopia de una página de la guía de calles. En el mapa, que cubría las manzanas del barrio donde se hallaba, se podía observar un trayecto resaltado en bolígrafo, que el enviado de Born debía recorrer.

Aunque no siempre en su coche; como sospechaban que podía contener algún dispositivo que permitiera un rastreo de las fuerzas de seguridad, a mitad de camino lo cambiaban a otro. Gans pasaba las cajas de un baúl a otro; los guerrilleros supervisaban en la distancia para entrar en acción si fuese necesario. Al terminar la faena de descarga y carga, el gerente retomaba el recorrido con la ayuda de la fotocopia. En cierto punto, otro vehículo se le ponía a la par. Por lo general, los coches montoneros a los que debía seguir llevaban en la luneta una calcomanía llamativa —el dibujo de la Pantera Rosa, por caso—, para facilitar su identificación. El acompañante agitaba un pañuelo por la ventanilla, y debía girar en esa calle, frenar y colocar las manos sobre el salpicadero, bien a la vista.

Gans y las cajas de vino Norton quedaban encerrados entre dos coches. Dos mujeres —maquilladas de más, con gafas negras y pelucas que contribuían a disimular su aspecto— bajaban de los coches de los

Montoneros y se metían en los asientos traseros. Con voz firme, sin necesidad de exhibir sus armas, ordenaban al hombre de Bunge y Born que abriera la puerta del asiento del conductor y que se marchara a pie, sin mirar atrás.

Los Montoneros confirmaban con una llamada a La Maison que habían recibido «la mercadería». Si todo había transcurrido sin sobresaltos, como una cortesía, les brindaban las coordenadas para que encontrasen aparcado el coche de la compañía que había cubierto el primer tramo.

Los pagos en pesos se fueron sucediendo en esas excursiones por diferentes localidades, hasta completar 440 millones de pesos. Una cifra equivalente a 16 millones de dólares en el mercado negro, donde se pagaban 27,50 pesos por cada dólar.

Las entregas se interrumpieron cuando Born padre comunicó que ya había llegado al límite de sus recursos en moneda nacional; no quería afectar los flujos de caja de sus empresas en Argentina ni realizar operaciones cambiarias por grandes cantidades que despertaran sospechas. Los Montoneros dudaban. Iban a necesitar a un banquero de confianza que les cambiara dólares sin hacer preguntas.

Para resguardar el dinero en el exterior habían probado con el contrabando de cuadros; adquirían una obra en Argentina, conseguían que alguien la transportase a Europa y allí la guardaban en casas de gente de confianza hasta su venta. Así se hacían de divisas para cubrir alguna necesidad operativa. Usaban como correos a simpatizantes e integrantes de la organización que no despertaran sospechas en la aduana.

En España, el galerista Paco Revés, por entonces representante del músico Joan Manuel Serrat, se encargó de venderles algunos cuadros. Dejó de hacerlo cuando las urgencias de los Montoneros le resultaron demasiado cargosas.[5] Revés, también agente y amigo del guitarrista de flamenco

---

[5] Roberto Caballero y Marcelo Larraquy, *Galimberti. De Perón a Susana, de Montoneros a la CIA*, Buenos Aires, Norma, 2000, p. 216.

Paco de Lucía y del bailarín Antonio Gades, se había relacionado con algunos jóvenes integrantes de la guerrilla peronista que admiraban la música de Serrat y solían asistir como invitados a sus conciertos en Argentina.

En octubre de 1972, Revés gestionó la visita a Buenos Aires del cantautor grecofrancés Georges Moustaki y contrató como guía e intérprete a una bella modelo bilingüe llamada Marie-Anne Erize. Hija de padres franceses, criada en Argentina, Erize vivía entre dos mundos: desfilaba, viajaba y posaba en traje de baño para la portada de revistas, y al mismo tiempo, estudiaba antropología y se comprometía con la guerrilla peronista. Por fin dejó la universidad y se convirtió en una militante de base. Fue secuestrada durante la última dictadura militar en la provincia de San Juan; nunca se volvió a saber de ella.[6]

Según el periodista Philippe Broussard, autor del libro *La desaparecida de San Juan*,[7] Erize ayudó a Revés a sacar obras arte de contrabando de España, una curiosa coincidencia con el método que usaron los Montoneros para enviar fondos al extranjero en la etapa previa al secuestro de los hermanos Born. Parte de su historia, mezcla de glamour con compromiso revolucionario, quedó envuelta en un halo de misterio. Incluso sus romances.

Se le conoció un amorío con De Lucía en Nueva York, pero Broussard no pudo saber más; por un intermediario, el guitarrista le señaló al

---

[6] Por la desaparición de Tisseau se produjo la primera detención de un militar argentino en el extranjero. A petición de la justicia francesa, el mayor Jorge Olivera fue apresado en el aeropuerto italiano de Fiumicino en el mes de agosto del año 2000. La petición de extradición fue rechazada y Olivera regresó a Argentina, donde se mantuvo como prófugo hasta 2008, cuando fue detenido otra vez y enviado a San Juan, requerido por el caso de Tisseau, entre otros. A lo largo del juicio, Jorge Bonil, ex conscripto que había estado a las órdenes de Olivera, declaró que lo había oído jactarse de que, antes de que fuera asesinada, él había abusado sexualmente de la modelo de origen francés. Olivera fue condenado a prisión perpetua en 2013. A las tres semanas solicitó el traslado a la ciudad de Buenos Aires para ser atendido en el Hospital Militar por razones de salud. Logró que lo trasladaran, fue atendido y escapó. Permanece prófugo desde entonces.

[7] Philippe Broussard, *La desaparecida de San Juan, Argentina, octubre de 1976. La increíble historia de Marie-Anne Erize. De las pasarelas a las villas, de modelo a militante*, Buenos Aires, Planeta, 2015.

periodista que le asistía el derecho a preservar su vida privada en la intimidad.

Una canción titulada «La Montonera», que Serrat compuso en aquellos años, despertó muchas especulaciones. Sus versos decían:

> Con esas manos de quererte tanto
> pintaba en las paredes «Luche y Vuelve»
> manchando de esperanzas y de canto
> las veredas de aquel '69.
> Con esas manos de enjugar sudores,
> con esas manos de parir ternura,
> con esas manos que volvieron
> la fe en la nueva primavera,
> bordaba la esperanza montonera.
> [...]
> Como quiere usted que no ande de acá pa' allá
> luchando la primavera,
> cayéndose y volviéndose a levantar,
> la Montonera.
> Qué buen vasallo sería si buen señor tuviera...

La letra evidenciaba simpatía con la guerrilla peronista y desconfianza hacia la figura de Juan Domingo Perón —«si buen señor tuviera», según la expresión que tomó del *Cantar del Mío Cid*—, huésped de Francisco Franco en España. Al mismo tiempo, despertó la intriga sobre la identidad de la montonera que había cautivado al cantante.

Broussard quiso comprobar si había sido la modelo franco-argentina, como se rumoreaba. Serrat no atendió al periodista, pero accedió a conversar con la hermana de la víctima, Marie-Noëlle Erize. Como quien le roba una ilusión, el catalán le dijo que se había inspirado en otra mujer, a quien nunca identificó. Tampoco permitió que la canción se difundiera. Incluso prohibió que una versión interpretada por el músico argentino Litto Nebbia formara parte de la banda sonora de un documental del año 1995, titulado *Cazadores de utopías*, de David Blaustein.

Con el correr de los años, el celo de Serrat para impedir una grabación comercial del tema solo ha servido para alimentar el enigma.[8]

Según el testimonio de Jorge «el Topo» Devoto, un ex militante montonero, el cantante se comprometió tanto que en algunos de sus viajes aceptó, al igual que su representante, introducir en España los cuadros que los Montoneros adquirían para resguardar su dinero.[9] Serrat nunca precisó si había llegado a cooperar con ciertas necesidades operativas de la guerrilla peronista, que en la época le había despertado simpatía política.

El botín de la Operación Mellizas enfrentó a los Montoneros a nuevos desafíos que requerirían de soluciones prácticas, de las cuales los guerrilleros carecían. También imponían cuestiones ideológicas: siempre habían exigido que sus militantes vivieran con austeridad —debían despojarse de sus bienes, si los tenían, y mantenerse sin más recursos que el ingreso de un obrero industrial—, pero tal demanda adquiriría otro sentido en un contexto de abundancia.

El éxito económico generó resquemores entre los jefes de las regionales, quienes empezaron a reclamar que se les escuchara en el debate sobre cómo administrar y repartir el dinero. No encontraron eco a sus demandas. La estructura de la organización se volvía cada vez más militar y rígida, el verticalismo y el principio de subordinación se imponían sobre cualquier debate, justo cuando la disparidad entre los recursos de unos y de otros se tornaba demasiado grande.

La cúpula decidió dejar atrás la contabilidad informal y abrazó el secreto bancario. Solo ella tendría acceso a las cuentas y sociedades en

---

[8] En una entrevista concedida a la revista *La Maga*, en junio de 1992, Serrat afirmó: «La canción está dedicada en particular a una muchacha, Alice, que salía cada noche a pintar el "Luche y Vuelve" en las paredes, como dice la letra. Es la historia de ella, ella era "la Montonera". Una muchacha llena de sueños y de ideales, como casi todos los de su generación. La mataron después del regreso de Perón, cuando ya actuaban las bandas de López Rega». Nunca reveló la identidad de Alice.

[9] Entrevista de Devoto con la autora de este libro, agosto de 2015.

el exterior. Nadie más podría siquiera informarse sobre los números. A nadie debían explicaciones.

La Conducción Nacional aceptó que le hicieran el pago siguiente en dólares. La inflación les comía el valor de los pesos porque no podían depositar el dinero a plazo fijo; a fin de cuentas, en un país de devaluaciones bruscas, el valor del botín se protegía mejor en divisas. El pago de catorce millones de dólares completó la primera etapa de la acción más importante del grupo guerrillero.

La liberación de Juan se produjo el 23 de marzo de 1975, al cabo de seis meses y tres días de un cautiverio que le resultó insoportable.

Un empleado de seguridad de la compañía le explicó que, si bien ya no estaba en manos de los Montoneros, tampoco era libre del todo. Hasta que se resolviera la situación de Jorge, debía vivir en Europa, lejos de su mujer y de sus hijos, que se encontraban en Uruguay. Su padre se había encargado de procurarle una clínica en Suiza en la que le harían una gran cantidad de estudios y le brindarían la atención médica que pudiera necesitar, tanto física como psíquica. Como no confiaban en que Juan retuviera información, sus captores habían avisado a Bunge y Born que, al momento de la liberación, llevaría en uno de sus bolsillos un papel con el listado de medicamentos que le habían suministrado, el cual podía resultar útil para el tratamiento que le esperaba.

Por el momento debía tomar los documentos que le habían suministrado y subirse a un avión privado que lo llevaría de inmediato a Montevideo, la capital uruguaya. Allí haría los trámites para el embarque a un avión comercial con destino a Europa, y esperaría apenas dos horas hasta el despegue.

Ni siquiera llegó a saber que, una semana antes, el River había ganado el partido que lo había dejado a las puertas del campeonato.

Aunque había pasado más de medio año casi sin contacto humano positivo, la idea de vivir aislado de todo lo que le resultaba familiar representó un alivio para Juan. Se encontraba muy frágil. Necesitaba recomponerse.

CAPÍTULO VIII

Marzo a septiembre de 1975
Buenos Aires-Ginebra-La Habana

Los guardias arrancaron a Jorge Born de la «cárcel del pueblo» en la que yacía; abruptamente, sin que mediase explicación alguna. Otras veces se había inquietado por un desplazamiento así. Ahora apenas se preocupó por las molestias que sabía que acarreaba ese traslado con prisas cuyo sentido solía escapársele.

Esta vez intuía de qué se podía tratar.

Con algo más de un semestre entre los Montoneros, había aprendido a interpretar sus movimientos. Si no se equivocaba, era más que probable que hubieran liberado a Juan. Por ende, debían buscar una propiedad «limpia» —en la jerga guerrillera—, a prueba de seguimientos.

Se alegró por su hermano; también se alegró por él mismo —veía el final más cercano— y agradeció la mudanza. Lo dejaron en una habitación de una casa, un espacio más amplio y ventilado que las celdas de Piojo 1 y Piojo 2.

Los Montoneros le confirmaron la libertad de Juan. Quedaba aún pendiente el pago de los restantes treinta millones de dólares del rescate. Podían llenar el ambiente de palabras, pero todos sabían que entre ambas partes no existía otra cuestión. Jorge Born se impacientaba con la necesidad de sobreactuar que envolvía a sus captores, aunque él también necesitaba acomodar la realidad para que no chocara con sus principios.

Como si se tratase de un negocio más, estimó que había obtenido un recorte del 40 por ciento en el precio original (las pretensiones de los Montoneros) y que con la liberación de su hermano había alcanzado el 50 por ciento de los objetivos. Recurría a esa clase de cálculos para aliviar el sentimiento de culpa que lo acosaba cuando pensaba en su padre y en el pago de su rescate. Recordar que había contribuido a bajar la cifra lo tranquilizaba.

Una vez cerrado el trato, un encapuchado le había advertido:

—De aquí en adelante, si a usted le ocurre algo no será por nuestra responsabilidad.

Con Juan como cabo suelto de la Operación Mellizas, el peligro de una filtración se potenciaba.

Si los parapoliciales del ministro favorito de la presidenta Isabel Perón encontraban la cueva de su cautiverio, probablemente nadie saldría vivo. Tampoco él. Si caía en alguna redada oficial, lo mismo. El riesgo para su vida era mayor en esos escenarios que si se podía seguir hasta el final con el plan de los Montoneros.

Vaya paradoja: ahora navegaba en el mismo barco que sus secuestradores. No sufría el síndrome de Estocolmo, no había desarrollado un lazo afectivo con sus captores. Solo tenían objetivos en común.

Los guardias le habían confesado que las condiciones exteriores habían cambiado. La situación era cada vez más grave. Casi no hacía falta que lo admitieran. Había percibido el nerviosismo creciente de los encapuchados que venían a discutir con él cuestiones logísticas de los pagos que restaban. Aunque lo habían agotado con sus sermones ideológicos, los comandantes habían empezado a manifestar más ansiedad por el dinero que por demostrarle la justeza de su causa.

El todopoderoso José López Rega y sus asesinos se habían apropiado del Estado; sus métodos delictivos para combatir a las organizaciones guerrilleras contaban con la impunidad más completa. Secuestraban y torturaban para obtener información; solo ocasionalmente legalizaban a sus prisioneros y le daban alguna clase de sostén jurídico a la detención. Las teorías de Mario Firmenich sobre la ventaja presunta de la estructura militar de los Montoneros —células con capacidad para moverse de manera anónima y escurridiza en la gran ciudad— chocaban contra la realidad de una sociedad que rechazaba sus métodos y contra un adversario sin escrúpulos ni ley.

La violencia guerrillera debilitaba al gobierno de Isabel y generaba las condiciones para el golpe militar que preparaban los sectores más duros de las Fuerzas Armadas. Firmenich lo advertía, pero había elegido la fuga hacia delante. Ahora necesitaba cobrar cuanto antes, acelerar la producción de armas, administrar el dinero a lo largo de un combate prolongado y terminar con las exigencias que el secuestro significaba para los cuadros de la organización. Aunque se había manifestado preparada para perder combatientes, la cúpula se preocupaba por el ritmo creciente de las bajas que sufría y por sus consecuencias.

Raúl Magario, el jefe de Finanzas, tenía la certeza de que un subordinado suyo del que no tenía noticias —Alejandro, por su nombre de guerra— había sido capturado y había entregado información bajo tortura. No encontraba otra explicación a la puntería de las fuerzas de seguridad para irrumpir en diversas «casas operativas» de la zona norte donde se guardaba dinero. En total —calculó— se habían llevado en pesos el equivalente a 3,5 millones de dólares. Más del 10 por ciento del dinero que le habían sacado hasta entonces a Born padre se les había escapado de las manos.

Los Montoneros comprendieron que debían cuidar mejor el botín y revisar sus procedimientos.

Hasta ese momento, después de cada cobro, el botín se dejaba en los lugares señalados a tal fin. Como todo equipamiento contaban con unas jaulas para almacenar los fajos y unos artefactos para interferir en la emisión de señales, por si acaso las cajas de vino escondían, además de papel moneda, transmisores. Por falta de máquinas para contar billetes, el recuento manual requería que cinco militantes se encerraran durante cuatro días a verificar la suma recibida. Además de ser ineficiente, el sistema los exponía a riesgos innecesarios: demasiado tiempo, demasiada gente involucrada.

Entre los Montoneros se contaban anécdotas desopilantes. Una aseguraba que Rodolfo Galimberti se había dado el gusto de dormir una noche sobre una sábana que cubría una capa de billetes distribuidos sobre el colchón. Había querido experimentar el contacto físico con el fruto prohibido del secuestro antes de que se lo llevaran sus jefes, con un destino que él desconocía y que le empezaba a despertar inquietud.

Tanto dinero junto generaba una excitación difícil de controlar, aun para los guerrilleros acostumbrados a una vida rígida y austera. Según una de las historias que se convirtieron en leyenda, dos militantes habían arrojado manojos de dólares al aire para sentir el placer de que cayeran sobre sus cuerpos como la lluvia. Con los nombres de guerra de Sergio y Mercedes, terminaron de contar los billetes, los dejaron debajo de la cama doble, en las cajas de vino marca Norton, y se fueron a pasar un fin de semana a una quinta. En el apartamento quedó un hámster, la mascota de la pareja, aficionado a masticar papeles. Cuando regresaron y encontraron la jaula vacía, temieron lo peor. Corrieron a mirar las cajas: estaban intactas. El animal apareció en un armario.[1]

Born padre tropezaba con algunas limitaciones de otra índole, movía el dinero desde los bancos extranjeros hacia Argentina, pero, aunque le tenían gran consideración como cliente, le habían advertido que ya no podía ingresar más dólares mediante el circuito oficial. Eso devino en un problema adicional que los Montoneros no habían previsto. Como carecían de una infraestructura financiera con soporte internacional,

---

[1] E. Anguita y M. Caparrós, *op. cit.*, p. 467.

simplemente se habían negado a considerar la posibilidad de pagos en el extranjero. En la etapa de la planificación no habían pensado en buscar socios, habían montado la Operación Mellizas para obtener la independencia económica y no tener que someterse a la estrategia que le dictaran otros. Pero también eran conscientes de que arriesgaban demasiado. Necesitaban recalibrar los riesgos que corrían y evaluar si convenía delegar la custodia del botín.

Firmenich viajó a La Habana para tratar el asunto al más alto nivel. Los Montoneros tenían relaciones intensas con el gobierno cubano desde su primera formación. Muchos de sus integrantes habían recibido instrucción militar en la isla.

John William Cooke, ex delegado de Juan Domingo Perón y figura influyente del peronismo revolucionario, había sido el primer nexo entre ellos. Exiliado en Cuba, Cooke invitó en 1967 a Fernando Abal Medina y a Norma Arrostito —aquella pareja del grupo fundador de los Montoneros— a participar de la primera conferencia internacional de la Organización Latinoamericana de la Solidaridad (OLAS).

La primera reacción de Fidel Castro tomó por sorpresa al jefe de los Montoneros: el líder de la revolución cubana consideró arriesgada la posibilidad de aceptar dinero de una fuerza insurreccional que combatía a un gobierno de origen democrático.

Alertados por Firmenich acerca de la resistencia inicial de Castro, los guerrilleros acudieron al embajador de Cuba en Buenos Aires, Emilio Aragonés Navarro. Era un cuadro importante de la revolución y habían entablado una relación muy estrecha con él.[2]

Aragonés inspiraba confianza entre los jóvenes guerrilleros. Conocía a Castro desde su exilio en México, había participado de las misiones más delicadas —como las negociaciones secretas de 1962 que derivaron

---

[2] Los detalles están extraídos de una entrevista de la autora con el ex montonero Jorge «el Topo» Devoto.

en la instalación de los misiles soviéticos en Cuba— y había acompañado a Ernesto Guevara en un viaje a China. Su amistad con el *Che* lo había familiarizado con la política argentina.

Mientras había estado a cargo del Instituto de Pesca, Castro lo había enviado a Madrid en distintos viajes para que tomara contacto con Perón. Cuando Héctor Cámpora reanudó las relaciones con la isla y le concedió un crédito de doscientos millones de dólares, Aragonés fue designado embajador en Argentina.

El embajador tenía una afinidad con los Montoneros que superaba las cuestiones ideológicas. Si bien mantenía también relaciones con el ERP de Mario Roberto Santucho, sintonizaba mejor con los primeros. Y en efecto, cuando acudieron en su ayuda para preservar el botín de los Born, Aragonés se mostró predispuesto a cooperar y prometió que intentaría convencer al comandante. De alguna manera, lo consiguió.

De regreso en Buenos Aires, y sin entrar en detalles, Firmenich comunicó: «He negociado personalmente con Fidel Castro para que el gobierno socialista reciba en depósito una parte de los fondos».

La División de Finanzas se sacó un peso de encima, vació las «casas operativas» en las que se encontraba distribuido el botín y entregó las cajas de vino en la sede de la embajada de Cuba en Buenos Aires.

No existían entonces vuelos directos entre Buenos Aires y La Habana, pero gracias a la Convención de Viena la correspondencia de embajadas y consulados podía hacer escalas sin que se revisara su contenido en las aduanas de terceros países. En América Latina, Lima ofrecía la mejor conexión aérea con la isla, reflejo de la cercanía política entre el castrismo y el gobierno revolucionario de las Fuerzas Armadas del general Juan Velasco Alvarado en Perú.

Una vez más, Aragonés —de vínculo estrecho con su colega embajador en Perú, Antonio Núñez Jiménez— cumplió un papel capital en el movimiento de efectivo, organizó todo de manera tal que el dinero se moviera en valijas diplomáticas y en tandas espaciadas en el tiempo para no llamar la atención.

En Lima se encontraba el periodista Horacio Verbitsky, miembro de los Montoneros desde 1972, discípulo de Rodolfo Walsh y parte del Servicio de Información. Verbitsky había integrado la redacción del matutino de la organización, *Noticias*. Había partido a Perú en septiembre de 1974, por dos meses, invitado por el gobierno de Velasco Alvarado; contaba con contactos de importancia para escribir un libro sobre la revolución que lideraba el militar. Al cabo de ese plazo informó a la cúpula que permanecería fuera del país más tiempo que el previsto: le habían alertado que lo detendrían apenas pisara Argentina.

Verbitsky permaneció en Lima hasta finales de 1975. Allí se ocupó de recibir y asistir a los militantes montoneros que lograban cambiar la cárcel por la opción de salir del país, y lo hacían por Perú. Con los años, Born concluyó que Verbitsky, además, había supervisado el paso de las maletas por Lima. Aunque las fechas coincidían, el periodista desmintió que hubiera participado en la logística del traslado del botín. Habilitó otras posibilidades.

Contó que antes de regresar a Buenos Aires —volvió clandestino para que las autoridades no supieran de su reingreso— había recibido en Lima a Roberto Perdía. «Vino como miembro de la conducción y nunca me dijo qué venía a hacer», detalló. El principio de compartimentar información, sugirió, podría explicar que no se lo hubieran comunicado.

Con mucho sigilo, las valijas diplomáticas con partes del botín salieron con destino a la unidad de Tropas Especiales del Ministerio del Interior de Cuba, que dependía del viceministro José Abrantes, encargado de la seguridad de Castro. Esa división, bajo el mando del brigadier Pascual Martínez Gil, servía también de enlace del gobierno cubano con los grupos guerrilleros a los que ayudaba por todo el mundo. Nunca antes les habían pedido una ayuda como la que requerían los Montoneros; no obstante, los cubanos le habían garantizado a Firmenich que Martínez Gil se encargaría en persona de recibir los fondos.

Filiberto Felo Castiñeiras, asistente de Martínez Gil, supervisó los movimientos. Al recibir una remesa, mandaba a contar los billetes y los guardaba en su oficina, en una caja fuerte enorme, con puerta y combinación. Allí se depositaban los documentos reservados de las operaciones especiales de Cuba en el exterior.[3]

Los dólares quedaban a salvo. Pero también ociosos, no devengaban intereses. Si los Montoneros querían usar o poner a trabajar su capital, iban a necesitar blanquearlo, hacerlo ingresar en el sistema financiero para que luego saliera con una procedencia verificable. El coronel Antonio «Tony» de la Guardia coordinó un operativo en Suiza; algunos funcionarios cubanos viajaron a Ginebra e hicieron depósitos con identidades falsas. Pero no quedaron convencidos de que así se pudiera poner en circulación grandes cantidades de un golpe. Finalmente apelaron a sus contactos en Checoslovaquia, un país de Europa Central integrado al bloque soviético de países comunistas durante la guerra fría, para que el dinero reingresara por esa vía en el Banco Nacional de Cuba.

Cuando faltaba aún que se completase la segunda parte de la Operación Mellizas, los pocos dirigentes montoneros que participaban de la discusión sobre el botín temieron que fuera imprudente mandar todo su capital a la isla. Mario Firmenich, Roberto Perdía y Fernando Vaca Narvaja, los únicos tres que —según el jefe de Finanzas— tuvieron acceso a esos fondos, nunca revelaron la cifra total que llevaron a La Habana.[4] Ellos tres evaluaron que les convenía dividir el riesgo y buscar otra opción. Una que, además, les rindiera intereses de inmediato.

Dos días después de la liberación de Juan, el 25 de marzo de 1975, la Dirección General de Aduanas descubrió en el aeropuerto internacional de Ezeiza a dos sujetos que procuraban ingresar de contrabando un par

---

[3] «La historia secreta del botín de los Montoneros». Entrevista del periodista Mario Diament a Castiñeiras concedida en Florida, Estados Unidos, *La Nación*, 4 de abril de 2006.

[4] Del testimonio de Magario para este libro.

de maletas cargadas de divisas. Al abrirlas, los funcionarios contaron, con asombro, 4,8 millones de dólares en billetes de baja denominación. Prepararon un acta de infracción, retuvieron el dinero y consignaron que los pasajeros se habían identificado como empleados de Bunge y Born.

Desde su celda, el heredero mayor llevaba semanas en el intento inútil de convencer a los Montoneros sobre el imperativo de completar los pagos en Suiza. Cuando supo del episodio en la aduana, se sulfuró: «¿Ven que son obcecados e inexpertos? ¡Este dinero que se perdió es responsabilidad de ustedes!».

Desesperado por la interceptación, que le podía significar otra pérdida patrimonial y lo llevaba a incumplir un pago, Born padre le pidió ayuda a Alfredo Gómez Morales, el ministro de Economía de Isabel Perón. La diligencia exigía discreción máxima y no estaba exenta de riesgos, dado que cualquiera podía adivinar el destino de esos fondos.

Born II era un viejo conocido de Gómez Morales.[5] El ministro, uno de los pocos peronistas importantes que subsistían de la vieja ola, resultó muy receptivo: maniobró para que las maletas regresaran al banco suizo de origen sin dejar registros.

La familia Born nunca lo pudo corroborar, pero supuso que el ministro no había consultado con la presidenta ni con López Rega, asumiendo un riesgo político importante. A los pocos meses, Gómez Morales fue desplazado por Celestino Rodrigo, compadre esotérico de López Rega, quien ordenó investigar si se había tratado de un intento de contrabando de divisas.

El episodio en Ezeiza alteró a los Born, pero resultó determinante para que los Montoneros entendieran de una vez que ya no se podía realizar otra entrega en Argentina.

---

[5] Gómez Morales había presidido el Banco Central durante el primer gobierno de Perón y había conducido la cartera de Asuntos Económicos en el segundo, entre 1952 y 1955.

La cúpula acudió por ayuda a David «Dudi» Graiver, el hijo de un inmigrante polaco que apenas rondaba la treintena y ya había comprado en Argentina el Banco Comercial de La Plata y el Banco de Hurlingham. Por sus actividades financieras se encontraba muy vinculado a los grupos de poder de colectividad judía argentina, la primera en importancia en América Latina. Graiver atravesaba un período de expansión: operaba en Israel (Swiss-Israel Bank), en Bélgica (Banque por l'Amerique du Sud) y buscaba oportunidades en Estados Unidos.

Se proyectaba al mundo como uno de los grandes banqueros de origen judío de la región, como la familia Safra en Brasil.

En Argentina había crecido gracias a su relación personal con José Ber Gelbard, el último ministro de Economía de Juan Domingo Perón, quien le había facilitado una serie de negocios, muchos de los cuales los tenían como socios. Gelbard había movido sus influencias para que Perón nombrara a Graiver como asesor del Banco Central. También lo había presentado al periodista y editor Jacobo Timerman; aunque permaneció en la sombra, Dudi fue el socio capitalista detrás del influyente diario *La Opinión*, un tabloide que prescindía de las fotos, inspirado en el periódico francés *Le Monde*.[6]

En diciembre de 1973, el Grupo Civita de la editorial Abril se vio forzado, por regulaciones que estableció el ministro Gelbard, a ceder a Graiver parte del paquete accionario de Papel Prensa, una entidad que —en asociación con el Estado— desarrollaba la primera gran fábrica de

---

[6] Jacobo Timerman, que en 1962 había creado el semanario *Primera Plana*, convocó para la redacción de *La Opinión* a los periodistas y escritores más prestigiosos de la época, Osvaldo Soriano y Tomás Eloy Martínez, entre otros. Algunos de los jefes y redactores del periódico fundado en 1971, como Miguel Bonasso, Francisco Urondo, Horacio Verbitsky y Juan Gelman, se integraron poco más tarde a la organización Montoneros, pero la línea editorial del diario no avalaba la lucha armada.

papel de diario del país. Sería el germen del emprendimiento empresarial más controvertido de la prensa argentina.

Por afinidad política y porque le atraía el poder de los medios de comunicación, el banquero había asistido a los Montoneros cuando necesitaron ayuda financiera para el diario *Noticias*, un proyecto tan ambicioso que resultó difícil de sostener económicamente con la venta de avisos y de ejemplares.

Graiver también tenía lazos que lo vinculaban con los guerrilleros. Vivía con la psicóloga Lidia Papaleo, ex pareja del periodista Enrique Walker, miembro de la organización. Por él y por otros conocidos en común, la relación prosperó hasta que los Montoneros concluyeron que el banquero joven y audaz representaba —en contraposición a Born, exponente de los intereses del imperialismo— a la burguesía nacional, aliada natural del proceso revolucionario, y podría llegar a ocupar el Ministerio de Economía si ellos alguna vez conquistaban el poder.

El financista, que apostaba sin medir riesgos, se hallaba a punto de concretar una operación muy osada en Estados Unidos, la compra del American Bank and Trust (ABT), para la cual necesitaba recaudar fondos.

—¿De cuánto estamos hablando?

—De doce millones de dólares, para empezar —le respondió Roberto Quieto cuando se encontraron para discutir el destino que los Montoneros le darían a lo que restaba por cobrar del rescate de Jorge Born.

Acaso la suerte iba a favor del banquero, alternativa única para obtener tanto capital líquido. Ofreció una red de contactos de alto nivel y su estructura de sociedades fantasma en Suiza, un interés anual del 9,5 por ciento en dólares a pagar sin dilaciones y toda la asistencia necesaria para que los guerrilleros llevaran un registro más profesional que una libreta de pequeño comerciante de barrio. Iban a necesitar una buena contabilidad.

La presión creciente de la Triple A multiplicaba las precauciones de los Montoneros, que mudaban al secuestrado de lugar cada vez con más frecuencia. Born III se alteraba muchísimo con esos movimientos. Le impedían preservar la rutina que tanto le había costado conquistar: el sueño regular, las tres comidas en horario fijo y los ejercicios diarios. Además, perdía confianza y familiaridad con sus cuidadores, que rotaban más que de costumbre. Ya no podía aspirar a generar un vínculo de confianza que le granjeara los placeres módicos de unos pocos cigarrillos al día, un par de cruasanes de vez en cuando o un whisky.

En abril de 1975 encontró una oportunidad para repetir la apuesta que le había allanado el camino a su Scotch nocturno. Los Montoneros le comentaron, entusiasmados, que el 13 de abril participarían en las elecciones a gobernador en la provincia de Misiones, al norte del país.

—¿Desde cuándo les interesa lo que dicen las urnas? ¿No habían pasado a la clandestinidad?

—Son las primeras elecciones después de la muerte de Perón —le aclaró un guardia—. Se abre una oportunidad para disputar el peronismo con Isabel.

¿La herencia de Perón? Born no creía lo que escuchaba. Los chicaneó:

—No van a sacar más que un puñado de votos... ¿Para qué se presentan?

Apostaron. Born jugó a que sacarían menos del 10 por ciento de los votos.

El Partido Auténtico (PA), un sello que algunos dirigentes históricos, simpatizantes de los Montoneros, habían creado tras la muerte de Perón, fue la expresión de la oferta electoral de la guerrilla. Símbolo de su contradicción: todavía no desertaban de las urnas y al mismo tiempo se alistaban para la lucha armada. En alianza con la fuerza de centroizquierda Tercera Posición, el PA sumó el 9,4 por ciento de los votos. Un porcentaje nada desdeñable para las condiciones desventajosas en las cuales habían desarrollado la campaña. Sin embargo, lo sintieron como un fracaso, la reafirmación de que la herencia pertenecía a la viuda.

Born recuperó su derecho al whisky.

Ignoraba que había apostado contra su propio dinero, pues la campaña electoral en Misiones se había financiado con parte del rescate de Juan.

Cuatro días después de las elecciones perdidas, los Montoneros debían recibir un pago parcial de siete millones de dólares. Las condiciones de seguridad eran malas, pero la Conducción Nacional ya no podía postergar el cobro. Graiver esperaba el dinero. La decisión apresurada le costaría años de cárcel y tortura a un grupo de militantes montoneros de la Columna Oeste.

Después de una llamada telefónica y una serie de postas, Miguel Gans, el encargado de los pagos de parte de Bunge y Born, llegó a la cuadra señalada, en el oeste del Conurbano. Esta vez, con el beneplácito de los guerrilleros, lo acompañaba otro empleado de la compañía. Se encontraban cerca de la base aérea de Morón en una camioneta cargada con cajas de vino, como siempre, algunas llenas de botellas y otras de dólares.

Las fuerzas de seguridad habían montado un operativo especial en la zona, porque la presidenta se iba a reunir al día siguiente con su par chileno, el general golpista Augusto Pinochet, en la base aérea. Para evitar las protestas que el año anterior habían afectado al encuentro —también en Morón— de Perón con el dictador que había derrocado al socialista Salvador Allende, en las inmediaciones se movían una gran cantidad de militares y policías, uniformados y de civil, y de oficiales de inteligencia.

Un grupo de la Columna Oeste de los Montoneros había recibido la orden de sembrar la zona con panfletos que repitieran sus consignas. Cuando Emiliano Costa llegó al bar donde tenía su cita, Dardo Cabo, uno de sus referentes en la columna, le anunció un cambio de planes.

—Tenés que cubrir a un compañero que se enfermó.

—¿Qué hay que hacer?

—Vas a conducir un auto de apoyo que va a recoger una encomienda.

Costa —pareja de Victoria Walsh, la hija mayor de Rodolfo— respetó la regla que lo obligaba a no preguntar por datos que no le ofrecían. Sin embargo, una sensación vaga de inquietud lo hizo vacilar. No había estudiado la zona y no conocía las vías de escape, elementos que —lo sabía bien— se exigían para cumplir con el papel del chófer. Pero en la Orga las órdenes no se discutían, se cumplían con disciplina militar.

Juan Carlos «el Canca» Gullo, un dirigente reconocido de la Juventud Peronista, se unió al grupo. Los tres se dirigieron a una parrilla, punto de encuentro con otros integrantes de la Columna Oeste, donde esperarían la orden precisa de entrar en escena para recoger aquella «encomienda». Pronto descubrieron, con gran sorpresa, de qué se trataba. Conocían muy poco sobre el secuestro, que había sido responsabilidad de la Columna Norte. Ignoraban, por ejemplo, que esa misma entrega se había frustrado al menos dos veces. Para peor, sería su debut en un cobro. Esperaron hasta que sonó el teléfono público del restaurante.

El dueño de la parrilla, que había advertido movimientos extraños en la mesa, les cobró la cuenta como si nada. La policía, a la que había alertado, ya rodeaba la manzana.

Costa se dirigió al coche que le habían asignado, un Ford Falcon cargado con un fusil FAL escondido en la parte trasera y una pistola en la guantera. Lo acompañaba Gullo. Ninguno de los dos alcanzó a tomar las armas. Obedecieron resignados la orden de bajar del coche y arrojarse al suelo.

En un golpe impensado, la policía apresó a seis cuadros de los Montoneros y frustró el pago acordado con Bunge y Born.

Los militantes estaban instruidos para mentir, pero en la comisaría de San Justo alguno había cedido ante la tortura intolerable y había mencionado el cobro. Lo notaron cuando la policía cambió la orientación del interrogatorio. Al cabo de un rato, les preguntaban y les volvían a preguntar a todos una única cosa: dónde estaban los siete millones de dólares.

No era solo avaricia. Sabían que se terminaban sus oportunidades de interceptar el botín.

Al día siguiente el diario *Clarín* tituló: «Los presidentes de Argentina y Chile acordaron incrementar el intercambio comercial y acelerar el proceso de integración regional». Nada informó sobre los detenidos.

Tiempo después, el local de la parrilla ardió a causa de un incendio intencional. Muy pocos pudieron desentrañar el misterio.

Tras la caída de los hombres de la Columna Oeste, los Montoneros aceleraron su trato con Graiver. El banquero ya había puesto un pie en el sistema financiero de Nueva York con la compra del Century National Bank (CNB), que figuraba a nombre de su padre. Había alquilado un piso amplio en la Quinta Avenida y tramitaba la adquisición de la mayor parte del paquete accionario del ABT, valorado en sesenta millones de dólares. Del ABT había obtenido el crédito para adquirir una parte del CNB; sin el capital necesario para crecer tan de golpe, Dudi practicaba maniobras financieras arriesgadas, como tomar un crédito de una institución a la que pensaba comprar, una suerte de autopréstamo a futuro, prohibido por las autoridades regulatorias. Graiver estaba inquieto porque la Superintendencia de Bancos de la Reserva Federal debía autorizar su última operación, pero además necesitaba asegurarse el dinero de los Montoneros. Con el botín de los Born pagaría el resto de las acciones que le iban a permitir conseguir el control del ABT.

Quieto se reunió dos veces con el banquero en una quinta en las afueras de la ciudad de Buenos Aires. Urgidos como estaban ambos, no demoraron en ponerse de acuerdo.

En nombre de la conducción, el ingeniero Raúl Yäger, miembro de la Conducción Nacional y especialista en explosivos, informó a Magario que la siguiente entrega se concretaría en Ginebra, Suiza. El 12 de junio de 1975 debía marchar hacia allí. Magario partió con sus documentos verdaderos a España, y en Madrid asumió una identidad falsa para seguir rumbo a Ginebra. De parte de Bunge y Born viajó Carlos Jacoby, un directivo, quien se encargaría de conseguir un camión blindado para el transporte de caudales que recorriera los 280 kilómetros desde Zurich, donde se encontraba la financiera del grupo, hasta Ginebra.

Alojado en uno de los mejores hoteles de la ciudad, el jefe de Finanzas esperó durante algunos días la señal de que la operación estaba en marcha. Como en una película de espías glamurosos, recibió los dólares de los Born en un intercambio de maletas en el parking del hotel, ubicado en el sótano. Con el botín cargado en el baúl de un Volvo, Magario se dirigió a un apartamento que habían alquilado para verificar los billetes con tranquilidad.

Por sugerencia del secuestrado Jorge Born, la organización había solicitado que el pago se hiciera en unidades de muy baja denominación, partiendo de los de cinco dólares que ya no circulaban en cantidad en casi ninguna parte del mundo, salvo en África. A Magario le costó encontrar suficientes gomas elásticas para separar los pilones a medida que los iba contando.

Graiver presumía que los depósitos iban a quedar protegidos por el secreto bancario suizo, que no se someterían a ninguna regulación antiblanqueo. Calculó que, amparados en normas laxas, sus contactos aceptarían los fondos sin exigir copias de los documentos de los titulares de las cuentas o de las sociedades que las movían. Al banquero de los Montoneros se le pasó por alto que la caída de Saigón en el mes de abril había disparado una fuga de capitales de Vietnam del Sur y que Suiza se encontraba bajo una fuerte presión internacional para que ejerciera algún tipo de control, porque ya era un clásico que los dueños de capitales buscaran allí refugio para su dinero.

Desde Nueva York, Graiver había indicado a Magario que se reuniera con un matrimonio de húngaros judíos —cuyo nombre nunca le fue revelado— que lo ayudaría a corroborar la autenticidad de los billetes. La pareja, que hablaba un castellano fluido, acompañó a Magario a la Union de Banques Suisses (UBS), una oficina distinguida sin ventanillas ni atención al público. Sin que surgiera complicación alguna, el jefe de Finanzas alquiló una caja de seguridad para dejar las maletas y abrió una cuenta a nombre de Empresas Catalanas Asociadas SA.[7]

Graiver le ordenó que hiciera una prueba con un depósito y una primera transferencia hacia la entidad Banque pour L'Amérique du Sud, en Bélgica, de su propiedad. El depósito del 6 de junio en la cuenta de Empresas Catalanas Asociadas SA pasó la prueba: sus números de serie no figuraban en los listados de dólares sospechosos de circular entre

---

[7] Juan Gasparini conservó los papeles y en el anexo del libro *David Graiver, el banquero de los Montoneros* (Buenos Aires, Norma, 2007) publicó el certificado de constitución de la sociedad Empresas Catalanas Asociadas SA en Panamá y el documento de apertura de la cuenta en Suiza bajo ese nombre.

traficantes necesitados de blanqueo de capital. Sin embargo, el UBS no autorizó el paso posterior, el giro a Bélgica; entrar los fondos en Suiza era más fácil que sacarlos. Para mover dinero de la cuenta en tan poco tiempo, el banco exigió una serie de avales.

Magario mandó a los Montoneros un mensaje en clave por télex para informar sobre el inconveniente. Graiver lo supo; urgido por sus propias ambiciones, le dijo a Quieto que tomaría un avión desde Nueva York para supervisar en persona que la operación concluyera con éxito. Si los bancos suizos no aceptaban el dinero, no había de qué preocuparse; él lo ingresaría en Estados Unidos en la bodega de su avión privado.

Graiver encontró a Magario en el lobby del hotel en Ginebra. El guerrillero se sintió un poco inhibido por la cantidad de gente de aspecto importante a la que el banquero saludaba con familiaridad. También sintió atracción, el jefe de Finanzas siempre fue un hombre más ligado a los negocios de la política que al trabajo territorial. Conoció entonces los planes nuevos.

—Hay que sacar los billetes de la caja y entregárselos al húngaro.

—¿Y qué pasa entonces, Dudi? —preguntó Magario.

—De ahí en más, no te preocupes; yo me encargo del resto.

Jorge Born se enteraba de los progresos, pero ninguna noticia le compensaba la desmejora de sus condiciones. Desde la liberación de su hermano lo movían de un lado a otro con una frecuencia notable. Para cada traslado lo obligaban a tomar una cantidad de ansiolíticos que lo aplastaban.

«¿Para qué me tienen que dejar mareado? No hace falta tanto.»

Sus quejas no cambiaron la dieta, unas cuantas pastillas de cinco miligramos a la mañana y otras a la tarde, que nunca lograba contar porque todavía le duraba el atontamiento de la primera dosis. La llegada del Valium le anticipaba que lo esperaba otra mudanza.

Born III caía en un estado de semiinconsciencia del cual solo se terminaba de recuperar al cabo de tres días. Lo cargaban entre varios y lo arrojaban, acostado, en la parte trasera de una camioneta, debajo de una lona. Sentía su cuerpo, con los músculos relajados por efecto del Diazepam, en contacto con el metal frío; escuchaba el ruido del motor, que arrancaba enseguida para evitar que algún vecino inoportuno observara esos movimientos extraños. Algunos viajes le resultaban cortos, otros demasiado extensos. En todo caso, casi no confiaba en su percepción: perdía la idea del tiempo.

En algunos traslados le tocaba el privilegio de viajar sentado en el asiento trasero. En esos casos volvían a colocarle algodones sobre los ojos, que sostenían unas gafas con los cristales pintados de negro.

«¿Por qué se toman tanto trabajo para que no vea, si el Valium me deja grogui?»

El efecto de las pastillas le afectaba más allá del momento, había calculado que su cuerpo tardaba tres días en desintoxicarse. Y apenas recuperaba la lucidez plena y empezaba a reconocer su nuevo espacio de clausura aparecía el riesgo de un nuevo traslado... Le temía a la acumulación de la droga en su sistema, sentía la necesidad de estar despierto.

Cuando creía que ya habían terminado con las discusiones estériles, los Montoneros lo sorprendieron con una de las *chiquilinadas* que tanto lo impacientaban.

—Bunge y Born debe colocar bustos de Perón y de Evita, uno de cada uno, en el hall central de cada fábrica del grupo, en diez plantas por lo menos.

—¿Qué?

—Lo que oyó. Nada nuevo; en la sentencia de su juicio político se estableció que, además de pagar el rescate, la compañía debía cumplir con otras condiciones.

Había llegado el momento de discutirlas.

En su cabeza, Born repitió el reclamo inverosímil. Esculturas de Perón y Evita a modo de reparación histórica por el daño que el grupo le había causado al peronismo al apoyar la llamada Revolución Libertadora. Pero no conseguía aceptar la seriedad de la demanda.

Se burló de esta prueba adicional de la ignorancia que los Montoneros adolecían, desde su perspectiva, en materia de realidad. Ni siquiera sabían cuánto tiempo tardaba la producción de los bustos que pedían como condición para su libertad.

—¿De dónde los vamos a sacar? ¿Cuántos escultores vamos a necesitar? Ustedes no saben de qué hablan.

—Bunge y Born debe colocar bustos de Perón y de Evita, uno de cada uno, en el hall central de cada fábrica del grupo, en diez plantas por lo menos —le repitieron.

—A ver, analicemos. ¿Qué material habría que utilizar? ¿Madera para tallar, cerámica para moldear, piedra para esculpir? Un busto no se hace en media hora. Hay que calcular no menos de una semana por cada uno, quince días por par. ¡No vamos a terminar nunca!

Los Montoneros advirtieron que la faena sumaba un tiempo descomunal al cumplimiento de sus exigencias; un tiempo del cual ya no disponían. Moderaron sus peticiones y cerraron el trato: cuatro pares de bustos; dos pares a colocar en dos plantas distintas de Molinos Río de la Plata; el tercero en la fábrica de Grafa, que ocupaba catorce manzanas; el cuarto, en una de las fábricas de pinturas Alba. El resto de las instalaciones se podrían arreglar con una fotografía de Perón y Evita y un manifiesto que se debía exhibir en la cartelera principal de anuncios para el personal.

Corrían esos días cuando Alberto Méndez, el jefe de personal de la planta de Molinos Río de la Plata en Avellaneda, se alteró cuando vio entrar al delegado del gremio de los aceiteros, Jacinto Barba, sin previo aviso. Hacía ya una semana que la comisión interna gremial, controlada por los Montoneros, había tomado la planta; mantuvo activa la línea de producción y declaró que había duplicado la productividad que lograban sus patrones. Mientras tanto, en las negociaciones, los delegados más combativos habían conseguido mejoras. Méndez creía que habían concedido ya suficiente.

Cerca del pasillo donde marcaban las tarjetas que registraban el horario de ingreso y de salida, un tumulto de obreros esperaban a Barba.

Algo tramaban.

«¡¿Qué están haciendo?!», se ofuscó el jefe de personal, la misma persona a quien los Montoneros habían baleado enfrente de su casa.

Su sorpresa fue mucho mayor cuando descubrió que pretendían entrar un busto de Perón y otro de Eva.

«¡Yo no lo autorizo!», gritó.

Su desconcierto fue total cuando irrumpió en escena Ricardo Oswald, el gerente de planta. Oswald intercambió palabras amables con Barba y le ordenó a Méndez que se comunicara por teléfono con el gerente general de la compañía, Amadeo Frigerio, quien aguardaba su llamada. Solo entonces comprendió que el desubicado era él. Sin entrar en detalles, Frigerio le explicó que el acto se debía realizar y que los bustos quedarían donde el sindicato dispusiera.

El jefe de personal amagó con una rebeldía tímida —ausentarse en señal de repudio—, pero cumplió con su deber cuando le dieron la orden de supervisar el acto. Méndez soportó con una semisonrisa los discursos de los delegados sindicales con loas a Perón y a Evita; un trago amargo para él, que le había puesto Eugenio de segundo nombre a uno de sus hijos en honor a Pedro Eugenio Aramburu, asesinado por los Montoneros.

Solo décadas más tarde entendió el sentido de aquella ceremonia que tanto lo había violentado.

En cuanto a las solicitadas que Bunge y Born debía publicar en medios extranjeros de prestigio, no serían materia de preocupación para el cautivo. Ya le habían hecho llegar al padre el texto —que le mostraron a él en ese momento— y negociaban una introducción para que la compañía deslindara toda responsabilidad sobre su contenido.

«¿Qué objeto tiene? Eso no lo lee nadie... ¡Además, ustedes escriben tan largo que hay que usar una letra diminuta, no se entiende nada! A ver, un poco de sentido común; nada de esto importa en Francia, en Estados Unidos o en Italia. ¿Y quiénes se van a encargar de las traducciones?»

Los Montoneros le explicaron que nunca un grupo guerrillero, en ninguna parte del mundo, había obtenido tanto dinero de una multinacional a partir de un secuestro. Eso era una noticia, una noticia tremenda que mucha gente iba a valorar. Y ellos se querían garantizar la repercusión internacional para multiplicar ese interés.

BUENOS AIRES–GINEBRA–LA HABANA

Le Monde *en Francia* y The Washington Post *en Estados Unidos publicaron la solicitada que los Montoneros impusieron en su lista de demandas para liberar a Jorge Born.*

Born III calculó que a su padre esas publicaciones le costarían poco y archivó el tema en su cajón mental de sandeces de los Montoneros. Decidió concentrar sus energías en otra discusión. La solicitada se iba a publicar el 20 de junio de 1975 en *Le Monde* en París, *The Washington Post* en Estados Unidos, *Il Corriere della Sera* en Italia y *The Guardian* en el Reino Unido (el contenido se reproduce completo en el Anexo documental).

La organización guerrillera revisó las traducciones y aprobó el descargo de la multinacional.

Como Bunge y Born debió gestionar la publicación de la solicitada en cada lugar, el abogado José María Videla Aranguren viajó a Europa con el texto; en Estados Unidos se contrató a un bufete de letrados para que se encargara de la delicada misión.

Como había anticipado Born III, la solicitada resultó un escrito inmoderado que, aun en tipografía pequeña, cubría una página entera en los diarios de formato sábana.

La exigencia de repartir mercaderías por un valor total de un millón de dólares en barrios carenciados de todo el país le parecía más difícil de cumplir. Para complicar más las cosas, los Montoneros no solo habían pedido los alimentos que elaboraba Molinos Río de la Plata en grandes cantidades, como aceite, harina, arroz, azúcar o yerba mate. El listado incluía ítems más costosos de otras divisiones del grupo —como sábanas, toallas, ropa de trabajo— y productos de los que no tenían stock porque no eran fabricantes, como frazadas o guardapolvos.

Los gerentes medios, ajenos a las negociaciones, se vieron de improviso involucrados en el operativo que los obligó a poner presión sobre sus proveedores habituales. Se movían con mucho miedo, porque algunos de ellos habían padecido intimidaciones como la quema de sus coches. No hacían más preguntas que las necesarias. Pero comprendían la urgencia de su gestión; a quienes tenían la licencia para producir ropa Ombú les entregaron unos cuantos rollos de tela y les pidieron que trabajaran a destajo para cumplir con ese pedido extraordinario que les hicieron llegar. A medida que recibían los encargos, los mandaban a un galpón en el centro, cuya ubicación precisa muy pocos conocían.

La estrategia de los Montoneros para congraciarse con los obreros de las fábricas representaba, además, un desafío de logística importante, involucraba camiones dispersos por todo el país, el acopio de las mercaderías y el reparto con un plan que evitara la interferencia de la policía.

Desde el cautiverio, Born había enviado cartas a los gerentes de las empresas de alimentos y de textiles del grupo, para que comenzaran a organizar qué variedades de mercaderías colocarían en los camiones y cómo se las ingeniarían para coordinar la distribución simultánea en distintos puntos del país. Bunge y Born había puesto como requisito que el reparto se hiciera por medio de su fundación. No quería sentar un antecedente para que otros grupos guerrilleros presionaran sobre sus empresas. Por consejo del abogado Aranguren, los chóferes no debían ser empleados de la compañía.

La primera sugerencia de los Montoneros había sido que la distribución se hiciera en la Villa de Retiro, donde había misionado el padre Carlos Mugica.

«No creo que ahí quieran recibir nada de nuestra compañía. Cuando mandamos donaciones, Mugica nos dijo que no quería nada de Bunge y Born y nos echó», los disuadió Jorge desde su cautiverio.

Los guerrilleros elaboraron un listado con cien ubicaciones estratégicas en distintos puntos del país —barrios marginales, cordones industriales en las afueras de los grandes centros urbanos y fábricas en las que tenían algún grado de influencia sobre las comisiones internas— y lo hicieron llegar a la Fundación Bunge y Born. Así comenzó la coordinación de la parte final del operativo.

En la madrugada del 21 de junio de 1975, antes de que saliera el sol, los camiones que la compañía había alquilado y que conducían militantes montoneros vestidos con overol entraron en el barrio Colonia Lola (en las afueras de Córdoba) y en muchas villas y zonas aledañas a las fábricas de todo el país. Despertaron a los vecinos para repartir botellas de aceite, cajas de arroz, conservas de frutas y verduras, mermeladas, cuadernos, guardapolvos y cobijas.

Sonaban las bocinas, y mientras arengaban con sus megáfonos: «¡Compañeros! ¡¡Vengan!! ¡¡Tomen!! Aquí se les devuelve lo que el gran capital le ha robado al pueblo».

CAPÍTULO IX

19 de junio de 1975

La víspera

Cuando le alcanzaron una lámpara de rayos ultravioletas y le ordenaron que permaneciera algunos minutos quieto frente a esa luz cegadora, Jorge Born no supo reaccionar. Atinó a cerrar los ojos, como le indicaron, mientras intentaba descifrar las motivaciones de los Montoneros.

Al día siguiente sucedió lo mismo, volvieron a entrar en su celda con ese artefacto extraño. Y al otro. Y al que le siguió...

Poco a poco el secuestrado comenzó a perder el aspecto fantasmagórico que le habían dado los nueve meses sin exposición al sol. No había espejo donde pudiera ver la evolución del color de su cara. No le importaba. Le bastaba con poder pensar en la preocupación de los Montoneros por su palidez. Solo se podía interpretar con optimismo, iban a liberarlo pronto.

Born no quería dejarse llevar por ilusiones falsas. Luchaba para reprimir sus esperanzas. Pero a veces le ganaba la idea de que su calvario estaba por terminar.

Volvieron a trasladarlo. Le quitaron los algodones de los ojos. Miró a su alrededor con incredulidad. Esa «cárcel del pueblo» parecía una casa, una habitación con ventanas, aunque con las persianas siempre bajas. Le fascinó sentir el aire sobre la piel, una brisa que se colaba en esta nueva celda. Por temor a que se escapara le negaban aún la comodidad de un baño, pero Born ya se había acostumbrado al cubo. El balance era positivo, había ganado en comodidad.

Una mañana, bien temprano, uno de sus cuidadores abrió de golpe la puerta de la habitación. Detrás del hombre encapuchado apareció Mario Firmenich.[1] Era la primera vez que Born veía el rostro de uno de sus captores. Le causó una impresión rara. En nueve meses solo había conversado a cara descubierta con su hermano Juan. También era la primera vez que miraba al jefe de la guerrilla peronista a los ojos, aunque Born sintió que no eran dos desconocidos, que se habían tratado a lo largo de su confinamiento, durante el juicio político y la negociación por el rescate.

Firmenich se presentó con el aire altivo que Born consideraba ya característico de los «comandantes» montoneros. Le alcanzó un blazer azul, una camisa blanca, una corbata, pantalones grises y un par de medias, todas prendas sin estrenar y de su talla —le quedaban holgadas, ya que había perdido siete kilos durante el secuestro—, y hasta el calzado acordonado número 42. Con voz severa el guerrillero le anunció que su padre había cumplido con todas las condiciones, en virtud de lo cual los Montoneros lo liberarían ese mismo día.

Born revisó las prendas en busca de su reloj, un modelo tradicional, con pulsera plateada, que le había regalado su padre y le habían quitado el día del secuestro.

—¿Dónde está mi Rolex? —le preguntó.

Silencio.

A veces un detalle provoca reacciones desproporcionadas, funciona como vehículo para expresar una carga subyacente.

—¡¿Dónde está mi Rolex?!

Silencio.

---

[1] Firmenich negó ante la justicia que hubiera tomado contacto personal con Jorge Born durante su cautiverio. El relato se basa en el testimonio de Rodolfo Galimberti, quien declaró que en dos ocasiones él en persona había llevado a Firmenich a ver a Born, sin capucha, y también se basa en el recuerdo del propio Born.

—¿Eh? ¡¿Dónde?!

Born se puso pesado; su padre había aceptado pagar los sesenta millones de dólares bajo extorsión y había cedido en muchas otras cosas, pero el reloj no había sido parte del trato. El Rolex le pertenecía. No lo movía una cuestión sentimental, no podía recordar si había sido un regalo de su padre, de su esposa o si él mismo lo había comprado. En el imaginario de Born, el reclamo le restauraba el orgullo. La razón quedaba de su lado, más allá de cualquier debate ideológico: los tratos entre caballeros se cumplían.

—Al final son ladrones comunes... ¿Y toda la perorata de que eran revolucionarios?

Firmenich se sintió interpelado; un robo común, sin fines ulteriores con justificación ideológica, contrariaba la moral montonera. A falta de respuesta, improvisó una mentira:

—El mismo día del secuestro nos vimos obligados a desmontar el reloj para asegurarnos de que no tuviera algún dispositivo oculto, un micrófono o un aparato que permitiera su localización.

—Delirante —lo despreció Born—. ¿Y dónde están mis zapatos? Estos son nuevos.

—En cumplimiento de las mismas reglas de seguridad también se debieron rebanar los tacones de los zapatos.

—O ustedes ven muchas películas o les han enseñado demasiadas pavadas en Cuba...

El cuento sobre el reloj lo predispuso mal. Pero lo que Firmenich le dijo a continuación sacudió su ser completamente.

Durante su cautiverio, Born le había escrito con cierta frecuencia a Alberto Bosch, el gerente de Molinos Río de la Plata, su amigo desde la infancia, que viajaba con ellos en el asiento delantero del coche la mañana del secuestro. Nunca le habían informado de que tanto Bosch como el chófer Alberto Pérez, baleados durante el operativo, habían muerto en el acto.

Firmenich se lo dijo con indiferencia, tras anunciarle que en pocas horas iba a recuperar su libertad.

Born quedó en shock por unos momentos.

No había terminado de procesar la idea de que por fin volvería a ser libre cuando comenzó a crecerle una furia intensa, un ardor que parecía nacer en algún rincón dentro de su cuerpo para expandirse más allá de su piel y ocupar todo el espacio.

¿Bosch, su compañero desde el preescolar, había muerto asesinado por los Montoneros hacía nueve meses? ¿Y él se enteraba en ese momento?

¿Y todo ese tiempo sus captores habían sabido que él lo ignoraba?

No podía ser de otro modo. Habían leído las instrucciones que le mandaba en sus cartas al «Sr. Bosch» —así lo llamaba; no quería que los «chiquilines» conocieran su verdadera relación con él— para que hiciera el reparto de alimentos de Molinos en barriadas pobres, otra exigencia del grupo guerrillero además del rescate, los bustos y las solicitadas. Sabía que Alberto haría lo necesario para salvarlo, pero ignoraba que ya no podía hacer nada. Eran —habían sido— como hermanos.

En pocos segundos revivió los años que habían compartido. Del jardín a la primaria, el secundario juntos en el Colegio Nacional de Buenos Aires... El padre de Alberto, un médico cirujano y aventurero al que le gustaba volar para llegar con su maletín hasta los pueblos más alejados, había sido una figura paternal para él también. Alberto había estudiado medicina para emularlo, pero no había terminado la carrera y le pidió empleo a Jorge en Bunge y Born. Allí había logrado llegar a la gerencia de Molinos Río de la Plata.

Jorge siempre había considerado una suerte que Alberto viviera tan cerca de su casa. Ahora veía el hecho como un infortunio colosal. Por eso estaba muerto.

—¡¿Por qué lo mataron?! —le reprochó a Firmenich—. ¡¿Qué necesidad había?!

Aunque se había jurado que no perdería la compostura delante de sus captores, Born no pudo contenerse. La emoción lo sacudía. La inexpresividad del jefe montonero lo exasperaba tanto como su jerga de imitación militar.

—Había que asegurar el objetivo, y él estaba en el asiento delantero del coche. Cuestiones de seguridad.

Con el mismo argumento justificó la muerte del chófer.

—Sus movimientos nos hicieron pensar que estaban armados. No nos quedó alternativa.

—No les quedó alternativa... —Born sonó como un eco amortiguado.

Se quedaron callados un momento. Firmenich se mantenía alerta a la tensión que crecía. Pero Born no la descargó contra él. Dijo apenas:

—Al final ustedes son asesinos comunes. Ladrones y asesinos. Comunes.

Y rompió lo único que tenía a mano, las hojas rayadas de un cuaderno donde había tomado notas sobre sus meses de encierro.

No había escrito nada íntimo, solo pensamientos a partir de las discusiones sobre política y economía que mantenía con los Montoneros. Había empezado a escribir durante el «juicio revolucionario», había seguido durante la negociación del rescate. Por fin, cada tanto había intercambiado algunos de esos apuntes con sus interlocutores.

Los Montoneros le habían autorizado que los llevara, pero ya se habían desprendido de sus papeles. El impulso violento de Born eliminó lo único que podía documentar los días del secuestro. Ya no quedaría nada escrito. Tan solo el recuerdo de sus protagonistas.

A media mañana del 20 de junio de 1975, Inés Kuzuchian de Pazo salió de su casa en Acassuso, un barrio residencial de la clase alta en el Conurbano norte, junto con su hermana Carmen Lucrecia. Despedían a un pariente que las había visitado en el feriado por el día de la Bandera; se quedaron conversando en la acera. Inés notó un movimiento inusual en la casa de enfrente.

Un vehículo entró marcha atrás en el garaje de Libertad 244, una propiedad de dos plantas en medio de un terreno con jardín y una pared baja de ladrillo que la separaba de la calle. La maniobra le llamó la atención tanto como la actitud extraña de los hombres de blazer y gafas negras que descendieron con apuro.

De nuevo en su vivienda, la vecina espió a ratos a través de su ventanal. Observó que una criada vestida con uniforme abría con frecuencia la puerta del perímetro exterior; la veía hacer señas para que los recién llegados avanzaran hacia la entrada de la casa. Casi todos los invitados eran varones; algunos cargaban equipos que parecían cámaras.

Cerca del mediodía todavía seguía llegando gente, aunque a un ritmo más espaciado. Entre tantos hombres, Kuzuchian reparó en una mujer. La italiana Donatella Venturini (corresponsal en América Latina del semanario *L'Espresso* y colaboradora del órgano oficial del Partido Socialista *Avanti!*) se distinguía por el vestido rojo que lucía. Con ella venían otras tres personas.

Muchas agencias de noticias y varios corresponsales extranjeros —Venturini entre ellos— tenían oficinas en una torre de estilo art déco en el centro de la ciudad de Buenos Aires, en la avenida Corrientes 456, conocida por el nombre de la compañía que encargó su construcción, SAFICO (la Sociedad Anónima Financiera y Comercial). Allí se había alojado el poeta chileno Pablo Neruda en los años treinta, durante su estadía como vicecónsul en Buenos Aires. Cuatro décadas más tarde funcionaba como un centro vital para que los Montoneros difundieran sus acciones al mundo. Los medios nacionales tenían prohibido dar información sobre los actos de las organizaciones armadas, no podían contar con ellos para nada. Solo los corresponsales y las agencias internacionales escapaban al control del secretario de Prensa y Difusión de Isabel Perón, José María Villone. Si bien no podían entregar cables con información sobre la guerrilla y sus acciones a sus clientes en Argentina, nadie podía controlar el servicio que prestaban en el exterior.

La censura en Argentina llegaba a niveles inusitados. La clausura de medios y las amenazas a los periodistas apenas se podían contar como noticias, si una noticia se define como un acontecimiento que interrumpe la normalidad cotidiana. Bajo las órdenes de José López Rega se habían estatizado los canales de televisión y el control sobre los contenidos se había extendido al punto de eliminar los programas de humor político e incluso los almuerzos con estrellas del deporte y el espectáculo que conducía la actriz Mirtha Legrand.

Para romper el cerco, los Montoneros tenían una rutina encubierta. Cuando querían comunicar algo, hacían una llamada a la oficina de cualquiera de ellos a modo de aviso y nada más, y los corresponsales ya sabían que encontrarían novedades en el bar La Fragata, ubicado a pocos pasos del edificio SAFICO. Para dejar el mensaje, las militantes montoneras llegaban vestidas con traje de chaqueta, y sus pares varones con blazer y corbata, se confundían entre los corredores de Bolsa de la *city* que frecuentaban el bar y en algún momento propicio escondían sus papeles en los espejos de los baños.

Los intercambios ocurrían a dos cuadras de la sede de la Compañía Mercantil y Ganadera, una rama del grupo Bunge y Born. Extorsionadores y extorsionados, tan lejos y tan cerca.

Venturini sospechó que los Montoneros anunciarían algo de importancia cuando, en lugar de seguir el procedimiento habitual, le dejaron un mensaje personalizado en el fichero de la agencia de noticias inglesa Reuters, donde recibía la correspondencia. Si quería participar de una conferencia de prensa debía colocar, allí mismo, una tarjeta en señal de aprobación. Lo hizo.

Poco después, otra nota le indicó que atendiera el teléfono de la corresponsalía al día siguiente a las ocho de la mañana. Apenas levantó el auricular, una voz le ordenó que se dirigiera a una estación de metro cercana con un ejemplar de *L'Espresso* en la mano, bien visible.

En tres postas diferentes, tres desconocidos le enseñaron qué autobuses debía tomar y en qué paradas debía bajar. A medida que cambiaba de transporte se sumaban colegas, uno en la segunda posta, otros dos en la tercera. No los conocía, pero al igual que ella, se movían con el ejemplar de una revista en la mano.

A Claudio Polosecki, redactor de la sección gremiales de la agencia Noticias Argentinas, la invitación le llegó de modo más directo. Eduardo «el Negro» Suárez —periodista y simpatizante de los Montoneros— le entregó las coordenadas. Polosecki se presentó en el café del hotel City y marcó su mesa con un ejemplar de la revista de variedades *Siete Días*, con la «S» del logo, que presentaba el nombre en blanco sobre fondo rojo y negro, pintada de rojo.

A Polosecki le había costado conseguir un ejemplar del semanario que le exigían a modo de contraseña, los Montoneros no habían reparado en que *Siete Días* salía los días viernes. Esa mañana del viernes 20 de junio de 1975, los quioscos de ventas de diarios y revistas ya habían devuelto la edición anterior y aún no habían recibido la nueva. Algunos de sus colegas, que se habían topado con la misma dificultad, terminaron por dibujar el logo a mano.

Fernando del Corro, periodista argentino de la agencia española EFE, utilizó la misma seña en el bar del hotel Castelar. Del Corro creyó adivinar el motivo de tanto secreto. Había dejado en la redacción dos párrafos escritos en borrador sobre el secuestro y la presunta liberación de los hermanos Born y había acordado con el director de la agencia, el español José Antonio Rodríguez Couceiro, que lo llamaría tan pronto pudiera hacerlo. Si su intuición no había fallado, serían los primeros en disparar la noticia a nivel mundial.

En otro café de la zona recogieron a Sergio Peralta, dirigente gremial de la Asociación de Prensa de Buenos Aires (APBA) y empleado del diario popular *Crónica*.

Polosecki, Del Corro y Peralta recorrieron periplos similares a los de la italiana Venturini, cada uno por su lado, combinaciones de metro, autobús y en algún caso, tren.

A los treinta y cinco años, Andrew Graham-Yooll trabajaba como secretario de redacción del único diario en inglés que se publicaba en Argentina, *The Buenos Aires Herald*. Él mismo mezclaba ambos mundos:

había nacido en Buenos Aires, de padre escocés y madre inglesa, y era bilingüe desde la cuna.

Un individuo vestido de traje a quien Graham-Yooll no conocía se había presentado en la recepción del diario y había pedido verlo en privado; si quería cubrir una noticia importante vinculada a los Montoneros —le oyó decir cuando estuvieron a solas en la biblioteca—, lo esperaban al día siguiente en La Biela, un bar tradicional del barrio de Recoleta.

Como emblema de una de las zonas más ricas de la ciudad, donde se cruzaban la alta sociedad, los turistas y los corresponsales, La Biela había sido blanco de varios atentados. Graham-Yooll encontró un tercio del salón cerrado al público. Un cordón delimitaba la zona en obras para reparar los daños causados por la última explosión.

Al rato llegó Pablo Giussani, un colega de cuarenta y siete años que trabajaba en el diario *La Opinión* de Jacobo Timerman. Se conocían.

«¿Vendrá alguien más?», preguntó.

Un tercer periodista, con quien Giussani había trabajado en su paso efímero y fastidiado por el matutino *Noticias*, resultó ser el guía que los condujo hasta la estación de Retiro. Juntos tomaron el tren Mitre. Como era feriado, el vagón iba repleto de familias que viajaban al Tigre, en el final del recorrido, para pasar el día en las islas del delta del Paraná. Ellos bajaron en la estación Acassuso y se toparon con un coche patrulla aparcado en una calle empedrada.

Un policía hizo señas que Graham-Yooll no pudo ignorar: «¿Ya no saludás?».

El oficial Ayala le había tomado su declaración cuando denunció el robo de su coche en la Comisaría 1.ª de San Isidro, y recordaba con simpatía al periodista alto, de ojos claros y acento extraño. Ayala le contó que lo habían ascendido en reconocimiento a su valentía, cuando había desactivado una bomba que los Montoneros habían colocado en una plaza, y había sufrido heridas. Graham-Yooll no tenía intención de prolongar la charla; se libró de Ayala tan rápido como pudo.

Mientras aceleraba el paso para alcanzar al guía, que se había adelantado unos metros con Giussani, Graham-Yooll pensó que le debía una explicación sobre su conversación con el policía. En cuanto estuvo a su lado percibió que no era necesario. Los Montoneros tenían simpatizantes y cuadros activos en los medios de comunicación, pero por la censura necesitaban de periodistas y corresponsales extranjeros ajenos a su causa que fuesen capaces de poner sus vidas en riesgo para cumplir con su tarea de informar. Graham-Yooll era uno de ellos. No podía tener dos caras.

Caminaron siete cuadras y cuando llegaron a la calle Libertad 244, Giussani se mostró extrañado al ver que una criada de atuendo negro, delantal blanco y cofia almidonada les abría la puerta. ¿Los revolucionarios se hacían servir por una mujer en uniforme?

«Es para simular una fiesta. Hay mucho movimiento y no queremos despertar sospechas de los vecinos», se excusó el guía.

En la puerta coincidieron con un equipo de Televisión ZDF, el segundo canal más importante de Alemania. Al corresponsal Klaus Ecktain lo habían llamado a su habitación del hotel Dorá del barrio de Retiro, donde solía alojarse cuando se quedaba en Buenos Aires. Si tenía interés en cubrir una conferencia de prensa muy especial, lo pasarían a buscar. Podía asistir con su camarógrafo, Richard Stein, y llevar los equipos para filmar.

Quizá porque cargaban con la cámara, las luces y un trípode, los movieron en coche y no hicieron transbordos, solo dieron algunas vueltas innecesarias y les taparon los ojos en algunos tramos para que perdieran noción del recorrido.

A todos los periodistas que llegaban les llamaba la atención la criada, menos por el uniforme que por la belleza de la mujer que lo vestía; únicamente Venturini observó en detalle y notó que guardaba una pistola debajo del delantal.

Después de atravesar el portón debían caminar unos pocos pasos dentro del terreno de la propiedad hasta llegar a la puerta misma de la casa, que se encontraba rodeada por un jardín. Se detenían debajo de un pequeño porche techado hasta que los hacían pasar de a uno. La recepción corría por cuenta de guardias que, en un pequeño hall y con cara de pocos amigos, pedían a los periodistas que levantaran los brazos para que los pudieran cachear. Llevaban armas y una escarapela argentina prendida a la ropa con un alfiler.

El primer gesto de hospitalidad reposaba sobre un aparador antiguo, contra una pared del living; los anfitriones ofrecían vino El Montonero, una marca que se elaboraba en Chilecito, provincia de La Rioja, desde el año 1940. La etiqueta representaba la causa que los guerrilleros habían elegido reivindicar al tomar su nombre, el dibujo de un gaucho de barba, bigote y sombrero, al galope sobre un caballo y con una lanza en la mano. Junto a las damajuanas de casi cinco litros se veían, acomodados con prolijidad, vasos ordinarios de cristal y servilletas, también dos pistolas, una ametralladora y varias granadas.

Graham-Yooll reflexionó acerca de la costumbre de servir alcohol en las reuniones clandestinas, en las cuales todos corrían riesgos: ¿qué pasaría con los periodistas si la policía irrumpía en el lugar? El vino podía ser una cortesía de los anfitriones para celebrar el coraje de sus invitados. O acaso, de manera más sutil, un gesto de suficiencia de los Montoneros, tanto confiaban en sus dispositivos de seguridad que hasta se podían permitir una copa. Mientras pensaba en eso, Graham-Yooll creyó reconocer al tipo de espalda fornida que caminaba con una bandeja de empanadas.

Etiqueta del vino riojano marca El Montonero, que se sirvió durante la conferencia de prensa por la liberación de Jorge Born.

—¿Paco?

Sin decir una palabra, el poeta Francisco Urondo apoyó la bandeja y se dejó abrazar.

—Hace años que no te veía...

Se tenían un gran afecto mutuo. A los cuarenta y cinco años, Urondo había publicado toda la obra literaria —*Adolecer* y *Nombres*, entre otros títulos— que lo consagraría como uno de los grandes poetas argentinos. Y para él, Graham-Yooll era un gran periodista.

—Órdenes —dijo Urondo, y saludó también a Giussani—. ¿Cómo te va, Pablito?

El poeta había invitado a Giussani a sumarse a la redacción del diario de los Montoneros. Tenían diferencias políticas, pero la amistad las superaba.

El vínculo de Urondo con la guerrilla peronista no era un secreto. Había actuado como secretario de redacción de *Noticias*, aunque sus desavenencias con Firmenich lo apartaron del cargo antes del cierre del diario ordenado por el gobierno de Isabel Perón. Hasta que lo encontró convidando a empanadas, Graham-Yooll ignoraba si Urondo había acompañado a los Montoneros en la decisión de pasar a la clandestinidad.

Ahora ya sabía que su amigo Paco se había convertido en oficial de un ejército en la sombra. Le gustaba que la gente de su afecto viviera su vida como lo deseara. Pero no pudo evitar sentir una cierta congoja por esa elección de Urondo.

—Che, Andrew, agarrate una silla que empezamos enseguida.

—¿Podremos hablar más tarde?

Urondo negó con la cabeza y le sirvió más vino.

—Conozco las costumbres de mis amigos...

Graham-Yooll agradeció la posibilidad de beber. Necesitaba calmar el miedo y la ansiedad que avanzaban en su interior. Ya había estado preso por entrevistar a un guerrillero.

—Vamos a comenzar —confirmó Urondo.

LA VÍSPERA

El living se abría, sin puertas, al salón comedor dispuesto para la conferencia de prensa, con las luces encendidas y las persianas bajas.

El equipo alemán recibió la indicación de ubicar la cámara detrás de cuatro filas de sillas acomodadas frente a una mesa. Otra cámara, de la división de Prensa de Montoneros, haría un segundo registro.

Dos banderas colgadas en una cortina pesada componían el fondo: la argentina, celeste y blanca con el sol en medio, caía perpendicular al suelo; en la otra se habían dibujado a mano dos símbolos de los Montoneros, una estrella roja y un escudo, ambos atravesados por la letra «P» de Perón encajada dentro de la «V» de la Victoria. El emblema de la consigna «Luche y Vuelve», de los años de la proscripción del justicialismo, había mutado a un icono de la violencia armada; una de las líneas de la «V» se componía con la silueta de un fusil y la otra con la tacuara, la lanza que empleaban las montoneras del siglo XIX.

La palabra «Montoneros», en letra cursiva, le daba a la bandera un toque infantil.

El camarógrafo alemán podía filmar al «compañero» que daría la conferencia de prensa, pero a nadie más, le enfatizaron. A nadie más. Querían resguardar la identidad de los militantes presentes y la de sus invitados.

Sobre cada silla los periodistas hallaron una carpeta de plástico transparente con el título «Bunge y Born frente a la Justicia Popular», cuyo contenido había elaborado la División de Prensa de los Montoneros. El lenguaje entregaba a la organización guerrillera los poderes de un Estado; los hermanos no habían sido secuestrados sino «arrestados» y el pago del rescate respondía al cumplimiento de la «condena» que resultó de un «juicio» que había incluido un interrogatorio y la confesión de los Born sobre sus crímenes contra el pueblo.

Urondo les advirtió a los periodistas que podrían hacer preguntas y transcribir sus respuestas, pero no grabar. Quedaba prohibido tomar fotografías, solo lo haría la División de Prensa de los Montoneros. Los medios presentes únicamente podrían publicar las imágenes que entregaban en las carpetas, de los hermanos en cautiverio. Tampoco podrían incluir en las crónicas la dirección de la casa —que, de todos modos, pocos habían inferido— ni otros detalles sobre su ubicación.

La carpeta también contenía un programa, como si estuviesen por presenciar una función de teatro; en copias hechas con papel carbónico de una hoja escrita a máquina se informaba de que la conferencia de prensa estaría «a cargo de Mario Firmenich, oficial superior de los Montoneros». También que, a su término, debían permanecer inmóviles en sus sillas hasta que se les indicara cómo debían retirarse.

La Conducción Nacional había debatido intensamente a quién le correspondía hablar ante los periodistas, si a Firmenich o a Roberto Quieto. Como encargado de Prensa de la organización y como responsable operativo del secuestro exitoso de los Born, Quieto acumulaba méritos suficientes para asumir un rol protagónico. Pero no había integrado el núcleo fundador de los Montoneros. Las organizaciones guerrilleras que se fusionaron habían acordado una integración que respetase los grados que ya traía cada uno de sus miembros, pero una ola de ascensos que se produjo justo antes de la convergencia alimentó la desconfianza entre los Montoneros y los recién llegados. Quieto, además, solía plantear sus diferencias, cuando las tenía, en lugar de callar y acatar. En un contexto de tensiones internas en aumento, la Conducción Nacional determinó que no convenía que él hiciera el anuncio.

Tampoco los nombres importantes de la Columna Norte participarían del encuentro con la prensa, aunque sus militantes habían cargado con el peso del secuestro y el cuidado de los hermanos. «Se desató una lucha [interna] por determinar quién quedaría como dueño del rédito político [de la Operación Mellizas]», interpretó Galimberti, sin ocultar que había quedado resentido por la decisión. A las pujas por el poder se había sumado la atracción del dinero —de una cantidad extraordinaria de dinero—, que pronto mostró su fuerza corrosiva en el seno de la guerrilla.

La Conducción Nacional delegó la tarea de organizar el encuentro con los medios en la Columna Capital y en la División de Prensa, que informaba de manera directa a la cúpula. Urondo y Luis Guagnini —otro periodista montonero, que trabajaba en el diario económico *El Cronista Comercial*— se encargaron de la organización de la conferencia y de la selección y la convocatoria de los invitados.

También eligieron la casa donde la organización iba a liberar al heredero, una propiedad que se alquilaba para fiestas y que daría lugar a especulaciones infinitas.

CAPÍTULO X

20 de junio de 1975
Libertad 244, Acassuso, provincia de Buenos Aires

Jorge Born aguardaba en la planta alta de su último destino de cautivo, sentado sobre un colchón. Inmóvil. Callado.

Su cabeza, en cambio, resonaba de confusión por los recuerdos de Piojo 1 y Piojo 2, las noticias que le había dado Mario Firmenich, la idea de que pronto esa experiencia terrible entraría en su pasado.

Por primera vez en meses vestía una muda de ropa presentable, evaluó: un lujo tras haber pasado gran parte del cautiverio descalzo y semidesnudo, apenas con unos calzoncillos y una camiseta.

Lo habían llevado a la casa de Libertad 244 durante la mañana del 20 de junio de 1975, para que no se cruzara con los periodistas antes de tiempo. Los guardias le habían hecho subir una escalera y lo habían sentado sobre la cama. Uno de ellos le había indicado: «Ya se puede sacar los algodones de los ojos y se queda quieto, con la vista fija en la ventana. No puede mirar a los costados».

Y lo habían dejado solo.

Sintió alivio. Cuanto más cerca vislumbraba la libertad, menos soportaba el imperativo constante y el tono severo de los «chiquilines».

Un mirador sin cortinas dejaba ver un tejado color borgoña, con algunas zonas más anaranjadas, y el verde de las copas de unos árboles. El secuestrado dedujo que estaba sentado sobre la cama doble del dormitorio principal —el ventanal se abría a un balcón terraza— en una casa cómoda, probablemente en un barrio respetable. Acaso pasó dos horas así, hasta que le ordenaron —otra vez con aspereza— que se pusiera de pie, girara el cuerpo y caminara hacia la puerta. Creía que nunca antes había tratado con esos dos encapuchados, que le resultaban desagradables en exceso.

Notó que al suelo de madera le faltaba lustre. Encaró sin titubeos hacia el pasillo. Una escalera curva, de piedra negra y sin pasamanos, lo depositó en un rellano. Los dos guardias lo seguían, pero empezaba a sentirse libre.

A él, que había negociado por su vida y la de su hermano, liberado tres meses antes, le aguardaba, por fin, el regreso a su rutina de antes. O eso imaginaba, sin saber hasta qué punto la experiencia a la que había logrado sobrevivir torcería su destino.

Oyó un bullicio a cierta distancia, un murmullo coral. Se había desacostumbrado a escuchar muchas voces juntas. Atravesó una puerta y se descubrió en la cocina.

Allí se encontró por última vez frente a frente con Firmenich.

—En la sala lo esperan un grupo de periodistas. Dos de ellos lo conducirán a su liberación definitiva. Usted no tiene que responder preguntas. Saldrá de inmediato.

Firmenich insistía con sus modos altivos. Tenía veintisiete años y el mundo en sus manos.

No era para menos. Los Montoneros habían logrado cobrar hasta el último dólar de su rescate récord.

Con todo, para Firmenich la victoria de los Montoneros había resultado parcial y la derrota de Bunge y Born, limitada. El poder económico del grupo no se había visto afectado por el pago del rescate; la voluntad de reivindicar al pueblo explotado y a la patria agraviada por el monopolio transnacional se había disuelto en el aire. Born debía comprender que los objetivos de la organización superaban el dinero:

—Sepa usted que nuestros fines son patrióticos, liberar al país de quienes ilegítimamente gobiernan y alcanzar la liberación nacional definitiva.

—Existen otros métodos para cambiar de gobierno —lo interrumpió Born. En su voz se percibía un cierto cansancio, o acaso tedio.

—No se trata de un simple cambio de gobierno. La lucha...

Dejó de prestarle atención. El jefe de los «chiquilines» le fastidiaba. Después de nueve meses, Born conocía sus argumentos de memoria y no le encontraba sentido al diálogo con ese guerrillero peinado a la gomina, cuyo lunar prominente en el rostro le hacía desviar la mirada con frecuencia. No podía respetarlo; era un engreído, con aires de sabelotodo, que le había robado a su padre sesenta millones de dólares. ¡Y todavía se daba el lujo de hablarle con soberbia sobre la importancia moral de su causa!

Ya no soportaba el timbre de su voz.

Los periodistas que seguían en el comedor habían oído hablar a Firmenich durante cuarenta y cinco minutos (véanse los pasajes más trascendentes reproducidos en el Anexo documental). El jefe de los Montoneros se había asomado por la puerta de la cocina que se abría al living y su mera presencia había acallado todas las voces. Llevaba un maletín en la mano, un pantalón de vestir, una camisa blanca y un suéter oscuro de cuello redondo. Saludó en general y se ubicó frente a las cuatro hileras de periodistas.

Arrancó sin preludios:

—Se realiza esta conferencia de prensa en razón de producirse la culminación del proceso de detención, juicio y sanciones al grupo Bunge y Born. El monto pagado, además de las otras sanciones que ustedes tienen en carpeta, es de 60 millones de dólares. Este monto, no obstante su volumen, es apenas la tercera parte del presupuesto de defensa nacional de nuestro país para el año 1975. Parece muchísimo, pero no lo es tanto si tenemos en cuenta la inmensidad de la tarea que Montoneros debe realizar: alcanzar la definitiva liberación nacional. Para pelear

CAUSA JUDICIAL N° 26.094

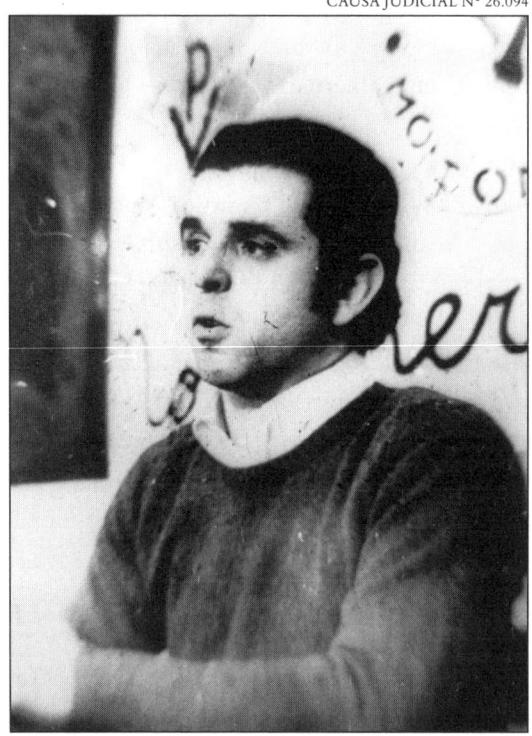

En persona, el jefe de los Montoneros en la clandestinidad, Mario Firmenich, anunció que Bunge y Born había pagado el rescate más caro de la historia.

la guerra integral, hacen falta, además de recursos humanos, toda clase de recursos materiales, desde imprentas hasta transportes, desde casas y depósitos, hasta armas y municiones; sobre todo eso, armas y municiones.

La Operación Mellizas, argumentó, les iba a permitir a los Montoneros alcanzar la autofinanciación, un objetivo que los distinguía de otras organizaciones armadas con menor grado de autonomía. Firmenich explicó:

—Para nosotros, esta es una muestra más, la más importante, de una política que hemos sostenido siempre, que es la política de autofinanciación. Hace ya ocho años comenzamos a hacer operaciones de muy poca envergadura, operaciones que hoy son risueñas, como asaltos a gasolineras, a restaurantes para quedarnos también con los relojes de los comensales a fin de hacer bombas... Hasta que evolucionamos a operaciones de mayor envergadura, como el robo de bancos. Muchos grupos revolucionarios del continente han fracasado en sus postulados por vulnerar el principio de la independencia política, basada en la autosuficiencia económica y militar. El apoyo externo es algo sumamente importante para una revolución, pero de ningún modo determinante.

Procuró el suspenso. Habló sobre la importancia del 20 de junio en la historia del peronismo y del país; anticipó que ellos, los Montoneros, dejarían su propia marca. Había hablado sobre el cobro del rescate, pero se guardó un golpe de efecto:

—Hemos elegido este día para hacer esta conferencia de prensa porque es la fecha del retorno definitivo del general Perón, y desde esta fecha nosotros lanzamos el retorno definitivo del peronismo contra el antiperonismo que está en el poder.

Antes de permitir una ronda de preguntas, Firmenich desarrolló un recuento detallado de los acontecimientos políticos recientes desde la perspectiva de la guerrilla que conducía. Para los corresponsales, el peronismo siempre resultó una expresión política tan atractiva como compleja de comprender y de explicar a un extranjero. Un movimiento, antes que un partido, de raíz populista; capaz de abarcar expresiones de derecha y de izquierda, un fenómeno que no se dejaba encasillar. Ahora Firmenich los invitaba a un ejercicio que para algunos sonaba delirante. Pretendía que entendieran que ellos eran los verdaderos intérpretes del peronismo, porque ni tan siquiera Juan Domingo Perón había sabido administrar su creación.

En dos semanas, el 1 de julio de 1975, se iba a cumplir el primer aniversario de la muerte del ex presidente. Su error más grave, con la edad y los problemas de salud que tenía, había sido colocar a su esposa Isabel en la fórmula con la que ganó su tercer mandato en septiembre de 1973. Después de su muerte, la viuda y presidenta había quedado bajo el dominio de su ministro de Bienestar Social, José López Rega. Había perdido toda legitimidad. Le quedaba muy poco tiempo.

Ahora sí estaban dadas las condiciones objetivas para que los Montoneros liderasen, desde la clandestinidad, la construcción de un gran frente de liberación nacional que tomase el gobierno. Firmenich fingió una convicción que no tenía cuando se mostró convencido de que el país se hallaba a las puertas de un proceso revolucionario: todos los actores políticos sabían que nada resultaba más esperable que un nuevo golpe militar.

Los Montoneros habían calculado que un golpe militar, como el que finalmente se produjo el 24 de marzo de 1976, derrocaría a la viuda y precipitaría el proceso que al final del camino conduciría a la revolución. En términos marxistas, serviría para acelerar las contradicciones. Poco después, Firmenich explicó con palabras frías: «No hicimos nada para impedirlo porque, en resumidas cuentas, también el golpe formaba parte de la lucha interna del movimiento peronista. Hicimos, sin embargo, nuestros cálculos, cálculos de guerra, y nos preparamos para soportar en el primer año un número de pérdidas humanas no inferior a 1.500 unidades. Nuestra cuenta era esta: si lográbamos no superar ese nivel de pérdida, podíamos tener la seguridad de que, tarde o temprano, ganaríamos».[1]

Las Fuerzas Armadas habían empezado a competir con la Triple A por el comando de la represión.[2] Más que los procedimientos de los parapo-

---

[1] Gabriel García Márquez, entrevista citada.

[2] El 5 de febrero de 1975, Isabel Perón firmó un decreto que ordenaba a los militares «aniquilar el accionar de los elementos subversivos que actuaban en la provincia de Tucumán». El Operativo Independencia en el monte tucumano —dirigido sobre todo contra el ERP— dio a las Fuerzas Armadas la cobertura de una orden presidencial para sumarse a la batalla que los parapoliciales de López Rega libraban desde finales de 1973, de manera clandestina y en coordinación con la Policía Federal.

liciales que de manera clandestina conducía López Rega, objetaban su eficacia; no les preocupaba que violaran la ley, sino que no lograsen su cometido. Pero jamás se habían atrevido a plantear sus críticas —aunque fueran de forma y no de fondo— delante del ministro.

Firmenich no albergaba ninguna duda: «La Triple A opera con sede en el Ministerio de Bienestar Social, no es algo secreto».

A continuación anunció la sentencia de muerte para el ministro: «El señor López Rega está ya, como todos los traidores, condenado a muerte. Va a morir, esté o no en el poder. Nosotros tenemos tiempo. Y la ejecución de la sentencia depende de las posibilidades».

También le auguró muy poco tiempo a la presidencia de la viuda de Perón: «Isabel ya está en una situación caótica, incontrolable. Seguramente algo sucederá. Hay cientos de muertos. Algún necio publicó el otro día una lista de los policías que fueron muertos y de los combatientes que perdimos. Estaban todos en la misma lista, creo que es ridículo…».

Una sensación de frío le erizó la espalda a Andrew Graham-Yooll. Él había publicado en *The Buenos Aires Herald* los nombres de los caídos en el desmadre político y había listado a las víctimas de la violencia guerrillera junto con las víctimas de la violencia de la Triple A.

Al cabo de tres cuartos de hora, Firmenich se levantó: «Me tengo que despedir, realmente debo irme».

Por algún acto reflejo que ni ellos mismos comprendían del todo, los periodistas se pusieron de pie, como quien saluda a una autoridad. Firmenich se acercó a estrechar la mano de cada uno.

Cuando llegó su turno, Graham-Yooll tomó coraje y le dijo:

—Esa lista… que según usted algún necio… Bueno, yo soy el necio que la hizo.

—Incorrecto: nosotros la hicimos, usted la compiló.

El jefe guerrillero amagó con irse, pero retrocedió unos pasos. Elevó la voz para anunciar al fin: «Me olvidaba de lo más importante. En pocos minutos quedará en libertad alguien que lleva con nosotros unos cuantos meses».

Entonces sí dejó el salón encendido con un murmullo de excitación. Graham-Yooll sintió la adrenalina en su cuerpo, y también la intriga:

¿qué aspecto tendría un joven, de los más ricos de Argentina, tras nueve meses de cautiverio en manos de los Montoneros?

Al rato, alguien avisó: «Ya viene».

Firmenich ingresó en la cocina con aire de triunfo. Allí lo esperaba Born, que había entrado por otra puerta. Tras un diálogo muy breve, le ordenó al secuestrado que saliera al comedor: «Por ahí».

Born atravesó la puerta y avanzó unos pasos hacia el living, con las manos en los bolsillos. Retrocedió de golpe, abrumado ante la vista de tantas personas.

Apoyó la espalda contra el aparador. Los periodistas se le arremolinaron y lo escrutaron. Tenía buen aspecto: el pelo corto, una barba prolija, un traje. No se veía pálido, más bien tostado para la época del año... Tan solo las gafas oscuras, en una sala con poca luz, le daban un aspecto extraño.

«Recuerden que no responderá preguntas», advirtió Urondo.

Richard Stein, el camarógrafo del canal alemán Televisión ZDF, encendió sus equipos; las luces encandilaron a Born por un momento. Los demás periodistas retrocedieron, empujados por el temor a quedar expuestos en la grabación, y que así se les pudiera identificar. Se quejaron. El corresponsal Klaus Ecktain coordinó con Urondo, Born se ubicaría donde había estado Firmenich para que lo pudieran grabar sin que nadie corriese riesgo.

Cuando se apagó la cámara, las preguntas fluyeron desordenadas, sin atender a las prohibiciones, de manera natural:

—¿Dónde está su hermano Juan?

—Fue puesto en libertad hace algunos meses —intervino un guardia montonero.

—¿Cuándo?

—Uno se pierde con las fechas... —se disculpó Born.

Un periodista le elogió la chaqueta.

—Parece que ahora tienen dinero para comprármela... —dijo Born, provocando una risotada general, quizás exagerada, como una descarga de la tensión que electrizaba el ambiente.

—¿Cómo lo trataron?

—Me trataron bien, pero nueve meses es demasiado tiempo. Leí mucho, por desgracia muchas publicaciones socialistas. No llegué a transformarme en comunista, pero si me hubieran dejado más tiempo quizá me habría hecho montonero... —bromeó otra vez.

—¿Qué piensa hacer ahora?

—Si Dios quiere, podré festejar mi cumpleaños número 41 con mi familia. Y quisiera seguir viviendo en Argentina.

Faltaban dos días para su cumpleaños. Solo uno de los dos deseos se le iba a cumplir.

Jorge Born, el 20 de junio de 1975, el día de su liberación al cabo de nueve meses de cautiverio.

Un guardia armado bajó las escaleras a zancadas e irrumpió en el living. El contacto de Bunge y Born ya había sido informado de que la liberación se produciría en breve en las inmediaciones de la estación Acassuso del tren Mitre, anunció.

Born reaccionó de la manera más inesperada: «No tengo dinero ni para un taxi».

Sergio Peralta sacó unos billetes del bolsillo de su pantalón y se los facilitó. Volvieron a reírse todos, porque el cronista de *Crónica*, el diario más popular y amarillo, que había militado en el Partido Comunista, le facilitaba dinero al heredero del conglomerado de empresas más importante de Argentina. Born no estaba al tanto, pero la moneda nacional se había devaluado de manera brusca, la inflación había estallado y los taxis se habían vuelto inaccesibles para un trabajador de prensa, el precio de los transportes se había duplicado y la nafta había aumentado un 175 por ciento en cuestión de horas.

Otra vez, Urondo intervino para organizar:

—Necesitamos dos periodistas que quieran acompañar al señor Born a la estación. Solo dos.

—Yo voy —dijo Graham-Yooll, sin pensarlo dos veces.

El miedo paralizó a muchos de los otros, que luego se reprocharon haber dejado pasar semejante oportunidad. El equipo alemán plegó el trípode mientras los demás acomodaban sus pertenencias.

«Luis, andá vos», dispuso Urondo y señaló a Luis Guagnini.

Graham-Yooll sabía de las simpatías de Guagnini por los Montoneros. Cada tanto almorzaban juntos, porque compartían una amistad; pero ahora no podía saber si el colega estaba ahí como periodista o como militante.

Urondo pidió otros dos voluntarios para una tarea menos arriesgada, acercar ejemplares de las carpetas informativas a las redacciones de los diarios *La Nación*, *La Prensa* y *La Razón*.

Mientras repartían las copias, y sin que lo advirtieran, Firmenich había regresado al salón. Asía el mismo maletín. Impartió las últimas instrucciones:

1) Nadie podía salir de la casa por su cuenta.
2) Los periodistas debían retirarse en grupos de dos o tres —no más— con un intervalo de por lo menos cinco minutos entre uno y otro.
3) El primer grupo saldría cinco minutos después que él.
4) Nadie podía subir a la planta alta.

Antes de partir, Firmenich se acercó a Born para el saludo final.
—Adiós —dijo, y le extendió la mano.
—Adiós —dijo Born, pero dejó la suya al costado del cuerpo.

En su cabeza reverberaba la noticia de la muerte de su amigo Alberto Bosch, en la celada de nueve meses atrás. Los Montoneros habían logrado incluso empañarle la alegría de ese momento, tan esperado, de su liberación.

Aparecieron dos hombres armados con ametralladora. Gritaron: «Los que van a ir con el señor Born, ¡que salgan!».

Urondo señaló a Graham-Yooll. Como una premonición del destino que le esperaba, le dijo: «Parece que nunca más tendremos tiempo para una charla decente...».

Se abrazaron otra vez.

Desde luego, Born no iba a necesitar un taxi. El mismo automóvil que había llamado la atención de la vecina al entrar marcha atrás, un Ford Falcon gris, aguardaba en el garaje del jardín. Los dos asientos delanteros estaban ocupados; el motor, encendido. Born quedó en el medio del asiento trasero, entre Guagnini y Graham-Yooll. Le pareció que el chófer y su acompañante estaban maquillados y que usaban pelucas para ocultar sus rasgos y evitar que por el camino pudieran identificarlos. El periodista del *Herald* notó que iban armados.

«Mantengan los ojos cerrados», les ordenaron a los tres.

Dos guardias con ametralladoras custodiaban el jardín. Cuando el portón se abrió, dos coches que aguardaban en la calle Libertad se acomodaron para escoltar al Ford Falcon. La caravana respetó los semáforos y avanzó sin prisa por las calles de adoquines, dobló hacia una rotonda que repartía el tránsito en una avenida y continuó su marcha hasta tomar por otras calles tranquilas y detenerse a una cuadra de la estación.

Nadie pronunció una palabra a lo largo del viaje. Cuando el coche frenó, el chófer dijo: «Caminen cien metros sin mirar atrás. Crucen la vía y los estarán esperando».

Hizo una pausa. Agregó: «Buena suerte, señor Born».

Después de esa despedida seca, los tres descendieron del coche. Caminaron hacia la estación. Los periodistas se presentaron:

—Soy Andrew Graham-Yooll, del diario *The Buenos Aires Herald*.

—Luis Guagnini, de *El Cronista Comercial*.

Born no retuvo el nombre de ninguno de los dos ni confió mucho en ellos, pensaba que todos los que habían participado en la conferencia de prensa eran afines a los Montoneros, si no montoneros.

Graham-Yooll le preguntó si se sentía bien, si quería comprar algo en una botica que había en la esquina. Born se lo agradeció, solo quería llegar a su casa.

Cruzaron las vías. Por primera vez en mucho tiempo, Born disfrutaba del aire libre, de un espacio sin barreras. Daba pasos largos, aunque no muy firmes, como si tuviera los músculos débiles pero pudiera compensar el paso con un deseo intenso de moverse.

—¡Qué tarde magnífica!

Los periodistas sentían frío pero ni siquiera pensaron en contradecirlo. A Graham-Yooll le chocó el absurdo de que en un momento tan relevante hablaran sobre el clima. Guagnini derivó la charla hacia el secuestro.

—Sesenta millones de dólares es mucho dinero… —ensayó.

—Sí, es mucho dinero.

Born respondía como un eco, no tenía ánimo para más.

Graham-Yooll reprimió el reflejo de insistir. Sentía que Born era una víctima mucho más que una noticia. Además, ¿para qué saber más que lo que podía publicar debido a la censura, cada vez más opresiva?

Dos vehículos aguardaban al otro lado de la vía. Born reconoció a las dos personas que se encontraban al volante, únicos ocupantes. Graham-Yooll y Guagnini preguntaron si uno de los coches podría acercarlos al centro. Born les indicó con un gesto cuál los llevaría.

A lo largo de la media hora que había durado el viaje, los periodistas conversaron con Carlos Cortini, directivo de Molinos Río de la Plata, a quien en principio confundieron con un chófer de la compañía. Sin entrar en detalles, Cortini les contó que él había participado en algunas instancias de la negociación y dejó entrever su desprecio por los Montoneros.

Bajaron cerca de la estación de trenes de Retiro, y allí mismo se separaron.

Camino a la redacción, ubicada a unas diez cuadras de allí, Graham-Yooll se detuvo en un bar para llamar a su esposa desde un teléfono público. Pidió un sándwich y dos whiskies dobles. Necesitaba calmarse.

No podía evitar un sentimiento de frustración. Había sido parte de una historia con la que cualquier periodista soñaría, pero intuía que no podría escribirla en primera persona ni revelar ningún detalle que delatara su presencia en el lugar. La crónica del diario *La Prensa*, que había recibido el material de manera indirecta, resultó mucho más completa que la que él pudo publicar en *The Buenos Aires Herald*, y sin su firma porque el director del diario, Robert Cox, quiso proteger al jefe de redacción, que ya tenía una denuncia penal en su contra.

La agencia española EFE dio la primicia mundial sobre el cobro del rescate y la liberación de los hermanos; mérito de Del Corro, quien había dejado la casa con el primer grupo de periodistas.

Mientras caminaba con otros dos colegas en busca de un taxi, Del Corro se reprochó a sí mismo por no haberse ofrecido como voluntario para acompañar a Born; el instinto le había fallado, o le había ganado el miedo. Pero había tomado sus recaudos, que ahora podían rendir frutos. Sin revelarlo a sus acompañantes —después de todo, eran su competencia— sugirió una rápida parada en un bar con un teléfono público para hacer una llamada a sus jefes e informarles de que se encontraba a salvo, se excusó. Le bastó con marcar el número de la agencia y pronunciar una frase de ocasión, que había sido acordaba como una clave secreta, para que Luis Álvarez Fermosel, el número dos de EFE en Buenos Aires, supiera qué tenía que hacer. La noticia que él había dejado ya redactada en dos párrafos se había confirmado.

El cable no se envió a los suscriptores de Argentina, por la censura, pero repercutió en los principales diarios del mundo. *El País* de Uruguay, *El Excelsior* de México, *ABC* de España y *El Mercurio* de Chile, entre otros medios internacionales, publicaron al día siguiente, en un lugar destacado, la información de EFE.

El equipo de la televisión alemana regresó en taxi al hotel Dorá. Ecktain escribió y grabó un texto con apuro. Quería mandar cuanto antes el material exclusivo que tenía entre manos, las únicas imágenes de la conferencia de prensa que no habían registrado los Montoneros. Entre ocho y diez minutos de grabación, 120 metros de película de 16 milímetros reversibles en color. Ese mismo día despachó la cinta en un avión de Lufthansa hacia Frankfurt, con destino final en Mainz, donde se encontraban los estudios centrales de Televisión ZDF. Allí compaginaron el audio con las imágenes y emitieron un informe de tres minutos que decía:

> *Hemos sido llamados por la mañana a este hotel en el cual nos alojamos desde hace años cada vez que venimos a Buenos Aires. Se nos dijo que, si estábamos interesados, nos pasarían a buscar para ir a una conferencia de prensa muy especial. Contestamos afirmativamente y pasó a buscarnos un coche.*
>
> *Después de un tiempo nos vendaron los ojos y continuamos por un lapso aproximado de 45 minutos. Paramos frente a una casa en la que sucedió lo siguiente: detrás de la puerta se encontraba un hombre con una ametralladora. Fuimos instruidos en el sentido de no grabar a nadie, salvo*

al compañero *que daría la conferencia de prensa. Solo podíamos fotografiar al guardia, pero desde atrás.*

Mario Firmenich, uno de los guerrilleros más buscados de Argentina, abrió la conferencia de prensa con una sensacional noticia: el empresario Jorge Born sería liberado contra el pago de un rescate de 60 millones de dólares. Esto es más que cuatro veces los 14 millones de dólares pagos por el gerente de [la petrolera] Esso, [Victor] Samuelson. Firmenich subrayó que esos 60 millones de dólares representan apenas un tercio del presupuesto para defensa de la República Argentina de 1975.

Los Montoneros son el brazo armado del peronismo de izquierda. Actuaron en la lucha activa por el regreso de Perón, posteriormente se enfrentaron al caudillo y pasaron a la clandestinidad. El gobierno de Isabelita combatió a los Montoneros con tenacidad, pero con escaso éxito.

Firmenich habló durante más de una hora de las metas de los Montoneros. Al final de la conferencia de prensa, ya casi saliendo, giró hacia el auditorio indicando que venía otra persona: Jorge Born, secuestrado junto a su hermano Juan el 19 de septiembre de 1974.

Juan Born ya había sido liberado con anterioridad, después del pago de parte de los 60 millones de dólares. A los hermanos Born les pertenece un conglomerado de empresas alimentarias, textiles y químicas, es la tercera firma en importancia de América Latina después de la Volkswagen brasileña y la Shell.

Jorge Born no pudo decirnos nada frente a la cámara. Después de que se apagaron las luces nos contó a los pocos periodistas presentes que fue tratado bien, pero que nueve meses es un largo tiempo. Sobre sus secuestradores dijo que tenían un poco de todo, que eran inteligentes, resueltos y, también, un poco infantiles.

El rastro de Born III se perdió rápidamente.

Cuando el heredero subió al automóvil en la estación, su conductor, José María Menéndez, le advirtió que no podía permanecer mucho tiempo en el país. Por lo que él había averiguado, si lo encontraban lo meterían preso bajo el cargo de financiar la actividad terrorista de los Montoneros.

De una cárcel a otra.

Born lo escuchó azorado —financiar a sus secuestradores, qué descaro— y sobre todo muy inquieto. Menéndez era un hombre bien conectado con los militares y los asesoraba en ese tipo de asuntos delicados.

La indicación era simple, y sin alternativas: escapar.

—Lo voy a llevar a un apartamento para que pase la noche. No hable con nadie, por favor. Nadie sabe dónde está. Cualquier cosa me llama. Solo a mí. Mañana lo busco y nos vamos a Uruguay —le dijo Menéndez.

—Pero ¿cómo voy a escapar si no tengo siquiera un documento? ¿Corriendo? —se irritó Born; el agotamiento nervioso le reclamaba un descanso.

—Todo está arreglado para que usted salga mañana clandestino, no se preocupe.

Born se quedó solo en un apartamento desconocido, con un teléfono que solo podía utilizar para una emergencia y con algo de comida. Al día siguiente, Menéndez lo llevó al aeródromo de la localidad de Don Torcuato, en el Conurbano, donde una avioneta lo trasladó a una primera escala en una pista muy precaria, en un lugar que Born no identificó, y de ahí al aeropuerto de Punta del Este.

Cuando se acercaron los funcionarios de Migraciones, Born se preocupó: no tenía papeles para probar su identidad. Pero ellos ya sabían quién era y le entregaron un documento provisorio para entrar a Uruguay.

CAPÍTULO XI

22 de noviembre de 1975 - 13 de mayo de 1980

Padre e hijo

Cuando se reencontró con sus afectos, Jorge Born experimentó una sensación extraña. Él había sido la víctima del secuestro, él había pasado los nueve meses encerrado en una covacha, pero percibía las huellas de su odisea mucho más en los otros.

A él le costaba enfrentarse a sus propios ojos en el espejo, los mismos que habían grabado en su memoria imágenes que lo habían transformado. Pero en los demás se veía el dolor más crudo.

Sobre todo en su padre.

A sus ojos, Born II, quien estaba por cumplir setenta y seis años, había envejecido de golpe.

Había huido de Buenos Aires antes de la liberación de su hijo. Solo habría de regresar para atender su salud debilitada. Su mujer, Matilde, había vuelto a armar un hogar para ellos en Punta del Este, Uruguay.

Había aceptado el retiro. Ya no tendría que dedicarse a Bunge y Born. Pero hacía rato que la compañía había dejado de ser su fuente principal de preocupaciones. Los problemas familiares lo seguían agobiando.

A Julio, el menor de los varones, lo habían operado de un cáncer de tiroides, y la enfermedad había reaparecido. Por una decisión de los primeros médicos que lo habían atendido —y que, con los años, la familia interpretó como un error— le extirparon solo una parte de la glándula. Como consecuencia, las recidivas lo sometieron a otras dieciséis operaciones.

Julio vivía en España con su mujer María Victoria Hueyo, alejado de los negocios de la familia. Había crecido sin el peso de ser un heredero activo que cayó sobre los mayores. Tenía una relación difícil con su padre, que lo veía como a un *bon vivant* hábil para disfrutar de los placeres pero reacio a asumir las responsabilidades. A Born II ni siquiera lo conmovieron la enfermedad que se manifestó cuando Julio tenía apenas treinta años y el dolor que le causó la muerte de una de sus hijas —su nieta de cinco años— en un accidente de coche. Desaprobaba su estilo de vida. Por eso lo había eliminado del directorio de todas sus empresas.

La madre, en cambio, iba con frecuencia de Punta del Este a Montevideo y de ahí a Madrid. Temía por la vida de Julio; en cada vuelo de regreso la asaltaba la idea de que acaso esa fuera la última vez que lo había visto. Ni siquiera durante el cautiverio de Jorge y Juan había interrumpido los viajes para acompañar las sesiones de quimioterapia del hijo.

Jorge Born III cumplió cuarenta y un años el 22 de junio de 1975. Había llegado a Punta del Este cuarenta y ocho horas antes. Aun en libertad, permanecía en un estado de aturdimiento.

Algo dentro de sí lo separaba de la realidad. Observaba la llaneza con que sus hijos jugaban como siempre, mantenía conversaciones corrientes con su mujer y sus padres. Pero una suerte de *décalage* lo alejaba.

Por ejemplo, todos se habían acostumbrado ya a la falta de Alberto Bosch, habían asimilado su ausencia a lo largo de casi un año. Él, en cambio, no podía compartir la angustia y la culpa que lo ahogaban por la muerte de su mejor amigo. Para él, el duelo acababa de comenzar. Sentía un dolor profundo pero no lo compartía con nadie, ni siquiera con la viuda y los hijos de Bosch. Ellos lo interpretaron de otro modo, vivieron esa distancia como un gesto de frialdad.

Cuando sus padres lo pusieron al corriente de las novedades, preguntó:

—¿Y Juan?

—En Europa —le informó el padre—. Aislado. Fue una condición que pusieron los Montoneros hasta que se completara el pago.

—¿Cómo está?

—Le cuesta recuperarse. Sigue débil.

Cuando el menor de los hermanos salió de la «cárcel del pueblo», le contó, lo habían enviado a una clínica en Suiza para que le hicieran los estudios que permitieran determinar las secuelas del cautiverio. Partió con el listado de los medicamentos que le habían suministrado para doblegar su ira y ansiedad, la información que habían acercado los Montoneros como si se tratara de la historia clínica de un paciente.

Hasta ese momento, el destino de Juan también era un misterio para casi todos los integrantes de la familia. El padre había compartido el secreto con una única persona.

A su mujer no le confió una palabra; como madre, no la creía capaz de disimular. Solo informó a la esposa de Juan y organizó un viaje a Europa para ella, con la condición de que nadie más —ni sus hijos— supiera que ya había sido liberado. Debían esperar a que el primogénito corriera la misma suerte. Terminados los chequeos en Suiza, lo trasladaron a Alemania. Habían pasado tres meses de su liberación, pero Juan seguía en un estado delicado.

Jorge se encontró con un hermano acosado por el trauma y otro por el cáncer —Julio moriría en octubre 1983, a los cuarenta y cuatro años—; él, en cambio, parecía una versión de sí mismo fortalecida por la resiliencia que le había permitido negociar su propia salida de la «cárcel del pueblo». La culpa le quitó el aire por unos segundos.

No sabía aún cuán profunda había sido su transformación. Notaba que ya no era el mismo de antes, y que la mirada de los demás sobre él había cambiado.

Había satisfecho su deseo de pasar el cumpleaños en libertad, con su familia. Pronto descubriría que su otro deseo, el de regresar a Argentina para quedarse, sería imposible de realizar.

El impedimento nada tenía que ver con los Montoneros. Confiaba en que honrarían su compromiso.

—Nosotros tenemos palabra. Vamos a cumplir —le había jurado un encapuchado.

—Yo también tengo palabra. Si ustedes no cumplen, haré lo que haga falta para vengarme. Lo que haga falta —repitió en tono helado, calmo.

Los conflictos llegaban desde otro frente. El pago del rescate había dejado a la compañía en una situación delicada en la investigación que se había abierto por los asesinatos de Bosch y del chófer Juan Carlos Pérez. Los directivos de Bunge y Born —y él, como mediador— podrían enfrentarse a cargos por haber cooperado con los Montoneros responsables de esas muertes, por haber pagado la libertad de Juan y la suya.

La causa judicial por el secuestro de los Born se enfocó más en perseguir a los medios de comunicación que habían informado sobre el caso y en identificar a los directivos de la compañía que habían participado de los trámites previos a la liberación que en identificar a los responsables del cautiverio, la extorsión y los homicidios.

La Dirección Judicial de la Policía Bonaerense pidió que se ampliara la investigación sobre el reparto de alimentos a la que se había prestado la empresa Molinos Río de la Plata. A los pocos días el diario estadounidense *The New York Times* publicó que dos ejecutivos de Bunge y Born habían sido detenidos, acusados de haber pagado el rescate. La compañía, fiel a la política de no brindar información, nada informó al respecto.

Los abogados del grupo instruyeron a los directivos para que dijeran que el secuestro se había manejado estrictamente dentro de la familia. El 3 de febrero de 1976, Miguel Roig —miembro del directorio y, años más tarde, ministro de Economía— declaró que el holding había sido ajeno a cualquier negociación.

José María Videla Aranguren, uno de los primeros interlocutores de los Montoneros, sostuvo que las negociaciones habían transcurrido en el exterior, con la ayuda de los familiares de Born que residían fuera de Argentina, y que el reparto de alimentos había sido una actividad de la fundación, vinculada a la empresa pero de gestión autónoma.

Sin la protección del gobierno de Isabel Perón, los hermanos no podían regresar a Argentina. Con Mario Hirsch, el nuevo presidente de la firma, Jorge Born III resolvió trasladar los cuarteles centrales a São Paulo, la principal ciudad industrial de Brasil.

Primero, Hirsch debió informarle acerca de una acusación grave a la que se enfrentaba Bunge Corporation, la compañía con la que operaban en el comercio de granos en Estados Unidos. La investigaban por un fraude millonario.

La justicia norteamericana había detectado, tras cumplir con los controles correspondientes sobre el peso y la calidad de los cargamentos, que se repetía un desvío: antes de que embarcaran, algunas toneladas de trigo, soja o maíz se descargaban en las instalaciones del grupo en Nueva Orleans. Esos contenedores con un peso menor al declarado nunca tenían como destino Rotterdam, un puerto con un sistema de inspecciones sofisticadas; se dirigían a los países que no certificaban la descripción que provenía de origen.

El presidente de Bunge Corporation, Walter Klein, había intentado deslindar responsabilidades sobre un grupo de empleados desleales, pero poco después de la liberación de Jorge Born se conocieron varios balances que lo dejaron sin coartada. Bajo el rubro «Ajustes» aparecían los beneficios que obtenían al vender otra vez los granos que se perdían misteriosamente en Nueva Orleans. La empresa debió despedir a todos los involucrados y se comprometió a invertir una cifra millonaria para mejorar la transparencia de sus prácticas comerciales.

Luego, la mudanza de la operación principal del grupo desde Buenos Aires hacia São Paulo superó con creces las previsiones de un cambio de domicilio.

Si bien Bunge y Born ya contaba con una oficina importante en el centro paulista, Brasil pasó a concentrar los planes de inversión del grupo. Por el tamaño del mercado, si querían ser jugadores importantes debían volcar allí las ganancias que el grupo obtuviera en otros países.

Habían entrado muy temprano en el negocio del cultivo y la molienda de la soja en el país más potente de América Latina. La experiencia brasileña los había empujado a comprar grandes fábricas trituradoras en Estados Unidos. Una vez controlado el escándalo de Nueva Orleans, pasaron a ser protagonistas de la cadena industrial de la soja norteamericana. Ahora apuntaban al mercado interno brasileño.

Las condiciones eran óptimas. Excepto por un detalle: la falta de voluntad de Juan.

Jorge debió insistirle para que regresara de Europa.

A Juan le costaba dejar atrás el secuestro:

—Acá estoy bien.

—En Brasil vas a estar mejor. Vamos a empezar una vida nueva. No es la locura de Argentina —intentaba convencerlo su hermano.

Pasó el verano de 1976, los hijos de ambos terminaron el año escolar en Uruguay y en marzo se instalaron todos juntos en São Paulo. Eligieron vivir en Jardim América, un barrio residencial de torres y mansiones con muchos árboles y espacios verdes; un remanso en medio de una metrópolis desmesurada, cerca del centro y del colegio inglés St. Paul, el más tradicional de la ciudad. Junto con los hermanos Born, otros diecisiete altos directivos del grupo se mudaron allí con sus familias.

El clima de negocios les resultó mucho más amigable que en Argentina. El régimen cívico-militar que había surgido del golpe de 1964 —pionero de una serie que sembraría América Latina de dictaduras feroces y prolongadas— ya se había asentado. El gobierno de facto de Ernesto Geisel facilitó los trámites para que la empresa pudiera fijar su sede allí y les otorgó permisos de residencia. A los hermanos Born les concedieron la ciudadanía.

En Argentina, el frente legal se distendió para ellos recién después del golpe del 24 de marzo de 1976, cuando los militares desalojaron a Isabel Perón. En privado, Hirsch le pidió al dictador Jorge Rafael Videla que el Poder Judicial —que funcionaba de manera muy acotada y sin ninguna autonomía— cerrara los temas pendientes del secuestro. Enseguida, la fiscalía concluyó que los Born habían sido víctimas y no cómplices de los Montoneros.

Muchas veces habían recibido requisitorias para declarar en la causa. Y cada una de esas veces respondieron a los abogados con la misma sílaba: «No».

Por fin sintieron que contaban con garantías de que no los iban a perseguir y aceptaron dar su testimonio a condición de que pudieran hacerlo sin moverse de Brasil. Seguían cautelosos.

El 13 de mayo de 1977, Jorge Born se presentó en un tribunal de São Paulo y relató generalidades acerca del secuestro. Evitó identificar a sus captores, dijo que solo había tratado con encapuchados.

Ni él ni su hermano estaban preparados para dar detalles.

«Declaramos en circunstancias muy particulares. Los Montoneros todavía operaban en Argentina», diría años más tarde.[1]

Juan se escudó en su hermano mayor, una vez más. Los médicos aconsejaban que no le hicieran recordar su cautiverio. Le leyeron la declaración de Jorge y le preguntaron:

—¿Tiene algo para agregar?

—Nada.

El 27 de septiembre de 1977, el juez Roberto Gitard dictó un sobreseimiento provisorio y la causa quedó paralizada, sin detenidos ni prófugos.

No habían pisado Buenos Aires desde su liberación por temor a que los detuvieran; ahora nada les impedía regresar. Pero tampoco tenían razones para hacerlo.

Cada tanto recibían exigencias de dinero firmadas por los Montoneros. Jorge mandaba a decir que ya no vivía en Argentina y las ignoraba, con la convicción de que provenían de una célula que actuaba sin conocer los acuerdos que se habían hecho con la cúpula.

---

[1] El 20 de diciembre de 1984, Jorge Born amplió su declaración por iniciativa propia.

El 7 de marzo de 1978, Édouard Bunge —el barón Charles Bracht según su título nobiliario— fue secuestrado en Amberes, Bélgica. La noticia sacudió a los Bunge y a los Born, aunque el barón tenía una relación muy lejana con la compañía, y había amasado su propia fortuna con el comercio de lana.

Los diarios informaron de que había dejado el castillo que habitaba en las afueras de la ciudad con rumbo al centro, al volante de un vistoso Jaguar rojo. Luego se supo que lo atraparon en el parking, que se resistió y que ahí mismo lo mataron de un tiro en la cabeza. Pero sus asesinos escondieron el cadáver y pidieron por su vida dos millones de dólares. Cuando dos semanas más tarde se vieron obligados a entregar una prueba de vida, solo pudieron mostrar las llaves del coche y el reloj de pulsera del barón.

La familia no pagó el rescate. Al cabo de un mes, una llamada anónima guió a la policía hasta el basural donde habían tirado su cuerpo.

Antes de que los investigadores belgas dieran con cuatro sospechosos, los Montoneros, de modo preventivo, desmintieron cualquier vinculación con el hecho.

Desde el principio, Born III había descartado la posibilidad de que sus captores tuvieran alguna relación con lo ocurrido en Bélgica; sabía que la dictadura masacraba y tenía acorralada a la guerrilla peronista y a las otras. «Nunca estuve de acuerdo», aclaró en las entrevistas para este libro. Nunca, repitió, se le ocurrió procurar venganza.

Sin embargo, muchos de los integrantes de las comisiones internas ligadas a los Montoneros engrosaron las listas de los desaparecidos, en las fábricas de Bunge y Born al igual que en muchas otras. La manera en que fueron arrasadas y desarticuladas alimentó la sospecha de una complicidad oculta e inconfesable entre empresarios, un sector de los sindicatos y los militares.

En el plano personal, antes que perseguir a sus secuestradores, a Born siempre le importó —y mucho— recuperar el dinero del rescate.

Con los años, ese afán se transformaría en una obsesión.

Le pesaba verse a sí mismo como «el hombre de los sesenta millones de dólares»: *«The Sixty Million Dollar Man»*. Así se conocía su caso en el mundo.

El precio había sido demasiado alto para su padre, quien vivió poco más de cuatro años desde el pago. Su hijo no pudo evitar sentir que la vida se le había acortado a causa de aquel episodio.

La necrológica que le dedicó el diario conservador *La Nación*, tras su muerte el 13 de mayo de 1980, recordó el impacto que el secuestro había causado en Jorge Born II:

> *Cuando se aproximaba a los 80 años —habría cumplido el 24 de julio—, y tras soportar con espíritu cristiano una larga enfermedad, falleció ayer don Jorge Born, gran empresario y cumplido caballero. Su desaparición enluta a las familias tradicionales, al empresariado argentino y, en definitiva, al propio país, al que sirvió trabajando en el desarrollo de un grupo industrial que ha sido fuente de trabajo para muchos y de riqueza para la Nación.*
> *[...] No es justo que la imagen del gran industrial escamotee la mucho más interesante y rica del simple hombre, del gran señor que hubo de cargar muchas pesadas cruces —una de ellas fue el secuestro por extremistas de sus hijos— y supo hacerlo con digna nobleza, sin utilizarlas jamás como pretexto para excusarse del cumplimiento de sus deberes.*
> *[...] La tierra de sus mayores, Bélgica, lo reconoció con la Cruz del Mérito, la Orden de la Corona y la Orden del Rey Leopoldo. Su tierra natal, la Argentina, le reconoce con el dolor ante su muerte, apresurada por hondos pesares.*

Durante las décadas por venir, Hirsch y los herederos invertirían tiempo y dinero en tratar de averiguar quién había pasado «el dato» a los Montoneros.

Querían saber si alguien de la empresa los había traicionado.

Querían saber si algún político poderoso o un empresario rival los había señalado como presas.

Querían saber dónde habían ido a parar los millones del rescate.

Pero no serían los únicos en seguir la pista del dinero.

Apenas los hermanos se fueron de Argentina, los militares salieron a cazar a los Montoneros. Y a perseguir el botín, también ellos.

CAPÍTULO XII

1976-1983

Los militares se lanzan a la búsqueda del tesoro

Como si una maldición alcanzara a los protagonistas que habían hecho posible la Operación Mellizas y la custodia del dinero, la tragedia cayó sobre el guerrillero Roberto Quieto y el banquero David Graiver.

En octubre de 1975, los Montoneros habían secuestrado a Heinrich Metz, un ciudadano alemán que ocupaba la Gerencia de Producción de Mercedes-Benz Argentina, para ampliar sus reservas. Al cabo de una negociación de apenas dos meses, a finales de ese año cobraron un rescate de cinco millones de dólares y obligaron a la empresa a reincorporar a doscientos despedidos. Graiver también recibió esos fondos.

En total, el financiero administró 16.825.000 dólares de la guerrilla. Con el dinero colocado a un tipo del 9,5 por ciento anual, el jefe de Finanzas, Raúl Magario, cobraba puntualmente 160.000 dólares al mes en concepto de intereses.

Graiver giraba el dinero desde Nueva York, donde había decidido mudarse después de que su cuñado Osvaldo Papaleo, secretario de Prensa y Difusión de la ex presidenta Isabel Perón, le soplara que su nombre figuraba en las listas de futuras víctimas de la Triple A.

Su mano derecha en los negocios, Jorge Rubinstein, supervisaba la operatoria de los pagos en Buenos Aires con la asistencia de Silvia Fanjul, a quien Graiver había contratado por recomendación de su pareja, Lidia Papaleo. La psicoanalista había tratado a Fanjul durante años. Esa relación tan íntima permitió que le confiara una tarea que exigía la máxima reserva. Cualquier filtración sobre el origen de los fondos que manejaba podía interferir en la aprobación de la compra del American Bank and Trust (ABT) en Estados Unidos, y haría peligrar sus vidas.

Un día, Fanjul recogió a Rubinstein en el pequeño aeropuerto metropolitano para vuelos domésticos, próximo al Río de la Plata. Sin aviso, su jefe la llevó a una pizzería en el barrio de Palermo.

—Tengo que ponerte en contacto con alguien —le dijo.

—De acuerdo.

Nada inusual. Hasta que le indicó:

—Cuando vea que esa persona se acerca a la mesa, te voy a hacer una seña. Entonces vas al baño y esperás diez minutos. Necesito unos momentos a solas con él antes de presentarte.

—De acuerdo —repitió Fanjul, que no pedía explicaciones.

El jefe de Finanzas de los Montoneros llegó mejor preparado. Sabía que iba a conocer a quien sería su interlocutora para arreglar los detalles de los cobros. Lo había convenido por teléfono con Graiver. Pero ni Fanjul ni la fiel secretaria del banquero, Lidia Gesualdi, podían conocer su nombre verdadero. Tampoco se presentaría como el Gordo Kuki, como lo conocían en la Orga.

—¿Entonces quién soy? —preguntó Magario.

—Serás el doctor Peñaloza.

Pasaron los diez minutos. Fanjul regresó a la mesa. Rubinstein los presentó y fue al grano.

Cada mes, el doctor Peñaloza llamaría al conmutador de Empresas Graiver Asociadas Sociedad Anónima (EGASA). Concertarían una cita, pero nunca en las oficinas centrales del grupo: «Se encuentran directamente en la sucursal del Banco Comercial de La Plata», ordenó Rubinstein.

LOS MILITARES SE LANZAN A LA BÚSQUEDA DEL TESORO

De regreso a su despacho —la sede que el Establecimiento Vitivinícola Francisco Calise tenía en el barrio de La Boca, en la zona sur de la ciudad de Buenos Aires—, Magario avisó que él atendería las llamadas que preguntaran por un tal doctor Peñaloza. La empresa pertenecía a un grupo ligado a los Montoneros y contribuía con sus camiones de logística a la movilización de dinero y armas por todo el país. Una vez más, el vino como pantalla.

El montaje detrás de la bodega fue parte de un esfuerzo de la Conducción Nacional para evitar que el golpe de Estado, ya visible en el horizonte político, encontrase a la agrupación desguarnecida. Robaron la fábrica de armas Halcón y con el dinero del rescate de los Born se montaron talleres para aumentar la producción del Servicio de Fabricaciones Montoneras.

Corrían los últimos meses del gobierno de Isabel, y también habían extremado las precauciones. Antes de la Navidad de 1975, la Conducción Nacional recordó a sus militantes que bajo ninguna circunstancia debían contactar con los familiares cercanos o emplear sus nombres verdaderos. Por precaución, cada vez que alguien caía en manos de los parapoliciales, debían abandonar los inmuebles que pudieran haber quedado comprometidos.

La obligación suprema del combatiente se sintetizaba en una orden sombría: «No entregarse vivo».

Había que «resistir hasta escapar, o morir en el intento».

El 28 de diciembre de 1975, a los pocos días de emitida la instrucción, un grupo de policías de civil secuestró a Roberto Quieto, aquel máximo responsable de la Operación Mellizas.

Había desoído las órdenes que él mismo había impartido. Quería ver a los suyos.

Quieto citó a su mujer y le pidió que llevara a su hija de diez años, Paola, y a su hijo de seis, Guido, a los juegos de una playa pequeña en la costa del Río de la Plata, a la altura de San Isidro, en la zona norte del

Conurbano. También fue uno de sus hermanos, Amílcar, con su mujer y su bebé, y otros parientes. Eran unas veinte personas entre adultos y niños.

Tras diversos planteamientos de diferencias con el resto de la Conducción Nacional —sobre todo, con Mario Firmenich—, Quieto había bajado los brazos. Creía que había que fortalecer la oposición civil al gobierno de Isabel, tratar de anticipar las elecciones y menguar la violencia que solo apuraba el golpe de Estado. Lo dijo por última vez en la reunión de octubre de 1975 del Consejo Superior Montonero. Quedó en minoría, como le ocurría casi siempre, sin poder influir sobre el rumbo cada vez más militarista que tomaba la organización.

Al llegar a la playa no llevaba armas ni custodia. Sus conocidos lo atribuyeron menos a un descuido que a su desmoronamiento anímico.

Cuando vio que estaba rodeado por individuos armados cargaba en brazos a su sobrino pequeño, Manuel. Logró ponerlo a salvo antes de que lo metieran en uno de los coches a golpes y culatazos de armas.

Nunca más se le volvió a ver. Fue un desaparecido durante el gobierno democrático justicialista.

Sin tardanza, los Montoneros lanzaron una campaña para que legalizaran su detención; era la única forma de salvar la vida de un secuestrado. Pintaron paredones del gran Buenos Aires —«QUE APAREZCA QUIETO» o «QUIETO PRESO POR EL EJÉRCITO GORILA»— y lanzaron bombas incendiarias para exigir por su integridad física. Pero al cabo de unos pocos días, la campaña se silenció.

Los Montoneros dejaron de buscar a Quieto.

Las pintadas se cambiaron. Ahora decían: «QUIETO TRAIDOR».

La cúpula anunció que un «tribunal revolucionario» juzgaría al tercero en jerarquía de la Conducción Nacional, detrás de Firmenich y de Roberto Perdía, por «incumplimiento del deber revolucionario en su caída en manos del enemigo». Se le sumó una imputación todavía más grave: la delación.

LOS MILITARES SE LANZAN A LA BÚSQUEDA DEL TESORO

Algunos secuestros y redadas en «casas operativas» habían plantado la sospecha de que Quieto hubiera cooperado con el enemigo.

Se le suspendió el rango de oficial superior. Lo habían encontrado desarmado y no había opuesto resistencia, se había entregado vivo. Como una presa fácil.

La sentencia pretendió reforzar que Quieto había caído por «malas resoluciones de su vida familiar». También aleccionó a los militantes sobre los sacrificios que la causa histórica les exigía, sin atenuantes: «Hablar, aun bajo tortura, es una manifestación de egoísmo y desprecio por los intereses del pueblo».

Es curioso que *La batalla de Argel* haya sido una película de referencia de los Montoneros. Porque ellos exigían más que el movimiento anticolonialista argelino. La película que el Frente de Liberación Nacional (FLN) encargó al director italiano Gillo Pontecorvo en 1964 les había enseñado que otras organizaciones ponían un plazo —cuarenta y ocho horas— al cabo del cual sus combatientes quedaban liberados de la obligación de no entregar ningún dato útil al enemigo.

En el mundo que creaban las normas de los guerrilleros peronistas, la lucha de los argelinos contra el colonialismo francés —que la película reconstruyó con realismo, con escenas de tortura explícita y un registro riguroso del terrorismo— era a la vez material didáctico y poca cosa. La hicieron circular porque contaba la historia de una revolución exitosa e ilustraba sobre los mecanismos de la guerra de guerrillas. Pero a la vez esperaban que sus militantes, si llegaban a caer en manos del enemigo, tolerasen de modo indefinido la carne destrozada por la picana eléctrica o la asfixia del submarino.

Para demostrar que no toleraría ningún tipo de delación, la Conducción Nacional había puesto en marcha la política de «ejecuciones ejemplares» con el caso de Fernando Haymal. Con veintiséis años, casado, con un hijo y otro en camino, Haymal soportó la tortura durante cuarenta y ocho horas para que los Montoneros pusieran a resguardo lo que creyeran necesario, luego habló para salvar su vida y recuperó su libertad. Dos miembros de la Orga lo alcanzaron en un colectivo en la ciudad de Córdoba, lo hicieron bajar a punta de pistola, lo subieron a un coche y lo mataron; a continuación le ataron los pies con una cadena, lo arrastraron y tiraron su cuerpo en otra localidad.

Un «tribunal revolucionario» lo había juzgado y condenado a muerte.

Un poco más tarde, ante el crecimiento exponencial de la represión, la cúpula debió ofrecer una salida: la pastilla de cianuro. Si caían, se la tragaban para respetar la norma que les prohibía entregarse con vida. Pero solo la proveyó a sus cuadros de importancia.

Quieto fue hallado culpable del delito de delación, «agravado por la rapidez y lo importante de la información que había entregado», según el fallo publicado en el número 12 de *Evita Montonera*. El tribunal no aportó pruebas que sustentaran su decisión y el acusado no se pudo defender. Ya nunca más se supo de él.[1]

Quieto conocía todos los secretos de la Operación Mellizas. Él y muy pocos más sabían de las valijas diplomáticas y de la existencia de un banquero de los Montoneros. Estaba al tanto de dónde se hallaba el dinero y de cómo se había repartido. Su potencial para generar daño superaba ampliamente lo que le reprochaban, la caída de algunas «casas operativas».

No obstante, la sentencia dictaminó:

> Por todo lo dicho, este tribunal halla a Roberto Quieto culpable de los delitos de DESERCIÓN EN OPERACIÓN Y DELACIÓN, con los agravantes expuestos, y propone la DEGRADACIÓN Y MUERTE a ser aplicadas en el modo y oportunidad a determinar.

---

[1] En diciembre de 2011 fueron condenados por el secuestro y la muerte de Quieto el ex dictador Reynaldo Bignone y el ex hombre fuerte del centro clandestino que funcionó en Campo de Mayo, el ex general Santiago Riveros. Según escribió Alejandra Vignollés en el libro *Doble condena*, hay indicios de que antes de que lo mataran había pasado por una dependencia del Batallón 601 de Inteligencia del Ejército, especializada en técnicas de tortura para interrogatorios.

LOS MILITARES SE LANZAN A LA BÚSQUEDA DEL TESORO

«Fue un golpe durísimo —así recreó la ex militante Lila Pastoriza el impacto que la decisión tuvo sobre ella y sus compañeros—.[2] No solo por el peso de tal cargo sobre un jefe en una organización como Montoneros. Para muchos militantes implicó entrever por primera vez la posibilidad de que la organización no fuera indestructible, para otros que ya planteaban cuestionamientos empezó a tomar cuerpo el fantasma de la derrota.»

Urondo y Carlos Quieto (hermano menor de Roberto y también montonero) le transmitieron la decisión a la esposa, Alicia Beatriz Testai.

Ella, relató Vignollés, no hizo preguntas. Solo les dijo: «Todos ustedes se pueden ir a la puta madre que los parió».

En la madrugada del 24 de marzo de 1976, Isabel Perón salió en helicóptero de la Casa de Gobierno escoltada por los militares que ese mismo día concretaron el golpe de Estado tan anticipado. Asumió el poder una junta integrada por las tres armas, bajo la conducción del Ejército con el general Jorge Rafael Videla en la presidencia, el almirante Emilio Eduardo Massera en representación de la Armada y el brigadier Orlando Agosti de la Fuerza Aérea.[3] José López Rega escapó de la prisión que le tocó a Isabel porque llevaba ocho meses en España, su base de operaciones como embajador itinerante; la presidenta le había inventado ese nombramiento para protegerlo cuando su gobierno agonizaba.[4]

A los pocos meses, el 7 de agosto de 1976, el avión que transportaba a Graiver, único pasajero de un vuelo privado entre Nueva York y

---

[2] Lila Pastoriza, «La "traición" de Quieto: treinta años de silencio», publicado en la revista *Lucha Armada*, año 2, n.º 6, Buenos Aires, 2006.

[3] Luego los tres serían condenados por las violaciones de los derechos humanos que cometieron, al igual que los militares que los sucedieron en el poder.

[4] Isabel permaneció detenida y, al ser liberada, en 1981, se radicó en España, donde vive desde entonces. López Rega fue requerido por la justicia cuando volvió la democracia y él se movía entre las Bahamas y Miami. Un juez norteamericano emitió una orden de captura ante los requerimientos de Argentina, López Rega se entregó, fue extraditado y murió en 1989 mientras aguardaba su condena.

Acapulco, se estrelló contra un cerro en el estado mexicano de Guerrero. Su muerte, a los treinta y cinco años, es un misterio hasta el día de hoy.

Los restos de la nave no contribuyeron a que se hallara una explicación convincente sobre las causas del presunto accidente; una parada en Houston, que implicó un cambio en el plan de vuelo, sumó suspicacias.[5] La Agencia Central de Inteligencia (CIA) y la Agencia Federal de Investigaciones (FBI) de Estados Unidos plantearon la hipótesis de que el banquero había simulado su muerte para eludir la responsabilidad por los fraudes sobre los cuales la Fiscalía de Distrito de Nueva York había comenzado a indagar, pero terminaron por descartar la sospecha.[6]

Los Montoneros entraron en pánico. La novedad los sorprendió ya acorralados por la dictadura. Habían concretado más de cuatrocientas operaciones en lo que iba de 1976, con más de trescientas víctimas entre militares, policías y empresarios,[7] pero las pérdidas propias eran muy superiores. Sin los fondos que les proveía Graiver, su capacidad de resistencia iba a menguar más aún. Cuba les guardaba la otra parte del botín, pero el gobierno de Fidel Castro no tenía la misma disponibilidad para facilitarles el dinero.

La codicia y la tozuda determinación de librar una lucha desigual, que desnudaba sus debilidades operativas, los había empujado a un abismo.

Difícilmente pudieran aducir sorpresa. La vida al límite del banquero siempre había sido motivo de debate y de preocupación para la cúpula.

Pocos meses antes de su muerte, Graiver había recibido a Magario en Punta del Este:

—La evaluación de la conducción es que conviene que te mudes a Alemania occidental, lejos de las operaciones de la CIA —le dijo.

El banquero despreció el comentario:

—Hummm... no, no creo.

---

[5] En el libro *David Graiver, el banquero de los Montoneros*, Juan Gasparini lanza la teoría de que fue asesinado por alguna agencia de seguridad de Estados Unidos.

[6] Mochkofsky, Graciela, *Timerman*, Buenos Aires, Planeta, 2013, p. 259.

[7] R. Gillespie, *op. cit.*, p. 288.

LOS MILITARES SE LANZAN A LA BÚSQUEDA DEL TESORO

—¿Qué? ¿Por qué?

—Mi padre no se adaptaría a vivir en Alemania.

Como aún no contaba con la residencia permanente en Estados Unidos, viajaba con frecuencia a México. Pronto —esperaba— iba a recibir la Green Card (el permiso de estancia y de trabajo para extranjeros) que le permitiría moverse menos.

—Pueden estar tranquilos —cerró Graiver.

Magario se despidió con la convicción de haber hecho lo correcto. «Lo mataron, pero yo cumplí. Le di el alerta en nombre de la organización», dijo.[8] Fue una de sus últimas misiones como jefe de Finanzas; poco antes de la muerte de Graiver, Magario dejó su lugar a Juan Gasparini.[9] Un tal doctor Paz cobró los últimos intereses.

Según Rodolfo Galimberti, Graiver alcanzó a entrenar a Gasparini en Nueva York para que —en representación de las acciones que compraría con el dinero de los Montoneros— ocupara un lugar en el directorio del banco que planeaba adquirir.[10] Habían desarrollado una relación estrecha y cordial.

Con la muerte del banquero los guerrilleros mostrarían una cara menos amable.

---

[8] Entrevista con la autora.

[9] A diferencia de Magario, Gasparini nunca admitió haber tenido cargos en la organización. Cuando declaró en el juicio por las violaciones de los derechos humanos ocurridas en la ESMA, donde estuvo detenido y fue torturado, admitió que había militado por la revolución en los años setenta, pero sin brindar precisiones. En la versión de Gasparini, tanto el doctor Peñaloza como el doctor Paz fueron personajes que inventó el represor a cargo de la policía de la provincia de Buenos Aires, Ramón Camps. Su relato contradice la versión de los demás protagonistas. Papaleo, Fanjul, Isidoro Graiver y Gesualdi señalaron ante el general Oscar Gallino —el oficial superior preventor del Consejo de Guerra Especial que los interrogó durante la dictadura— que los interlocutores de los Montoneros con el grupo se habían presentado bajo esos nombres. Los familiares de Graiver dieron ese primer testimonio sin observancia de las garantías constitucionales y después de que los sometieran a tortura, y lo ratificaron en el juicio civil que se desarrolló en democracia, después de que la Corte Suprema de Justicia dejara sin efecto el fallo militar. Por otro lado, tanto Magario como Galimberti y otros dirigentes afirmaron que Gasparini había ocupado el cargo de secretario de Finanzas.

[10] Declaración judicial de Galimberti del 12 de junio de 1990, en la causa N.º 41.811.

El doctor Paz se presentó en las oficinas de EGASA en Buenos Aires. Fanjul, quien recibía las condolencias en nombre de la familia, se sobresaltó. Se suponía que nunca se verían allí.

Parecía nervioso. La mujer lo llevó a una oficina apartada para que pudieran conversar. Cerró la puerta.

—Para nosotros es una pérdida irreparable —dijo el enviado de los Montoneros.

—Sí, sin duda. Muchas gracias. Se lo transmitiré a la familia —abrevió Fanjul. Esperaba que la conversación avanzara hacia su objetivo real.

—Comprometido con los intereses nacionales, era el hombre de recambio de la burguesía nacional... —continuó su elegía el doctor Paz.

—Sí. Sí —repitió ella, desconcertada.

Así terminó el preámbulo:

—Un hombre de palabra, fiel a sus compromisos. Que, por cierto, no prescriben con su muerte. ¿Verdad? Si ustedes quieren corroborarlo, tenemos los documentos —soltó por fin.

A nadie le convenía que los militares conociera el origen de los fondos que había llevado a Estados Unidos, interpretó Fanjul.

En Acapulco, todavía aturdida por la muerte de su marido, Papaleo recibió una llamada amenazante: seguramente sabía —escuchó— que Dudi administraba diecisiete millones de dólares que pertenecían a los Montoneros.

—Parece que David le debía mucha plata a los muchachos —le comentó Gesualdi, quien la ayudaba con los trámites en México.

—¿A los muchachos?

—Sí, a los *montos*...

De regreso en Buenos Aires, la viuda corroboró con Rubinstein la existencia de negocios con los Montoneros. Presintió que la historia del botín caería sobre ella como el rayo que supuestamente había destrozado el avión en el que viajaba su marido.

Desesperada, Papaleo movió sus contactos para pedir una audiencia con Videla. Le quería explicar que ella nada supo hasta que resultó demasiado tarde. El dictador nunca la recibió.

LOS MILITARES SE LANZAN A LA BÚSQUEDA DEL TESORO

Se encontró entre fuego cruzado. Jacobo Timerman le exigió de mala manera que transfiriera las acciones ocultas que su marido poseía del diario *La Opinión*. Quería impedir que la quiebra del grupo Graiver lo arrastrara. Las Fuerzas Armadas asediaban como buitres sus bienes y las acciones de Papel Prensa, la fábrica de papel para diarios en la que era socio del Estado. En Estados Unidos la obligaron a firmar un documento para que respondiera con sus bienes por la caída del American Trust Bank.

El despojo comenzó por Papel Prensa. En noviembre de 1976, Papaleo y la familia Graiver vendieron bajo presión su parte a los grandes diarios *La Nación*, *Clarín* y *La Razón*. Mientras intentaba complacer a los militares, Papaleo esquivaba a los Montoneros, con un lógico temor a que la relación que habían entablado con el banquero se hiciera visible. Pero el doctor Paz se presentó otra vez en las oficinas de EGASA en diciembre de 1976. Cansado de las dilaciones, exigió un encuentro cumbre con todos los Graiver.

La viuda sintió miedo. No podía negarse. Procuró un lugar discreto, le pidió a Gesualdi que le prestara su apartamento.

Llegó a la cita con su cuñado Isidoro; Juan, el suegro, prefirió no asistir. Dos montoneros los esperaban en la esquina. Subieron en el ascensor todos juntos; Papaleo abrió la puerta. Cuando se sentaron en la sala, les ordenaron que clavaran la mirada en el suelo. No querían que se familiarizaran con el rostro de sus interlocutores. Había otro hombre que apenas abrió la boca.

El doctor Paz reclamó el pago inmediato del total adeudado: diecisiete millones más los intereses, que corrían mientras ellos conversaban.

—Nosotros confiamos en David. Ahora necesitamos el dinero —explicó.

Isidoro respondió que no disponían de esa suma en efectivo:

—Vamos a cumplir, pero nos va a llevar un tiempo la venta de las empresas para conseguir los fondos.

—La organización no dispone de tiempo.

Aunque habían documentado la entrega del dinero a Graiver, en las nuevas circunstancias exigían obligaciones negociables como garantía adicional.

En el momento de mayor tensión, el doctor Paz advirtió que la vida de los herederos podía correr peligro. La amenaza se proyectó sobre la hija de Papaleo, de apenas un año, cuando mencionó su nombre: María Sol.

—Ahora nosotros nos vamos, y ustedes esperan quince minutos para salir —les ordenó.

No hubo más encuentros.

Los Montoneros nunca pudieron recuperar ese dinero. La información de que Graiver manejaba fondos de la guerrilla peronista ya se había filtrado, y eso dejó a los herederos del banquero aun más vulnerables a la voracidad de las Fuerzas Armadas.

Ante la presión de la dictadura, el 26 de abril de 1977 la conducción emitió un comunicado inusual, en el que por primera vez admitió su vínculo comercial con Graiver. No obstante, desmintió que hubiera perdido el acceso a los fondos.

> *El principal aporte, aunque no el único, que recibió el Partido Montonero fueron los 60 millones de dólares pagados por el monopolio internacional Bunge y Born a cambio de la excarcelación de sus dueños. [...]*
>
> *Los fondos que el Partido Montonero había viabilizado a través de David Graiver no cayeron en manos de la dictadura. Estos fondos están en lugar seguro, aunque bloqueados temporalmente.*
>
> *Con el paso del tiempo, el Partido Montonero los recuperará. [...]*
>
> *LIBERACIÓN, PATRIA O MUERTE, ¡VENCEREMOS!*

Para los herederos de Graiver, el calvario recién comenzaba.

A comienzos de marzo de 1977, Papaleo y todo su entorno —unas veinte personas en total, incluidos el hermano, las secretarias y el sastre del banquero— cayeron en una redada del circuito que controlaba Ramón Camps, el general antisemita que comandó la Policía Bonaerense bajo las órdenes de Guillermo Suárez Mason, el jefe del Primer Cuerpo de Ejército.

LOS MILITARES SE LANZAN A LA BÚSQUEDA DEL TESORO

Isidoro Graiver, Papaleo y Timerman fueron sometidos a prolongadas sesiones de torturas a cargo del comisario Miguel Etchecolatz, la mano derecha de Camps. En otra derivación perturbadora del caso, Etchecolatz trabajaría años más tarde como custodio de Jorge Born.[11]

El mismo sector de las Fuerzas Armadas secuestró poco después a Timerman, el director del diario *La Opinión*. Graiver había invertido dinero en el diario antes de cerrar su acuerdo con los Montoneros y no existía evidencia de que el periodista hubiese estado al tanto de la relación comercial entre ellos, pero la persecución también cayó sobre él. El secuestro del periodista, por su gran prestigio, causó consternación en el mundo. Al cabo de cuarenta días, Videla ordenó a Suárez Mason que blanqueara su detención. Así y todo, Timerman debió soportar treinta meses de cautiverio antes de partir al exilio.[12]

Papaleo, los Graiver y todo su entorno padecerían un encierro todavía más prolongado y el despojo de todos sus bienes.[13]

---

[11] Al igual que otros represores liberados durante el gobierno de Raúl Alfonsín por la Ley de Obediencia Debida, había fundado una empresa de seguridad privada. Entre sus clientes se contaba la familia Born. Hugo Alberto Guallama, el chófer de Etchecolatz en los viejos tiempos, llevaba y traía a Matilde, la viuda de Jorge Born II. El ex torturador se ocupaba en persona de la custodia del director de Bunge y Born, quien se había mudado a la ciudad de Buenos Aires. Solían conversar sobre los Montoneros. A Born le intimidaba la ferocidad con que su custodio se expresaba sobre la represión ilegal.

[12] Timerman relató su cautiverio en el libro *Preso sin nombre, celda sin número*, un texto que durante la dictadura circuló en fotocopias clandestinas, como ocurría con la «Carta Abierta de un escritor a la Junta Militar» que alcanzó a escribir Rodolfo Walsh como un grito de denuncia. En el año 2000, poco después de su muerte, Ediciones de la Flor lo editó en Argentina gracias al impulso de Héctor Timerman, uno de sus hijos. Héctor también se había dedicado al periodismo, hasta que se sumó al gobierno de Cristina Fernández de Kirchner, fue embajador en Estados Unidos y luego canciller.

[13] Lidia Papaleo, su hermano Osvaldo, Juan Graiver y Eva Gitnacht (los padres del banquero fallecido), Isidoro Graiver (hermano del banquero fallecido), Rafael Ianover (directivo de Papel Prensa en representación del Grupo Graiver), Silvia Fanjul (la empleada de confianza) y Lidia Gesualdi (la secretaria) fueron torturados y juzgados sin derecho a defensa por un Consejo de Guerra Especial. La condena para la mayoría de los acusados fue de quince años de prisión (a Fanjul le impusieron siete, por encubrimiento), un pla-

Los militares decían que libraban una guerra contra la subversión para defender los valores occidentales y cristianos en Argentina. Aunque manejaban los resortes del Estado, no respetaban las normas más elementales.

Torturaban y mataban sin que quedara registro de sus acciones. Miles de hombres y mujeres, en su gran mayoría jóvenes —guerrilleros, simpatizantes, activistas, críticos de la dictadura, espíritus libres—, fueron secuestrados por militares y fuerzas de seguridad civiles que los arrancaban de la calle o de sus casas sin órdenes escritas ni causa fundamentada. Su rastro se perdía para siempre; solo en casos excepcionales recuperaban la libertad o se les legalizaba como «detenidos a disposición del Poder Ejecutivo Nacional». Al periodista José Ignacio López, que en diciembre de 1979 se atrevió a preguntar por la suerte que corrían, Videla le respondió: «Es un desaparecido, no tiene entidad. No está ni muerto ni vivo, está... desaparecido».

Desde entonces, a las víctimas de la dictadura argentina se las designa como los «desaparecidos»; nunca se pudo establecer su número preciso.[14]

Los represores también solían quedarse con los bienes de sus víctimas y hasta con sus hijos pequeños o nacidos durante el cautiverio de las madres. En el caso de los Montoneros, tanto el Ejército como la Arma-

---

zo que solo sería revisado por un tribunal civil ya en democracia, en 1983. Los militares también intervinieron las empresas del grupo y las transfirieron sin compensación a la Comisión Nacional de Responsabilidad Patrimonial (CONAREPA), bajo su control. Jorge Rubinstein, mano derecha de Graiver en los negocios y el hombre de contacto para los Montoneros, murió en el centro clandestino de Puerto Vasco por los efectos de la picana eléctrica. Aunque los militares procuraron adulterar la causa de la muerte, una sentencia de 2012 expuso la verdad y estableció la responsabilidad de sus torturadores.

[14] La Comisión Nacional sobre la Desaparición de Personas (Conadep), creada por Raúl Alfonsín tan pronto se recuperó la democracia, documentó 8.961 casos. Con los años, más familiares de las víctimas se animaron a denunciar sus casos, y la cifra de la Secretaría de Derechos Humanos se elevó a 13.000 en 2003. Los principales organismos de derechos humanos de Argentina, Madres y Abuelas de Plaza de Mayo, sostuvieron desde el comienzo de su lucha por la verdad y la justicia que los desaparecidos habían sido 30.000, aunque no cuentan con un registro con la identidad de dicha cantidad de víctimas.

da se entusiasmaron con la posibilidad de recoger unos millones que —fortuna adicional— nadie podía reclamar. Pero no fue un esfuerzo conjunto: generales y almirantes salieron a competir por el botín.

Se interesaron con sevicia en la pista cubana. A dos días de la muerte de Graiver, Crescencio Galañena Hernández y Jesús César Arias, empleados administrativos de la embajada de Cuba en Buenos Aires, fueron secuestrados al salir de ella. Los llevaron al centro clandestino de detención Automotores Orletti, donde se concentraba a los apresados como parte del Plan Cóndor, el operativo que coordinó la represión y el intercambio de desaparecidos entre las dictaduras de América Latina. En Automotores Orletti, bajo la conducción de la Secretaría de Inteligencia del Estado (SIDE) y con la colaboración de inteligencia del ejército, torturaron y mataron a los cubanos.

Un sobre con las credenciales de Arias y de Hernández llegó a la agencia de noticias Associated Press, junto a una nota supuestamente escrita por los diplomáticos: «Nosotros hemos desertado». La Cancillería argentina certificó los documentos.

Cuba nunca presentó una queja formal. La dictadura dio por cerrado el asunto. Décadas más tarde, el hallazgo de los cuerpos de los diplomáticos[15] comprobó que la deserción había sido una mentira. Pero no se despejó el misterio que rodeó a esas muertes: ¿sus torturadores habían buscado información sobre el dinero enviado en valijas diplomáticas hacia La Habana? ¿Y el gobierno de Fidel Castro había callado para no revelar su intromisión en asuntos de otro país?

El marino Massera, de grandes ambiciones políticas, aventajaba a sus competidores del ejército en la pesquisa sobre los fondos de la Operación Mellizas.

---

[15] Los cuerpos de Hernández y de Arias aparecieron en tambores metálicos de 200 litros, enterrados en cemento. El Equipo Argentino de Antropología Forense los identificó en 2012 y 2013, respectivamente.

La represión se organizó por armas y por zonas geográficas. La mayoría de los «chupados» —como se llamaba a los capturados por el terrorismo de Estado— de la Columna Norte cayeron en la Escuela de Mecánica de la Armada (ESMA), una propiedad de 17 hectáreas en la avenida del Libertador al 8100, en el límite de la ciudad de Buenos Aires. En el predio funcionó uno de los centros clandestinos de detención más importantes de los 340 que se habilitaron en comisarías, cuarteles y espacios ad hoc.

Allí mismo, los cadetes de la ESMA veían *La batalla de Argel* como parte de su formación. Aquella película que tanto habían valorado los guerrilleros se proyectaba en los cursos sobre contrainsurgencia, donde preparaban a los jóvenes para que salvaran a la patria como secuestradores, torturadores y asesinos.

Entre los que fueron vistos en ese centro clandestino por última vez se cuenta Norma Arrostito, la mujer que participó en el secuestro del general Pedro Eugenio Aramburu. El 2 de diciembre de 1976, el ejército informó:

> *El Comando de la Zona 1 informa que como resultado de las operaciones de lucha contra la subversión en desarrollo [...] fue abatida la delincuente subversiva Esther Norma Arrostito de Roitvan, alias «Norma», alias «Gaby», una de las fundadoras y cabecillas de la banda autodenominada Montoneros.*

En realidad, Arrostito había sido detenida con vida. Permaneció en la ESMA desde enero de 1977 hasta el 15 de enero de 1978. La exhibían como un trofeo para minar la resistencia de los demás secuestrados —era un emblema de la lucha guerrillera—, la mantenían con grilletes en los tobillos, la torturaban. Según los sobrevivientes que la vieron, los represores la mataron el 15 de enero de 1978 con una combinación de drogas inyectable.

En los operativos clandestinos además se capturaba material valioso, como un juego de diapositivas y el guión del audiovisual sobre el secuestro de los Born que Quieto había elaborado con la División de Prensa de los Montoneros. En la ESMA algunos militantes montoneros, a cambio de sus vidas y de mejores condiciones de detención, se vieron forzados a cooperar con los marinos en tareas como falsificar documentos, procesar fotografías o reunir información de prensa.

Gasparini narró en su libro *Montoneros, final de cuentas* que desde que lo detuvieron en la ESMA en enero de 1977 y hasta su liberación, más de un año y medio después, fue torturado y obligado a realizar trabajos forzados.[16] En los interrogatorios, los marinos insistían en un punto: las inversiones de los Montoneros en Cuba, sus negocios con Graiver y la identidad de los doctores Paz y Peñaloza. Massera no dejaba pasar una pista que lo pudiera acercar al botín de los Born.

Pablo González Langarica, ex integrante de la Secretaría de Relaciones Exteriores de los Montoneros y alguna vez enlace de la Conducción Nacional en misiones reservadas, percibió la avidez del almirante. No le resultó difícil, dado que la mayor parte de las preguntas de sus torturadores apuntaban a las presuntas cuentas de la guerrilla en el extranjero.

González Langarica pensó que había encontrado la manera de salvar la vida.

—Sé de una caja fuerte en un banco en Zurich. No sé qué hay dentro. Pero lo más probable es que sea dinero... —tentó a sus carceleros.

Los marinos exigieron detalles.

—Una vez metí un maletín bastante grande que me habían dado, pero no miré qué contenía.

—¿Quién accede a la caja?

—Yo. No sé quién más... Si la quieren abrir, me tendrían que llevar.

Los marinos secuestraron a la mujer de González Langarica y a sus dos hijas, de cuatro y de dos años; mientras durase el viaje, quedaban de rehenes. Como si su familia no fuera garantía suficiente, González Langarica partió con una pierna enyesada para reducir su movilidad y evitar que intentara fugarse.

Los represores Miguel Ángel Benazzi, Alberto Eduardo González y Frimón Weber se embarcaron con él en un vuelo directo a Madrid.

---

[16] Gasparini se exilió en Ginebra, Suiza, en 1980, y desde entonces trabaja allí como periodista.

Pasaron la noche en un hotel en las inmediaciones del aeropuerto de Barajas y al día siguiente volaron a Zurich.

El empleado del banco le entregó las llaves, sin sospechar nada extraño. En el segundo sótano, el prisionero de Massera abrió la caja fuerte. Benazzi sacó el maletín de cuero negro. Sonrió al abrirlo. Contenía 1,4 millones de dólares.

Los cuatro juntos regresaron a Madrid. Los represores le exigieron a González Langarica que diera una conferencia de prensa ante los medios españoles para anunciar que dejaba la organización por diferencias políticas.

Decoraron el salón con una bandera de los Montoneros. Benazzi y González, ambos con la cara tapada para simular que eran otros guerrilleros que también rompían con la cúpula, flanquearon al secuestrado. González Langarica leyó un documento y los encapuchados respondieron las preguntas de los periodistas, quienes enseguida sospecharon que se trataba de una farsa.[17]

Desde finales de 1976, los dirigentes de mayor jerarquía en la organización habían abandonado Argentina. Muchos salieron por Uruguay y pasaron por Brasil. Los más encumbrados siguieron hacia Europa con el fin de «lanzar un espacio político exterior», decían, que diera «cobertura» a los militantes que resistían en Argentina. Otros murieron en esa resistencia.

El poeta Francisco Urondo, que había organizado la conferencia de prensa cuando Born recuperó la libertad, fue emboscado el 17 de junio de 1976. La Conducción Nacional lo había degradado por cuestiones

---

[17] Tras la conferencia de prensa, los marinos le plantearon una nueva exigencia: que les diera los datos que conociera sobre los proveedores de armas de los Montoneros en Europa. González Langarica entregó un cargamento que ya se había acordado con un traficante de origen árabe. Al cabo de siete meses se reencontró con su mujer y sus hijas en París.

de su vida privada: vivía con la montonera Lili Mazzaferro cuando se enamoró de Alicia Cora Raboy. Lo mandaron a Mendoza, provincia de altísimo riesgo por el despliegue militar y porque él era conocido allí. A las pocas semanas, lo atraparon en la localidad de Guaymallén. Cayó en una «cita envenenada», como se nombraba a las que alguien había «entregado».

Urondo había acudido a un «control», como llamaban a los encuentros rutinarios fijados para que la comunicación fluyera entre los militantes clandestinos. Las normas de seguridad establecían que, antes de conversar sobre cualquier otra cosa, debían «armar el minuto»: dedicar algunos los segundos iniciales de la charla a inventar una historia acerca de quiénes eran y qué hacían juntos para que no tuvieran inconsistencias en caso de ser interrogados por la policía.

Los militares, a su vez, tenían sus procedimientos. Cuando capturaban a un militante solían interrogarlo bajo tortura hasta obtener información precisa de los controles; luego trasladaban al prisionero al lugar en la hora convenida y se ocultaban. Atrapaban a la persona que acudía sin darle tiempo a nada más. Así caían, en cadena.

Urondo llegó al lugar señalado en un Renault 6 en el que iba junto con Raboy, la hija de ambos de once meses y otra militante, Renée Ahualli. Cuando advirtió que su cita se había presentado con compañía, dijo a su mujer que había tomado la pastilla de cianuro —no se sabe si lo hizo o no— para que ella huyera enseguida; los represores se acercaron y le dispararon a corta distancia.[18]

También Rodolfo Walsh había muerto, acorralado por oficiales de la Marina en un barrio de la ciudad de Buenos Aires el 25 de marzo de 1977. Había marcado, al igual que Quieto, sus discrepancias con el rumbo que iba tomando la organización. Objetaba el militarismo y el ideologismo de la Conducción Nacional. A comienzos de ese año escribió

---

[18] Raboy fue atrapada y está desaparecida; Ahualli logró escapar de la escena; la niña —Ángela, hoy una artista plástica, autora de *¿Quién te creés que sos?*, una exploración de su identidad— se salvó porque la madre la arrojó en brazos de un mecánico que reparaba un coche en su taller.

—entre otros documentos difundidos luego como *Papeles de Walsh*— una propuesta de descentralización de Montoneros para resistir a la dictadura.

Cuando lo cercaron llevaba consigo copias de su *Carta abierta de un escritor a la Junta Militar*, una denuncia sobre la represión ilegal de la dictadura, que echó en distintos buzones de correo para que llegaran a la prensa, en especial a las agencias extranjeras. Se defendió con un arma de calibre bajo y llegó muerto a la ESMA, donde algunos sobrevivientes vieron su cadáver.

En Roma, Firmenich, Fernando Vaca Narvaja y Roberto Perdía difundieron que la dictadura violaba los derechos humanos y tendieron una red de contactos para intentar compensar su creciente debilidad interna. En España se encontraron con Felipe González, figura ascendente del Partido Socialista Español (PSOE); en el Líbano se entrevistaron con el líder palestino Yassir Arafat, un antiguo contacto de Galimberti. Establecieron dos oficinas de prensa, una en México y otra en Roma. En su recorrido internacional, minimizaban las grandes pérdidas que padecían en Argentina. El terrorismo de Estado había causado una sangría descomunal entre sus militantes.

En un gesto ilustrativo de la impunidad con que se movía, el general Leopoldo Fortunato Galtieri, a cargo del Segundo Cuerpo del Ejército, creyó que daría el golpe de gracia si asesinaba a la cúpula guerrillera, que se encontraba radicada en La Habana, Cuba, pero viajaba con frecuencia a México, donde la podían atrapar.

El secretario general de los Montoneros en Rosario, Tulio «Tucho» Valenzuela, había caído secuestrado junto con su pareja, Raquel Negro, embarazada de mellizos, y el hijo de ella de dos años. Galtieri los mandó a la Quinta de Funes, un centro clandestino de detención donde ensayaba, como Massera en la ESMA, experimentos para que sus víctimas cooperasen.

Valenzuela recibió una propuesta: viajar al Distrito Federal (DF), la ciudad capital de México, con oficiales del Ejército y de la Inteligencia

LOS MILITARES SE LANZAN A LA BÚSQUEDA DEL TESORO

encubiertos y entregar a la Conducción Nacional en bandeja de plata. Una vez logrado el objetivo, su familia —que mientras tanto quedaba como rehén de Galtieri— se reuniría con él.

Valenzuela simuló que aceptaba. Custodiado por el teniente Daniel Amelong, los agentes Rubén Fariña y Jorge Cabrera y otro montonero que colaboró, Carlos Laluf, voló primero a Río de Janeiro.[19] Al día siguiente tomaron un vuelo a México, con escalas en Caracas y en Guatemala. Los cuatro ingresaron en el DF con documentos falsos; la dictadura militar no había informado de la misión al gobierno mexicano del presidente José López Portillo. En la jerga, era una operación «a la zurda».

Para no despertar sospechas, los argentinos se separaron tan pronto pisaron el aeropuerto. Valenzuela prometió que acudiría con novedades al hotel Mayaland, ubicado a una cuadra del paseo de la Reforma, donde se alojaron los agentes de Galtieri. Apenas pudo, le reveló la verdad a Miguel Bonasso, el primer dirigente montonero con el que contactó.[20]

Al saber que los perseguían, Firmenich, Vaca Narvaja, Perdía y Horacio Mendizábal se resguardaron en la embajada de Cuba en el DF. Desde allí —y antes de volar clandestinos hacia La Habana, en una operación que realizó Galimberti— le ordenaron a Valenzuela que diera una conferencia de prensa en la cual revelara los detalles de la maquinación de Galtieri y que denunciara los secuestros y tormentos en la Quinta de Funes.

Galimberti organizó el 18 de enero de 1977 un encuentro semiclandestino con periodistas mexicanos en un centro cultural. Valenzuela tomó la palabra: «Vine enviado a México por la Junta Militar argentina para infiltrarme entre los exiliados y colaborar en el asesinato de sus

---

[19] La información fue tomada del *National Security Archive*, del documento titulado: «1978: Operación Clandestina de la Inteligencia Militar Argentina en México», *National Security Archive Electronic Briefing Book No. 241*, Carlos Osorio, ed., y Jesse Franzblau.

[20] Miguel Bonasso relató la Operación México en su novela *Recuerdo de la muerte*, Buenos Aires, Planeta, 1994 (edición definitiva).

dirigentes. Mi esposa Raquel Negro, embarazada de seis meses, y mi hijo Sebastián quedaron en Argentina en calidad de rehenes».[21]

Y con la voz quebrada completó: «Comprendo que la decisión tomada es muy difícil, pero quiero salvar algo más trascendente que mi vida y la de mi esposa…».

Para darle credibilidad a su relato, contó que su persona de contacto —Laluf— estaba alojada en la habitación 404 del hotel Mayaland bajo el nombre falso de Daniel Vila. Las autoridades mexicanas lo detuvieron, junto con su compañero de cuarto, el teniente Amelong.

En los interrogatorios admitieron que habían viajado para realizar tareas de inteligencia, pero señalaron que su propósito era capturar a los integrantes de la cúpula cuando regresaran a Buenos Aires y desmintieron que estuviera en sus planes asesinarlos en México. Los otros dos agentes que formaban parte de la misión se refugiaron en la embajada argentina en el DF. Los cuatro terminaron expulsados.

Valenzuela también había proporcionado el teléfono de la Quinta de Funes en la que su familia permanecía detenida. El periodista Germán Ramón Navas, del periódico *Unomásuno*, tomó nota y llamó para verificar la información.

Lo atendió Galtieri en persona. Entre sorprendido y molesto, le respondió con malos modales: «Yo no tengo control de mis agentes fuera del país».

La Operación México resultó un papelón para los militares que la habían planificado, pero la Conducción Nacional no le agradeció a Valenzuela su coraje. Al contrario, en febrero lo sometió a un «juicio revolucionario» en La Habana, adonde había sido trasladado bajo un régimen de libertad vigilada hasta que se aclarara su situación. A pesar de que estuvo dispuesto a elaborar una autocrítica, el tribunal lo encontró culpable de «traición, delación e instigación». Recibió una degradación de cuatro rangos, de mayor a subteniente, y le impusieron un tiempo de «reeducación».

---

[21] El periódico *Unomásuno* publicó una crónica al día siguiente, el 19 de enero de 1977, con el título: «La junta argentina envía agentes a México para asesinar a dirigentes exiliados».

LOS MILITARES SE LANZAN A LA BÚSQUEDA DEL TESORO

Parecía una parodia. Los jefes del tribunal eran Firmenich y Perdía. Acusaban a Valenzuela de haber «colaborado con el enemigo para infiltrar la organización con objeto de asesinar a Firmenich». Quienes eran jueces y parte involucrada estaban con vida gracias a que el acusado había engañado a sus captores (los mismos que tenían de rehén a su mujer embarazada y al niño). Así y todo, concluyeron que no podían permitir que los militantes se lanzaran a negociar, cada uno según su criterio, intercambios con el enemigo.

Valenzuela regresó a Argentina en condiciones de mucho riesgo, durante lo que se conoció como la Contraofensiva Revolucionaria. La conducción en el exilio envió a militantes que se hallaban a salvo en el exterior —en dos tandas, ambas masacradas— para combatir en Argentina. A los diez días se halló encerrado por un grupo de tareas de la ESMA. Se tragó la pastilla de cianuro.

A su mujer, tras dar a luz, los militares la habían «trasladado», el eufemismo que encubría la muerte de los desaparecidos. Los bebés fueron robados[22] y el hijo anterior, devuelto a los abuelos.

La Conducción Nacional —que entonces también integraban Mendizábal y Roberto Yäger— se aisló todavía más en Cuba. Tenían muchas facilidades, gentileza del gobierno: casas, coches y hasta una guardería —como llamaron a una suerte de escuela con chicos de todas las edades que se educaban bajo la tutela de militantes montoneros— para los hijos cuyos padres partían a la Contraofensiva.

Aunque el contraste entre sus comodidades y las condiciones desesperantes de los combatientes rasos en Argentina no podía ser mayor, subyacía un problema para la conducción. Había impulsado la Operación Mellizas para procurar la autonomía financiera, pero en los hechos dependía de Castro. El Banco Nacional de Cuba atesoraba las únicas re-

---

[22] La melliza recuperó su identidad en 2012. Como sus padres habían tramitado la adopción de buena fe, conservó su apellido junto con el de sus padres biológicos: se llama Sabrina Gullino Valenzuela Negro. Todavía busca a su hermano.

servas que les quedaban a los Montoneros y toda vez que necesitaban dinero se lo debían solicitar al oficial de Inteligencia Filiberto Castiñeiras, que funcionaba de enlace con las máximas autoridades.

Después de fracasar en el intento de blanquear el dinero por Suiza, a finales de 1975 el gobierno de la isla le había encargado al coronel Castiñeiras que trasladara el dinero a Praga, capital de la entonces Checoslovaquia. Junto con otros funcionarios, transportó los dólares en maletas que ni siquiera se mandaban como envíos diplomáticos: las subían a los vuelos de Czechoslovak Airlines o de Cubana de Aviación directamente a bordo como equipaje de mano.[23] Para borrar el rastro de su origen, el Banco Central checo ingresaba el botín en el circuito financiero de manera paulatina y mandaba giros al Banco Nacional de Cuba.

Filiberto dijo haber recibido en Cuba cuarenta y dos millones de dólares. Sin embargo, a la luz de las pérdidas sucesivas que padecieron los Montoneros antes de llegar a La Habana, parece una cifra demasiado alta.[24] Un punto intermedio la ubicaría entre veinticinco y treinta millones de dólares.

Galimberti quiso conocer el monto del depósito y sumarse a la discusión sobre cómo se distribuía el dinero. Como secretario militar de la Columna Norte había exigido la financiación de un plan de viviendas para los trabajadores y militantes más comprometidos que peleaban por la causa cada día. Le habían respondido con desdén: ¿pretendía crear el

---

[23] Diament, artículo citado.

[24] De los sesenta millones de dólares del botín de los Born, doce se habían extraviado con Graiver, y otros cinco —por lo menos— habían caído en manos de los militares y las fuerzas de seguridad (parte con González Langarica en Suiza, parte en «casas operativas» allanadas). El primer cobro, con certeza, había sido en pesos y se había esfumado a toda velocidad en las obligaciones impagas que arrastraban los Montoneros. Luego gastaron algún dinero en las elecciones de Misiones. Resulta difícil creer que hayan podido preservar cuarenta y dos millones de dólares. En una entrevista para este libro, Magario dijo que a Cuba se habían enviado unos quince millones de dólares. Por módica, tampoco esa cifra resulta verosímil.

Banco Hipotecario Montonero? Esta vez, la Conducción Nacional lo ignoró. La relación con el Loco era cada vez más tensa; además, importaba concentrarse en las acciones con las que se pensaba boicotear el Mundial de Fútbol de 1978.

Como parte de los preparativos, la dictadura había montado una farsa para contrarrestar las denuncias sobre el terrorismo de Estado, la campaña «Los argentinos somos derechos y humanos». Los Montoneros armaron dispositivos contra el ocultamiento de la barbarie represiva.

Desde el exilio, la Conducción Nacional de los Montoneros editó un disco flexible que en una cara contenía instrucciones para los militantes y en la otra rescataba una grabación de «La Montonera», la canción que Joan Manuel Serrat nunca quiso registrar.[25] Poco consiguieron.

El triunfo del equipo nacional en el campeonato mundial —cuya legitimidad muchos ponen en duda por el resultado excesivo de 6 a 0 en el partido clasificatorio de Argentina contra Perú— ayudó mucho más a la causa de la Junta Militar que a los Montoneros.

La derrota más cruenta, no obstante, estaba por venir.

Después del Mundial 78, la Conducción Nacional se dirigió a los militantes exiliados con una oferta que no podrían rechazar: la Contraofensiva Revolucionaria. Aquella en la que murió Valenzuela.

Según la evaluación enajenada de la cúpula, había llegado el momento de pasar de la defensiva estratégica a una serie de acciones que lograrían la recuperación de la iniciativa montonera en la movilización popular. Se realizaron así dos operaciones, la primera en 1979 y la se-

---

[25] La publicación española *Viernes Peronistas*, n.º 3 (diciembre de 2013), rescató la historia del «flexidisco». El texto, que animó la polémica acerca de las razones que llevaron a Serrat a no permitir la difusión de la canción, decía: «Este tema pone de manifiesto los vínculos de Serrat con esa juventud maravillosa que, por entonces, en plena dictadura, ya se había convertido en una juventud maravillosamente armada a la que el cantautor dio apoyo moral y financiero en las épocas más duras, y de lo que no hay por qué avergonzarse».

gunda en 1980, con el nombre pomposo de Campaña de Contraofensiva Estratégica. Ambas fueron una catástrofe política y causaron la muerte o la desaparición de muchos militantes radicados en el exterior que estaban a salvo.

Ante el desastre,[26] el 22 de febrero de 1979, Galimberti encabezó el primer grupo que rompió con la cúpula e hizo pública una disidencia; lo acompañaron, entre otros, el poeta Juan Gelman.[27]

Galimberti y Gelman firmaron una carta en la cual denunciaron «la falta absoluta de democracia interna que sofoca cualquier intento de reflexión crítica» y pidieron, una vez más, que se repartieran los fondos disponibles. El sector se apropió de la caja que manejaba en el momento. Si bien los adversarios internos de Galimberti hablaron de millones, Jorge «el Topo» Devoto —hombre cercano al secretario militar de la Columna Norte— replicó en la biografía de Firmenich que se habían quedado con la módica suma de 62.000 dólares.[28]

Los millones estaban en otro lugar.

La persecución del botín continuaba en 1983, cuando a los militares no les quedó otra opción que iniciar la transición a la democracia. La derrota que había sufrido Argentina en un intento alocado de recuperar por la fuerza la soberanía de las islas Malvinas fue la de ellos también. Galtieri había soñado con ganarle la guerra al Reino Unido para perpetuarse en el poder. Su ilusión costó la muerte de 649 soldados argentinos y significó un gran retroceso en la negociación que se venía llevando por carriles de la diplomacia.

[26] Aunque el resultado de la Primera Contraofensiva fue desastroso en términos de pérdidas de vida —tanto de militantes de base como de cuadros importantes, como Mendizábal—, la cúpula persistió con sus análisis triunfalistas y preparó una Segunda Contraofensiva. Mientras lo hacía, en 1980 se dio otra ruptura, impulsada por el periodista Miguel Bonasso.

[27] Gelman permaneció exiliado en México. Encontró el cadáver de su hijo Marcelo, desaparecido, e identificó a su nieta, Macarena, nacida en cautiverio y apropiada en Uruguay. Recibió el Premio Cervantes y murió en 2014.

[28] Felipe Celesia y Pablo Waisberg, *Firmenich, la historia jamás contada del jefe montonero*, Buenos Aires, Aguilar, 2010, p. 273.

CAPÍTULO XIII

1984

Firmenich: de Ipanema a la cárcel

Jorge Born en São Paulo y Mario Firmenich en Río de Janeiro: los dos vivían en Brasil cuando Raúl Alfonsín se convirtió en el primer presidente que alumbró la democracia en Argentina, en diciembre de 1983.

Alfonsín pertenecía a la Unión Cívica Radical (UCR), un partido que tenía entre sus banderas más tradicionales la defensa de las instituciones. El candidato que resultó ganador cerraba sus actos recitando el preámbulo de la Constitución Nacional y había elegido una campaña que celebraba la vida, en contraste con la oscuridad de la dictadura y la violencia que la había precedido.

A poco de asumir firmó el decreto N.° 158, que ordenó al Consejo Supremo de las Fuerzas Armadas que juzgase a los integrantes de las juntas militares que habían usurpado el poder por los delitos de homicidio, tormentos, privación ilegítima de la libertad y cualquier otro crimen que pudiera surgir durante la investigación.

La medida fue una decisión valiente, ya que la violencia y el miedo seguían frescos y los militares se mantenían como un factor de poder. El presidente creyó que convenía juzgar también —y de manera simultánea— los crímenes de los guerrilleros.

Las acciones de las organizaciones armadas les habían servido de pretexto a los militares para montar un aparato de represión ilegal que había costado la vida de muchos de sus integrantes, fundamentó Alfonsín, pero aun así los jefes, sus principales responsables, debían responder por sus crímenes.

La causa judicial N.º 26.094 referida a la Operación Mellizas se hallaba paralizada. Mario Firmenich había admitido públicamente la autoría del secuestro que había costado por lo menos dos vidas —las del chófer Juan Carlos Pérez y el gerente Alberto Bosch— y, sin embargo, nunca había sido citado a declarar. Podía ser un buen comienzo.

El 7 de marzo de 1984, el fiscal Juan Martín Romero Victorica solicitó la reapertura de la investigación. «El Potro» Romero Victorica había recibido la instrucción de su jefe, el procurador Juan Octavio Gauna, un hombre cercano a Alfonsín. No conocía al presidente ni simpatizaba con los radicales, pero la misión de enjuiciar a las cúpulas guerrilleras le despertaba un entusiasmo especial.

El fiscal había nacido en una familia conservadora. Vivía en un barrio de quintas cercano al regimiento del Ejército de Campo de Mayo, en el Conurbano, con su esposa Inés Aguirre, hija de un general. Era amigo de José Alfredo Martínez de Hoz, quien había sido ministro de Economía durante gran parte de la dictadura, y de algunos represores.[1]

Para activar la causa de Firmenich, Romero Victorica acompañó un ejemplar de la publicación *Evita Montonera* dedicado a la Operación Mellizas y fotocopias de unas páginas de un libro de Andrew Graham-Yooll titulado *Retrato de un exilio*, que había publicado en 1981 en Inglaterra con la editorial Junction Books, y la traducción correspondiente.

---

[1] En septiembre de 2011 debió renunciar a su cargo de fiscal en la Cámara Nacional de Casación Penal para evitar el enjuiciamiento que el procurador general de la Nación, Esteban Righi, había ordenado para evaluar si había sido cómplice de un apropiador de menores durante la dictadura. La denuncia había partido de la joven Victoria Montenegro, quien dijo que Romero Victorica le pasaba a su apropiador, el coronel de la Inteligencia del ejército Herman Tetzlaff —de quien, además, se sospechaba que podía haber matado a los padres de la muchacha—, datos sobre su situación judicial y que le brindó abogados para que lo asesoraran.

El periodista había partido al exilio al poco tiempo de haber acompañado al empresario a la estación de tren de Acassuso, y había volcado en el libro la información que no había podido publicar en Argentina debido a la censura y el miedo. El capítulo que interesó al fiscal, el cuarto, relataba en detalle la conferencia de prensa que había precedido la liberación de Born.

Graham-Yooll seguía desde Londres las noticias sobre el proceso de recuperación de la democracia —que le despertaba entusiasmo, aunque estaba muy lejos de la realidad argentina— cuando recibió una llamada que lo devolvería al centro de la escena con un papel protagónico.

Sin intermediarios, el presidente Alfonsín se puso al habla y le hizo un pedido: «Necesitamos que usted venga a dar su testimonio en la causa que hemos abierto contra Mario Firmenich por el secuestro de los hermanos Born. Se lo pido por el país».[2]

Apenas Graham-Yooll terminó de conversar con el mandatario, su teléfono volvió a sonar. Otra llamada desde Buenos Aires. Romero Victorica sonaba apurado por concretar los detalles de su viaje.

El periodista se había transformado en una pieza clave para la estrategia del fiscal, porque aún no se había podido identificar a ningún otro asistente a la conferencia de prensa. Si aceptaba, Graham-Yooll sería el primero en testificar que Firmenich en persona había dispuesto liberar a Jorge Born en aquella reunión convocada por los Montoneros en la calle Libertad 244.

No sentía simpatía por Firmenich. Pero tampoco le gustó la urgencia del fiscal: «¿Va a ser un juicio justo? Porque solo me voy a prestar a participar si el juicio es justo».

---

[2] Muchos años más tarde, durante una conversación en el patio de su casa, un apartamento sencillo en el sur de la ciudad de Buenos Aires, Graham-Yooll reflexionó sobre el papel que le había tocado: «Alfonsín necesitaba mi testimonio para activar la causa porque quería iniciar los juicios a los militares, y no podía hacer una cosa sin la otra».

Firmenich vivía en el barrio tradicional de Ipanema, aquel famoso por su playa maravillosa y por la *garota* de Vinícius de Moraes.

Brasil aún no había recuperado la democracia plenamente, pero así y todo se había vuelto un refugio más seguro que en otros tiempos. En la misma ciudad que ahora habitaba Firmenich habían caído dos integrantes de la cúpula montonera que también habían protagonizado la Operación Mellizas, Norberto Habegger y Horacio Campiglia (aquel que sintió una epifanía sobre cómo hacer la emboscada cuando observó una poda de árboles). Ambos fueron secuestrados por militares argentinos que contaron para sus procedimientos ilegales con el consentimiento y la cooperación de sus pares brasileños.

Habegger —uno de los jefes montoneros que interrogó a Jorge Born durante su cautiverio—[3] fue detenido en el aeropuerto internacional de Galeão en el año 1978. Dos años más tarde, Horacio Campiglia, alias Petrus —el jefe de Inteligencia de los Montoneros que había dado la información sobre el movimiento de los hermanos—, aterrizó en el mismo aeropuerto proveniente de México.[4] Viajaba con una identidad falsa. Después de la escala en Brasil pretendía reingresar clandestino en Argentina en calidad de jefe de Tropas Especiales de Infantería (TEI) para la Contraofensiva. Lo capturaron en la pista, apenas bajó del avión, y lo llevaron en un carguero Hércules de la Fuerza Aérea sin escalas a un campo de concentración.[5]

---

[3] Del testimonio de Jorge «el Topo» Devoto en una entrevista de septiembre de 2015.

[4] Campiglia se había exiliado con su mujer, Pilar Calveiro, sobreviviente de un centro clandestino de detención, y las dos hijas de la pareja. Calveiro tiene una destacada obra como socióloga. Desde México ha publicado títulos trascendentes sobre la dictadura y la guerrilla en Argentina, entre ellos *Poder y desaparición* y *Política y/o violencia*, en el cual reflexionó acerca de la responsabilidad de la cúpula montonera en el exterminio de sus militantes. Campiglia permanece desaparecido.

[5] En marzo de 2014, el teniente coronel Paulo Malhães confesó ante la Comisión de la Verdad creada por Dilma Rousseff que él había cooperado para entregarle a la dictadura argentina los dirigentes montoneros que se habían exiliado en su país. «Descubrí que había un montón de argentinos paseando por Río de Janeiro, disfrutando de la vida. Mandé a fotografiar a todo el mundo», relató el coronel condecorado por los

Río de Janeiro se había vuelto mucho más acogedor a partir de 1983. El gobernador del Estado, Leonel Brizola, asumido por el voto popular, ofrecía protección a los dirigentes montoneros, con quienes sentía cierta afinidad política.

Tras una larga separación, la familia de Firmenich se había reagrupado primero en México. Su mujer, María Elpidia Martínez Agüero, la Negrita, había permanecido cinco años presa en el penal de Devoto. María Inés, la hija mayor del matrimonio, había vivido durante ese período en Cuba, con el padre y al cuidado de la «guardería de los Montoneros». Mario Javier conoció a sus padres solo entonces: la madre lo había dado a luz en la cárcel y él había crecido en un hogar para huérfanos en la provincia de Córdoba hasta que ella pudo ir a buscarlo. En Río de Janeiro había nacido Facundo, el tercero de los cinco hijos del matrimonio.

A Firmenich no le preocupaban demasiado las causas judiciales que lo pudieran requerir en Argentina. Brasil siempre había tenido una política restrictiva sobre extradiciones y protegía a los padres de sus ciudadanos nativos. Lo había demostrado con Ronald «Ronnie» Biggs, parte de la banda que en 1963 realizó el asalto espectacular al tren postal británico que iba de Glasgow a Londres y robó 2,6 millones de libras esterlinas. Si uno de los autores del llamado Robo del Siglo vivía tranquilo allí, con su novia e hijo brasileño, Firmenich creía que no tenía de qué preocuparse.

Su cálculo falló. Acudió al consulado argentino en Río de Janeiro a solicitar documentos para inscribir a su hijo y quedó detenido.

El 20 de junio de 1984 el Tribunal Supremo Federal de Brasil concedió su extradición a Argentina.

---

militares argentinos. La cooperación que prestaron los brasileños para capturar a quienes regresaban en el marco de la Contraofensiva se conoció como el Operativo Murciélago, una acción específica dentro del Operativo Cóndor, la cooperación entre las dictaduras de América Latina que les permitió perseguir a quienes escapaban a terceros países con los mismos métodos ilegales que aplicaban dentro de sus fronteras.

La decisión contenía dos restricciones: no le podrían imponer una pena mayor a los treinta años de prisión y debía ser juzgado por delitos comunes. No podían acusarlo por haber liderado una organización guerrillera, por portación de armas y explosivos o por falsificación de documentos.

Graham-Yooll supo que el viaje sería complicado desde el momento en que un oficial con acento español se presentó en la redacción de la revista *South*, de la cual era subdirector. Argentina había roto relaciones diplomáticas con el Reino Unido desde la guerra de las Malvinas. La Cancillería había contactado con funcionarios del socialista Felipe González, jefe de gobierno de España, y les había pedido ayuda para el traslado del testigo. El oficial le anunció:

—Debe partir antes de lo previsto.

—¿Por qué? ¿Pasó algo?

—Nada, hombre, no. Un cambio en el itinerario por razones de seguridad.

—Pero tengo un compromiso esta noche.

—Pues cancélelo. Tengo órdenes.

Graham-Yooll había acordado una comida con amigos.

Se las arregló para viajar al día siguiente. Voló de Londres a Madrid, donde lo sacaron del aeropuerto de Barajas sin pasar por Migraciones. Cuatro integrantes de la custodia presidencial de González lo llevaron a un apartamento y le prohibieron que saliera hasta que llegase la hora de embarcar en Aerolíneas Argentinas con destino a Buenos Aires.

Graham-Yooll durmió gran parte del viaje, de unas diez horas, hasta la escala en Río de Janeiro, donde lo escabulleron en un salón VIP con un grupo de agentes de la Secretaría de Inteligencia del Estado (SIDE). Esperó algunas horas; por una amenaza de bomba, Aerolíneas debió cambiar la aeronave de su vuelo a Buenos Aires.

En el aeropuerto internacional de Ezeiza, a los pies de la escalera, lo esperaba Romero Victorica en un Ford Falcon.

La emoción del regreso apabulló al periodista. Volvía a una Argentina en democracia, que todavía parecía frágil. La recepción del fiscal se completaba con una caravana de seis coches aparcados en la pista. Graham-Yooll soltó un comentario sutil: «Les agradezco mucho que se hayan preocupado tanto por mí. No era necesario».

El fiscal había reservado un lugar para alojarlo, pero el testigo lo rechazó e insistió en dormir en el apartamento de un amigo fotógrafo, quien debió acomodar también a los catorce oficiales de custodia permanente que le habían asignado a su invitado.

En el Juzgado Federal N.° 1 de San Martín, a cargo de Carlos Enrique Luft, Graham-Yooll se vio rodeado de coches patrulla y de micrófonos. Recordó que allí mismo había estado detenido en 1976 por haber publicado una entrevista con la cúpula del ERP cuando aún vivía su líder, Mario Roberto Santucho.[6] Las circunstancias eran otras, pero tantos guardias de infantería por todos lados le hacían sentir el peso del pasado en lucha con los cambios del presente.

El primer procedimiento fue relativamente rápido: ratificó la autenticidad del capítulo de su libro que relataba cómo había sido la conferencia de prensa de la liberación de Jorge Born y le dejó de regalo un ejemplar autografiado al juez Luft, apodado el Alemán.

Luego, a petición de la defensa, se enfrentó a un careo con el jefe montonero.

Para eso hubo que esperar a que terminase el traslado de Firmenich desde la cárcel hasta el juzgado, acompañado por un dispositivo de seguridad extraordinario.

[6] El 19 de julio de 1976, Santucho se hallaba en una reunión con otros dirigentes del ERP cuando un grupo de represores del ejército irrumpió en el apartamento. Murió baleado, su cadáver nunca apareció. Por esos días, el ERP coordinaba la unificación con los Montoneros con el fin de presentar una resistencia a la dictadura. Santucho iba a salir del país rumbo a La Habana.

Cuando al fin se encontraron los tres, el fiscal tendió una trampa en la que Firmenich no cayó.

—Ustedes ya se conocen, no tengo que presentarlos —dijo.

—No, no lo conozco —respondió, seco y rápido.

Graham-Yooll no creyó que debiera responder, pues no le habían preguntado nada. Pero reconoció en silencio la mentira de Firmenich.

Recordó que habían conversado en un agasajo que los Montoneros habían organizado en 1974, el 7 de junio, día del Periodista en Argentina. Los guerrilleros habían ofrecido empanadas con Coca-Cola, y él había bromeado con el jefe guerrillero acerca de la omnipresencia del capitalismo. Y nunca había olvidado el golpe de adrenalina que lo sacudió durante la conferencia de prensa cuando Firmenich se refirió a «algún necio» que había combinado en la misma lista los muertos por la violencia guerrillera y los muertos por la violencia de la Triple A.

Todos en el despacho, excepto Firmenich, tomaban el mate que cebaba el fiscal. Aunque el jefe montonero sostenía una mirada gélida e intimidante, le resultaba imposible disimular que se hallaba en una situación desventajosa: «Acá se juegan treinta años de mi vida», le dijo a Graham-Yooll cuando el periodista titubeó con un dato.

Sonaba más a un lamento que a una amenaza.

Los abogados de Firmenich cuestionaron el origen de todas las pruebas documentales que presentó Romero Victorica. Lo consideraban sospechoso. El ejemplar de *Evita Montonera* había sido entregado por el Servicio de Inteligencia Naval. Una de las copias del audiovisual de la Operación Mellizas (basado en 144 diapositivas y una cinta magnetofónica) provenía de un allanamiento realizado en la provincia de Tucumán, autorizado en el marco de un expediente caratulado vagamente «Autores desconocidos por tenencia de material subversivo». Una segunda copia había llegado a la embajada de Argentina en Panamá como una aportación anónima.

Pese a que ninguna de las imágenes recogidas por el fiscal mostraba a Firmenich junto a Born, Graham-Yooll reiteró que ambos se habían juntado para un saludo final en el salón y que recordaba bien cuando el jefe montonero anunció que lo iban a liberar.

«Bajo una gran presión, también acepté ir a reconocer la casa de la conferencia de prensa con el juez y el fiscal, antes de regresar a Londres», reconoció para este libro.

Romero Victorica necesitaba más testigos que dijeran lo mismo. Muchos de los corresponsales que habían asistido ya habían dejado el país. Envió exhortos a la Cancillería para que prestaran declaración en las embajadas argentinas.

Claudio Polosecki, que por su cargo de secretario de redacción en la agencia de noticias DyN había tratado con Alfonsín durante la campaña, recibió una llamada de la Casa de Gobierno. El mandatario quería saber si él iba a declarar también.

—No lo sé, doctor… —titubeó. Nunca había compartido la historia de aquella conferencia de prensa, ni siquiera con su familia, por la censura primero y por razones de seguridad en los años que siguieron.

—Yo no tengo dudas, porque vos sos un patriota —lo endulzó Alfonsín.

Polosecki aceptó.

Se reunió por primera vez con Romero Victorica en el café Tortoni, uno de los más tradicionales de la ciudad, cerca de la Plaza de Mayo. Al fiscal le daba curiosidad el periodista, un ex militante del Partido Comunista que desafiaba sus parámetros porque se prestaba a declarar contra Firmenich.

Polosecki puso una condición: «No quiero que me pregunten el nombre de los otros periodistas que estuvieron presentes».

El fiscal accedió, le convenía igual. En la excitación del momento olvidó el expediente en una silla y debió regresar a la cafetería a toda prisa para recogerlo.

Al día siguiente, Polosecki se presentó en el juzgado de San Martín acompañado por su padre, Josué. La diligencia duró todo el día, y el adjunto de Romero Victorica, el fiscal Alfredo Bisordi, que iba y venía con papeles, se cruzó muchas veces con Josué en la antesala.

En un momento se detuvo y le preguntó:

—¿Usted tiene algún parentesco con José Polisecki?

—Soy yo —dijo el hombre, acostumbrado a que en lugar de Josué le dijeran José y a que modificaran alguna que otra letra de su apellido.

—No, no. No puede ser. Me refiero a un chico joven al que mataron en un secuestro. José Polisecki, ¿lo conoce?

—Era mi sobrino.

A Josué le apesadumbró el recuerdo. Ya bastante tenía con la ansiedad que le causaba la declaración del hijo…

Se quedaron conversando. Josué le explicó que, a pesar del parentesco, los apellidos diferían porque, como les había ocurrido a muchos inmigrantes, les habían anotado los apellidos de cualquier manera en el puerto de Buenos Aires, durante los trámites de ingreso en Argentina.

Bisordi justificó su pregunta:

—Un caso muy triste. Fui secretario del tribunal donde recayó.

Por la vida de José Polisecki, el hijo de un rico empresario, sus captores habían exigido un rescate de dos millones de dólares. Antes de que se concretara el pago, el 19 de noviembre de 1974, el cadáver apareció en la Ruta Panamericana, rodeado de panfletos del ERP. La puesta en escena, bastante burda, no desvió la investigación judicial ni confundió a los detectives privados contratados por la familia. Polisecki —se descubrió— no había sido interrogado bajo tortura y baleado siete veces en la cabeza por una organización guerrillera, sino por una banda de espías y de policías ultranacionalistas que realizaban trabajos paralelos por su cuenta.

Una vez establecido el parentesco, Bisordi reveló una coincidencia que al padre de Polisecki lo dejó aturdido:

—En la propiedad de la calle Libertad 244, donde liberaron a Born, donde su hijo fue llevado para la conferencia de prensa… en esa misma casa tuvieron secuestrado y mataron a su sobrino.

La casa pertenecía a Nelson Romero y a su mujer Laura Iche, quienes trabajaban para la SIDE y formaban una banda delictiva con otros espías e integrantes de otras fuerzas de seguridad.

Bisordi y Romero Victorica querían que el dato se conociera: los Montoneros habían dado una conferencia de prensa clandestina en una casa que era propiedad de agentes de la Secretaría de Inteligencia del Estado. Nada podía manchar más la reputación de la organización guerrillera que la simple sugerencia de que, mientras luchaban en nombre de la revolución, mantenían contactos subterráneos con sus enemigos declarados.

Y, más aún, con espías que de paso se dedicaban a secuestros extorsivos que terminaban de la peor manera.

Todas las preguntas que surgían a partir de esa coincidencia resultaban inquietantes.

Las actividades de Romero e Iche fueron uno de los elementos que utilizó el periodista estadounidense Martin Andersen para acusar a Firmenich de haber sido un agente infiltrado en los Montoneros del Batallón de Inteligencia 601 del ejército.[7] En su libro *Dossier secreto* también sostuvo que los dueños de la casa y otro agente habían estado escondidos en la casa de Libertad 244 mientras se desarrolló la conferencia el 20 de junio de 1975.

Ante tamaña acusación, las respuestas de los Montoneros resultaron muy cándidas. Los sobrevivientes de la cúpula afirmaron que el poeta Francisco Urondo y el periodista Luis Guagnini —los responsables de prensa de la organización a cargo de los preparativos, ambos desaparecidos— habían recogido un anuncio en un café de la avenida Maipú, que promocionaba la propiedad como un salón de fiestas de alquiler.[8]

---

[7] En 2010, la presidenta Cristina Fernández de Kirchner ordenó que el ejército desclasificara el listado completo de los agentes que habían integrado el Batallón 601 durante la dictadura. Firmenich no figuraba entre los 4.300 nombres que se difundieron.

[8] Ninguno de los dos sobrevivió a la dictadura para dar testimonio, pero tampoco surgieron versiones encontradas de sus familiares; ni Lucas Guagnini, hijo de Luis, periodista como el padre, ni los familiares de Urondo encontraron motivos para sospechar de la versión oficial de los Montoneros.

—Fue una perra casualidad, que ensucia todo —dijo Perdía.[9]

—¿Cómo se explica una casualidad que mezcla a los Montoneros con agentes de inteligencia en un momento clave?

—Es lo más difícil de explicar para nosotros. Pero ¿cuál sería el sentido de convivencia con los servicios?

Con algunas discrepancias en detalles menores, que Romero Victorica entendió razonables por el tiempo transcurrido, Polisecki y varios corresponsales extranjeros corroboraron la versión de Graham-Yooll sobre el desarrollo de la conferencia de prensa en la calle Libertad 244. Algunos incluso creyeron recordar que Firmenich en persona había presentado a Born.

El juez Luft consideró probado que Firmenich había ordenado que se llevara a cabo la Operación Mellizas, que había conducido interrogatorios a los hermanos en cautiverio, que había liderado la negociación con el padre, Jorge Born II, y que había ordenado la liberación de los secuestrados tras haber cobrado el rescate. También lo consideró autor intelectual de las muertes de Pérez y de Bosch, porque entendió que, si bien no había participado en persona en la emboscada, la planificación del secuestro comprendió la orden de acribillar a quienes viajaran en los asientos delanteros del coche de los Born.

El 19 de mayo de 1987, le impuso a Firmenich la pena de prisión perpetua con reclusión por tiempo indeterminado como coinstigador del delito de doble homicidio agravado por alevosía y con el propósito de facilitar otro delito, el doble secuestro extorsivo.

Por las condiciones en las que había sido concedida la extradición, la pena se limitaba a treinta años de prisión. El tiempo se contaba desde el momento en que había sido detenido en Brasil.

De haber completado los treinta años, no habría salido en libertad hasta el 13 de febrero de 2014 a las doce horas. Pero Firmenich fue liberado mucho antes, gracias a otro servicio que le prestó el botín de los Born.

---

[9] Entrevista con la autora.

CAPÍTULO XIV

1989-1991

Secuestrado y secuestrador, juntos detrás del botín

Jorge Born sintió satisfacción al conocer la sentencia contra Mario Firmenich. Había hecho su aporte, además. Por intermedio de sus buenas conexiones con João Figueiredo, el último presidente del gobierno militar en Brasil, había influido positivamente en el trámite de extradición.

El empresario se encontraba en la cúspide de su carrera, recuperado y pujante. Presidía Bunge y Born desde comienzos de 1987, tras la muerte de Mario Hirsch. Ocupaba el cargo para cual el padre lo había educado y manejaba la fortuna incalculable de una corporación con presencia en los cinco continentes.

No obstante tanto esplendor, se preocupaba por las cuentas que aún tenía pendientes de su pasado, que ya no estaban vinculadas a la justicia: pretendía seguir el rastro del dinero que su padre había destinado a salvar su vida y la de su hermano.

Planeaba regresar a Argentina para resolverlas. Solo aguardaba el momento oportuno.

Raúl Alfonsín le parecía un hombre honesto y de buenas intenciones. Pero no compartía las políticas de su equipo económico ni las ideas de socialdemocracia que pregonaba. Le había hecho llegar algunas propuestas, que cayeron en saco roto. No se entendían cuando hablaban de negocios.

En el plano personal, y también en el corporativo, el panorama cambiaría de manera inesperada con Carlos Menem, el primer peronista que ganó una elección presidencial tras la muerte de Juan Domingo Perón.

Muchas piezas se movieron a la vez y le abrieron a Born el camino para recuperar una parte del botín de los Montoneros. La causa le parecía tan justa que no se detuvo a evaluar si los métodos lo eran también. Se dejó llevar por caminos sinuosos.

Consumido por el caos de una inflación descontrolada, Alfonsín entregó el poder antes del fin de su mandato. Además de la crisis de la deuda externa que atravesaron todos los países de América Latina en la década de 1980, Alfonsín había soportado trece paros nacionales de los sindicatos de extracción peronista y la protesta de los militares que se sublevaron contra el orden constitucional —los «carapintadas»— como reacción a los juicios por las violaciones de los derechos humanos durante la dictadura. Debilitado, promovió las leyes de Punto Final y de Obediencia Debida que acotaron la responsabilidad por la represión ilegal a los jefes que la habían ordenado.

Menem asumió el 8 de julio de 1989, seis meses antes de lo estipulado. Cuando inició su mandato, solo permanecían encarcelados los máximos responsables de la dictadura. Y Firmenich. Los demás dirigentes guerrilleros que habían sobrevivido a la represión ilegal se encontraban prófugos. Unos y otros buscaban un indulto.

Los Montoneros —que en democracia habían abandonado otra vez las armas y habían fundado el Peronismo Revolucionario (PR)— habían apoyado a Menem desde que inició su carrera hacia la presidencia. Con dinero.

Firmenich, Roberto Perdía y Fernando Vaca Narvaja, los únicos dirigentes con acceso al depósito bajo control del gobierno cubano, aportaron algo del rescate de los Born a la campaña del candidato. Se dijo que tres millones de dólares; en una entrevista para este libro, Perdía concedió: «Algo así… aunque no tanto como tres millones».

La apuesta se basaba en las referencias permanentes de Menem a la necesidad de dejar atrás el pasado doloroso de violencia cruzada para dar lugar a la «reconciliación nacional», una quimera que enjugaría los pecados de todos al mismo tiempo y en un único acto.

Los ex jefes guerrilleros confiaban en que sería tan expeditivo y generoso como lo había sido Héctor Cámpora en 1973, al condonar el asesinato de Pedro Eugenio Aramburu a los miembros fundadores y liberar a otra gran cantidad de presos políticos.

Al presidente Alfonsín le habían objetado que iniciara los juicios a militares y a guerrilleros a la vez, como si fueran las dos caras de una misma moneda. Decían que pretendió equipar el accionar de uno y de otro, pasando por alto que ellos se habían rebelado contra un gobierno ilegítimo y que quien maneja los resortes del Estado carga con una mayor responsabilidad si incurre en una conducta criminal.

A Menem, sin embargo, le hicieron saber que no pondrían reparos a un perdón que los colocara en una misma bolsa con los represores y con los «carapintadas» que también se hallaban presos.

A cambio, el Peronismo Revolucionario traería al país los fondos que habían quedado en custodia del gobierno cubano, un «aporte patriótico» al gobierno que amanecía en una coyuntura económica muy complicada.

Nada rebatían.

Aplaudieron, incluso, que Bunge y Born, el grupo al que antaño habían condenado como el enemigo número uno —dueños originarios de aquel dinero que ellos ahora ofrecían—, se sumara al gobierno peronista.

Porque Bunge y Born manejaba, literalmente, la economía del país.

En una alianza sin precedente entre el Partido Justicialista (PJ) y el grupo empresario más poderoso y concentrado de Argentina, Menem había colocado al Ministerio de Economía bajo la supervisión de Jorge Born.

El vínculo entre Menem y Born se había forjado en poco tiempo y en pleno estallido inflacionario. Cuando Alfonsín debió abandonar el poder, el entorno de Menem desesperó, porque no había desarrollado un plan económico para enfrentarse a la crisis. En campaña el candidato se había limitado a repetir un eslogan vago: la «revolución productiva». No tenía la menor idea de cómo dirigir las finanzas del país.

Pero Bunge y Born sí.

Por medio de Néstor Rapanelli, uno de sus principales ejecutivos, presentó ante Menem un plan que contemplaba medidas ortodoxas de ajuste (devaluación de la moneda nacional, baja de los tipos de interés, subida de tarifas, recorte de subsidios y eliminación de impuestos), las demandas constantes de las compañías exportadoras ante los gobiernos. A cambio ofreció, en colaboración con otras cerealeras, un refuerzo de hasta 5.000 millones de dólares para las reservas del Banco Central. Otro «aporte patriótico».

JOSÉ LUIS SOLDINI/ARGRA

Dos directivos de Bunge y Born fueron ministros de Economía del presidente Carlos Menem.

El «aporte» no sería tan «patriótico». Se trataba, en verdad, de un anticipo por liquidación de exportaciones. Apenas un adelanto de las divisas que obtendrían en los meses subsiguientes de sus ventas al extranjero, que alcanzó para que Menem se entusiasmara.

Los principales directivos del grupo debieron sobreponerse a la desconfianza que les despertaba el caudillo de discurso populista, con una inclinación marcada por las fiestas y las mujeres, cuyas patillas enormes le cubrían buena parte de las mejillas. De todos modos, previendo que ese personaje tan excéntrico podía resultar ganador, habían aportado dos millones de dólares a su campaña.

Bunge y Born y los ex Montoneros, ambas puntas de la Operación Mellizas, habían financiado la campaña de Menem. En una muestra de lo que estaba por venir, descubrían intereses en común, en la medida en que se dejaban llevar por el pragmatismo.

Born propuso a Miguel Roig como ministro de Economía, un hombre del grupo, ya jubilado, que con el estrés de la gestión fumaba setenta cigarrillos por día y dormía muy poco. Falleció a los cinco días de haber asumido el cargo.

El presidente mandó llamar de urgencia a Jorge Born, que se hallaba en el país, en su campo en Rufino, provincia de Santa Fe. Desacostumbrado a que otra persona dispusiera de su tiempo, y para peor de modo imperativo, el empresario salió tal como estaba vestido, con una chaqueta de tweed y botas de montar. El fastidio le duraba cuando entró en la Casa de Gobierno con el aspecto de un patrón de estancia.

La reunión fue tensa.

Menem ya no quería a un empleado de Bunge y Born en su gabinete. Lo quería a él. Born se resistió.

—Con mi apellido, todo lo que haga va a afectar a la imagen de la compañía. No puedo arrastrar a todos los accionistas con mis decisiones individuales.

—Pero precisamente el apellido…

—Carlos, tengo un nombre que nos va a gustar a todos.
Born le había hecho una finta veloz.
—Rapanelli —dijo.
—Néstor... —murmuró Menem, casi con asentimiento.
Ya lo conocía. Podía ser una buena solución.
—Necesito unas horas para conversarlo con él —pidió Born.
—Claro —dijo el presidente, y lo ignoró en el instante.

Antes de que el empresario saliera de la Casa Rosada, ya había dado la orden de que anunciaran el nombre del sucesor de Roig.

La alianza tan explícita con Bunge y Born le facilitó a Menem la comunicación clara de sus objetivos en materia económica: lejos de pretender regular a los grupos más poderosos, les entregó el manejo del Estado y la administración de sus bienes.[1] Born ofrecía —además— un atractivo adicional para las metas de su gobierno.

La posibilidad de unir al ex secuestrado con sus antiguos verdugos guerrilleros excitaba a Menem. ¡Qué gran foto de la reconciliación nacional! El abrazo de la víctima con su victimario le serviría para ecualizar el impacto de los indultos que les había prometido tanto a los militares genocidas como a los ex jefes guerrilleros.

Galimberti, por entonces un despreocupado prófugo de la justicia, había coincidido en un restaurante con el titular de la Secretaría de Inteligencia del Estado (SIDE), Juan Bautista «el Tata» Yofre. Desde su mesa le envió una botella del champán más caro de la carta y a las pocas horas le hizo llegar un mensaje por conocidos en común: se encontraba deseoso de ofrecerle sus servicios al presidente a cambio de un indulto y de algo de dinero.

Menem ordenó a Yofre que moviera la primera ficha. El titular de

---

[1] Cuando el Grupo Bunge y Born ya no formaba parte del gobierno, Menem se embarcó en una política muy agresiva de privatizaciones de empresas prestadoras de servicios públicos (telefonía, gas, electricidad y agua, entre otros) y también de la compañía petrolera nacional. El proceso estuvo rodeado de denuncias de corrupción.

la SIDE parecía la figura indicada para la primera aproximación: había sido el primer puente entre el grupo y el gobierno, que llevó a Rapanelli hasta Menem.

Yofre llamó a Jorge Born. Sin preámbulos, introdujo el tema:

—A Carlos le gustaría que usted se reuniera con Galimberti.

—¡¿Con Galimberti?!

Se hizo un silencio que en nada incomodó a Yofre. Esperó unos segundos. Escuchó la pregunta que esperaba:

—¿Para qué?

—Le quiere pedir perdón.

Otro silencio.

—¿Para eso nada más?

—Bueno… —Eligió sus palabras con cuidado, para decir mucho con poco—. También está dispuesto a ayudar, ¿no?

—¿Ayudar…?

—Sí… ayudar con el tema de la causa.

—El tema… —Born también cuidaba las palabras, apenas repetía aquellas que podían darle pie a su interlocutor. Que al fin soltó:

—Por ahí se puede recuperar algo del dinero.

Hubo un último silencio. Born sonreía.

—Entonces, ¡que venga Galimberti!

El empresario suavizó el tono durante el resto de la conversación. El titular de la SIDE no se sorprendió. En realidad casi había contado con la buena voluntad de Born. Conocía su obsesión por recuperar el rescate por José María Menéndez, el Gallego, quien hasta su jubilación había figurado como gerente de la fábrica Grafa. Pero sus tareas más valoradas habían sido otras. En palabras de Born, el Gallego se había ocupado «de las cosas raras» del grupo y de tener bien informado a Mario Hirsch. Era el hombre que lo había recogido en la estación de Acassuso el día que los Montoneros lo liberaron y había organizado la logística del reparto de camiones y después la salida del país de forma clandestina.

Durante el gobierno de Alfonsín, Menéndez había montado una «consultora» a la que proporcionaban datos informantes de muchos ámbitos. Yofre, que en aquel tiempo trabajaba como periodista, le había vendido la suscripción a una *newsletter*, un boletín de informaciones confidenciales. Poco antes de cortar la comunicación con Born, Yofre recordó que el primer encargo de Menéndez había sido un informe sobre los movimientos del dinero de los Montoneros en Cuba.

El titular de la SIDE se despidió con la convicción de que el plan funcionaría. En el contexto de las alianzas que había generado el gobierno, la propuesta de Yofre a Born, lejos de sonar descabellada, encajó a la perfección. Era la pieza que completaba el rompecabezas.

Como no podía utilizar su nombre verdadero, Galimberti se hacía llamar César Shaffer. Más le dolía no tener dinero para sus gustos sofisticados ni influencia política. Extrañaba ambas cosas.

Galimberti comprendió que con Menem se le abría una oportunidad única para volver sobre la pista del botín, que a él también le había obsesionado.

Con Daniel Zverko —un amigo de la adolescencia al que había conocido en el grupo ultranacionalista Tacuara— había intentado robar los intereses que presuntamente la ex cúpula montonera recibía aún en Buenos Aires por el dinero de los Born. Según relató Galimberti a sus biógrafos,[2] en dos oportunidades habían logrado asaltar el camión que salía del aeropuerto de Ezeiza con el dinero, y en cada ocasión se habían quedado con 200.000 dólares.

La historia se corresponde con el perfil del personaje de grandes proezas, mezcla de Rambo con Agente 007, que Galimberti construyó para sí. Sin embargo, no existen indicios de que el gobierno de Fidel Castro continuara enviando remesas de forma regular en el año 1989.

Verdadera o falsa, la anécdota sobre los atracos demuestra que el Loco jamás perdonó que sus ex jefes se hubieran apropiado del dinero en

---

[2] Marcelo Larraquy y Roberto Caballero, *Galimberti*, Buenos Aires, Norma, 2000, p. 434.

Cuba. «Cuando Galimberti rompió [con los Montoneros], uno de sus objetivos era recuperar esa plata. Aunque intentó de todo en Cuba, nunca tuvo acceso», dijo Raúl Magario, quien fuera jefe de Finanzas de los Montoneros durante el secuestro de los Born.

El titular de la SIDE organizó la gran cita el 12 de octubre de 1989 a las diez de la mañana en el hotel Lancaster, un edificio de los años cuarenta con una fachada muy elegante en la esquina de la avenida Córdoba y la peatonal Reconquista. Desde muy temprano, Yofre llenó el lobby con sus hombres.

Galimberti eligió un blazer Príncipe de Gales para reencontrarse con Born. Lo quería impresionar bien, contaba con que el empresario solo lo asociaría a su secuestro.

—Yo vengo acá solo a pedirle disculpas y a ponerme a su disposición porque sinceramente estoy muy arrepentido de lo que hicimos —fue lo primero que dijo mientras extendía su mano—. Un ejército, cuando pierde, tiene que entregar sus armas y declararse vencido. Nosotros no fuimos capaces ni tan siquiera de eso.

Born lo escuchaba entre estupefacto y entretenido: ese lenguaje tan militar… ¿Así que los «chiquilines» se habían creído un ejército?

—No solo nos equivocamos con usted —siguió Galimberti—, también con su compañía, que tanto bien le está haciendo al país.

—Para mí es un asunto olvidado —lo cortó—. Ya pasó mucho tiempo. Pero si es cierto que usted está arrepentido nos puede ayudar con el juicio.

—Estoy a su disposición para lo que necesite.

—Le voy a pedir entonces que se ponga en contacto con mis abogados.

Yofre los observaba sin dar crédito. Había esperado algo más conmovedor, un preámbulo más extendido aun si hubiera sido hipócrita. Pero la víctima y el victimario lo sorprendieron: «¡Enseguida se pusieron a hablar de plata!», recordó.[3]

El ex secretario de la Columna Norte halagó al empresario a la vez que fue al grano:

---

[3] Entrevista con la autora.

—Lo tengo que felicitar. Usted, desde un primer momento, tuvo una actitud de valentía y de coraje fuera de lo común. Además, tuvo razón cuando nos dijo que íbamos a hacer una mala administración del dinero.

Born quiso saber qué pasaba con el capital que estaba en Cuba.

—La cúpula dice que no le devuelven los fondos, pero es una excusa para no devolvérselos a usted —lo azuzó Galimberti.

Aunque de modo tácito, cerraron trato a toda velocidad. El ex montonero conseguiría los testigos que le faltaban a la causa judicial y a cambio obtendría una recompensa. Al empresario le fascinó ese personaje exagerado, que resultó muy eficaz para brindar aquello que prometía.

En cierta medida, el negocio encerraba una reparación emocional para ambos. Born podía recuperar parte del botín que había mortificado a su padre y acaso acelerado su muerte, y Galimberti rompía el cerco que la cúpula había tendido para que él no pudiera acceder al dinero de la Operación Mellizas.

Para asegurarse de si Galimberti podía ayudar, y de qué manera, el titular de la SIDE contactó con el fiscal de la causa del secuestro, Juan Martín Romero Victorica. Si antes había tenido que probar la participación de Firmenich en la Operación Mellizas, le explicó, ahora el gobierno vería con agrado que siguiera la ruta del botín.

¿Había en el expediente alguna prueba del destino de los fondos de los hermanos? Hasta ese momento, replicó el fiscal, no se había seguido el rastro del dinero. No obstante, había una punta por la cual empezar: «La causa Graiver nos puede seguir dando leche», pensó Romero Victorica en voz alta.

Lidia Papaleo e Isidoro Graiver habían recuperado la libertad el 16 de julio de 1983. La Corte Suprema había dejado sin efecto la condena que les habían impuesto durante la dictadura.

Los herederos de Graiver, que lo habían perdido todo por los diecisiete millones de dólares que le habían confiado los Montoneros, iniciaron una segunda batalla judicial para obtener una reparación económica y recuperar los bienes que las Fuerzas Armadas les habían arrebatado.

Tras un fallo favorable al reclamo, Alfonsín firmó en diciembre de 1985 el decreto 2.530/85, que ordenaba la devolución de cuarenta propiedades a la familia y establecía una compensación de ochenta y cuatro millones de dólares a pagar en cuotas por los daños y perjuicios sufridos.

Como la principal beneficiaria resultó ser María Sol Graiver, la única hija del matrimonio, Alejandro Molina intervino en calidad de asesor de menores.

En aquel momento fue el único que advirtió que la historia se podía reabrir.

«No puedo pasar por alto la sospecha sobre el origen de ciertos bienes de [David] Graiver —señaló Molina—. Entiendo que si los bienes se reintegran no serán para que la menor cumpla con las obligaciones que su padre hubiera contraído con los Montoneros, porque de esta manera indirecta la acción del Estado agravaría el bien común en forma más que manifiesta», concluyó.

Romero Victorica había encontrado la ventana por la cual entrar.

Contaba ya con pruebas que le serían de utilidad. Papaleo había cooperado con él para retribuir los gestos de Alfonsín hacia ella. La viuda había corroborado que sufrió un apriete de parte de los Montoneros tras la muerte de Graiver —encarnado en las amenazas del doctor Paz—, y el testimonio le había servido al fiscal como prueba de que el grupo guerrillero había cobrado un rescate de los Born.

Ahora solo necesitaba que los ex montoneros refrendaran aquello que Papaleo y la familia Graiver ya habían admitido, que le habían dado diecisiete millones de dólares al banquero fallecido y que gran parte de ese dinero provenía del botín del secuestro de los hermanos.

Para ello, Galimberti podría resultar de gran utilidad.

Por intermedio del titular de la SIDE, acordaron que se encontrarían en una cafetería elegante. Romero Victorica había librado un oficio para averiguar el paradero de Galimberti (también de Roberto Vaca Narvaja y de Norberto Perdía, integrantes con Firmenich de la última conformación de la cúpula montonera). Ahora sabía dónde encontrarlo: se disponía a compartir un café con él.

Después de un saludo frío, Galimberti observó a su alrededor, fijó la vista en las sillas de terciopelo verde que se encontraban ocupadas y le advirtió al fiscal:

—¿Ve la gente que está en esas mesas? Es gente mía.

No perdía las mañas.

—Yo vine solito —le contestó Romero Victorica.

—No hay nada que temer. En realidad quiero que sepa que estoy a su disposición.

Y a continuación comenzó a hablar del asunto que los unía.

Le ofreció información, contactos y gestiones con otros ex guerrilleros. Se manifestó dispuesto a llevarlo hasta las «cárceles del pueblo» en las que habían alojado a los hermanos. En síntesis, cualquier cosa que pudiera necesitar.

Romero Victorica le explicó que su objetivo era probar que los diecisiete millones de los Montoneros no se habían perdido en la compra del banco en Nueva York, sino que se habían integrado al patrimonio de los Graiver. En ese caso, Born podía reclamar parte de la indemnización que les había concedido Alfonsín, escandalosa a gusto del fiscal.

Galimberti sabía que el secretario de Justicia de Menem, César Arias, supervisaba cada movimiento de la causa; el presidente quería asegurarse de que cada quien hiciera lo que tenía que hacer antes de firmar los indultos y de que Born recibiera una compensación.

Romero Victorica notó que el ex guerrillero se excitaba cuando oía hablar de dinero: «Se movía como un mercenario».[4]

Hablaron de los depósitos en Cuba. El fiscal había mandado exhortos al gobierno de Fidel Castro para preguntar si existían cuentas a nombre de alguno de los jefes guerrilleros o de alguna sociedad vinculada a ellos. Las respuestas fueron siempre negativas.

---

[4] Entrevista con la autora.

No era un tema sencillo para Castro. El supervisor de la operación, José Abrantes, ex ministro del Interior y jefe de la custodia del líder cubano, había sido apartado del cargo y condenado a veinte años de prisión.

Lo habían juzgado junto al coronel Arnaldo Ochoa, un héroe de la guerra de Angola, extremadamente popular en Cuba, a quien el régimen fusiló por traición a la patria el 13 de julio de 1989. Con él también fue ejecutado Antonio «Tony» de la Guardia, el coronel que había llevado el dinero de los Montoneros a Checoslovaquia. El juicio había sido bastante opaco —muchos vieron en Ochoa a un chivo expiatorio, que se sacrificaba por la revolución, para evitar que el delito se elevara a otras esferas— y se televisó como un hecho ejemplar. A su término, los condenaron a la pena capital por lavado de dinero, tráfico de armas y negocios con el narcotráfico, en sociedad con Pablo Escobar Gaviria, jefe del Cártel de Medellín en Colombia.

Según las averiguaciones de Yofre, todos esos acontecimientos habían complicado aún más el acceso de la cúpula montonera a los fondos depositados en Cuba.

Por otro lado, una parte importante del botín ya se había gastado en otras aventuras.

Durante su estadía en La Habana, los jefes de la guerrilla peronista habían cooperado con el legendario Manuel «Barbarroja» Piñeiro. Después de haber velado, como jefe de Inteligencia y Seguridad de Cuba, por algo tan delicado como la seguridad personal de Fidel Castro, Barbarroja montó el Ministerio de la Revolución, que coordinaba en la sombra una red de agrupaciones que tenía como objetivo reproducir la insurgencia en América Latina.

Piñeiro supervisaba operaciones clandestinas y actuaba de forma encubierta, para que ningún país pudiera acusar a Cuba de intromisión en asuntos internos. Desde mediados de la década de 1970 —cuando ya se había producido el golpe contra Salvador Allende en Chile, seguido por otros en el Cono Sur—, el gobierno cubano concentró y redirigió sus esfuerzos hacia América Central.

En apoyo a esas actividades, los Montoneros destinaron parte del dinero que les administraba Cuba a cooperar con la guerrilla en los dos países más convulsionados, El Salvador y Nicaragua. En marzo de 1979, cuando se encontraba muy avanzada la ofensiva final del Ejército Sandinista, montaron en Costa Rica la operación de Radio Noticias del Continente, una emisora de onda corta que servía de apoyo a la insurgencia nicaragüense, al mismo tiempo que buscaba romper el cerco informativo que imperaba en Argentina. Casi veinte años después de que ocurriera en Cuba, finalmente otra revolución se impuso en Nicaragua de la mano de los sandinistas.

Los Montoneros disponían de manera muy acotada de los fondos provenientes del secuestro de los hermanos Born. Desde 1984 solo recibían remesas mensuales para financiar al aparato del partido que habían fundado en democracia y para mantener una estructura de unos doscientos militantes. De modo excepcional les hacían llegar cifras más suculentas para los aportes de campaña. Además, les exigían que cada pedido se tramitara con el acuerdo de Firmenich, Vaca Narvaja y Perdía, los tres juntos. Galimberti lo sabía, porque había fracasado en sus intentos por acceder a los fondos.

Descartada la pista de Cuba, el fiscal y el voluntarioso Galimberti —una especie de asistente informal en la causa— se concentraron en reunir la prueba para que el cobro de las cuentas pendientes recayera sobre los Graiver.

El plan fluía. Se reflejaba en una segunda causa, paralela al expediente del secuestro de los hermanos Born; el 1 de septiembre de 1989, el juez Carlos Luft volvió a incriminar a Papaleo y a los Graiver como parte «de una asociación subversiva». A los diecisiete millones de dólares que los Montoneros le habían entregado al banquero en 1975, Luft les aplicó un 8 por ciento de interés anual y embargó bienes de los herederos por cuarenta y seis millones de dólares. Además, bloqueó los últimos tres documentos que tenían por cobrar de la indemnización, de diez millones de dólares cada uno.

Raúl Magario, el ex jefe de Finanzas de los Montoneros —que se encontraba preso por el secuestro de Heinrich Metz, el gerente de Mercedes-Benz—, recibió en la cárcel la visita del secretario de Justicia. Arias quería saber si estaba dispuesto a declarar que la guerrilla le había entregado el dinero a Graiver. Podía sumarse a la lista de los indultados que estaban por salir.

Al día siguiente, Romero Victorica le tomó su testimonio en la cárcel de Caseros.

—Todos arreglaron por plata, Romero Victorica también —dijo Magario—. Yo fui el único *boludo* que no cobró nada.[5]

El dinero se extendió como una mancha venenosa entre todos los que intervinieron.

Y todos, por algún motivo, se sentían en la obligación de aclarar que ellos no habían cobrado comisión alguna, a diferencia de... Siempre se les ocurría otro a quien señalar.

La manera en que aparecían los testigos, las ventajas que obtenían a cambio, sumadas a la falta de transparencia en los números y en el manejo de los fondos alentaron un estado de sospecha generalizado sobre el resultado final.

Los papeles que Alfonsín había entregado se pagaban en la fecha del vencimiento. Acosados por las deudas, los herederos del banquero habían librado letras anticipadas contra esos pagos. Los tenedores de esos pagarés —entre ellos los abogados que habían llevado adelante los expedientes de la familia— se presentaron ante el juzgado como damnificados por el embargo.

Presionaban los acreedores. Presionaban Papaleo y la familia Graiver. Incluso los abogados de los Born presionaban porque no querían que el dinero se siguiera licuando en un contexto de inflación descontrolada.[6]

[5] Entrevista con la autora.
[6] En 1991, para lograr estabilidad, Menem promovió con su ministro de Economía, Domingo Cavallo, la Ley de Convertibilidad, que ancló el valor de la moneda nacional al dólar durante once años.

Al fin el juzgado autorizó al Banco Nación la compra de bonos emitidos en dólares para resguardar el valor de los fondos en moneda extranjera mientras el asunto se dirimía en los tribunales.

Según Romero Victorica, los bonos tuvieron un rendimiento que no solo preservaron el valor del último tramo de la indemnización, lo multiplicaron. El fiscal estimó que los treinta millones se habían transformado en cincuenta millones de dólares. Esas ganancias —que no se asentaron en la causa— fueron de gran utilidad cuando los Papaleo y los Graiver sintieron que no tenían otra salida que acceder al reclamo de Born.

El encuadre legal perfeccionó sus formas. Galimberti entregó uno de los secretos mejor guardados de la Columna Norte cuando llevó a Romero Victorica a las propiedades donde habían funcionado las «cárceles del pueblo». Piojo 1 y Piojo 2: los pequeños cubículos en los que Juan Born había perdido la salud psíquica y Jorge había debido negociar la vida de ambos ante la negativa de su padre a tratar con los Montoneros.

En su esfuerzo infatigable por agradar a Born, también había rastreado a Pablo González Langarica, el montonero que había revelado la existencia de la caja fuerte en Suiza a cambio de su libertad, y se había puesto en comunicación con Juan Gasparini en Ginebra.[7] Buscaba testigos para la causa del fiscal. Les ofrecía —en nombre del gobierno de Menem— un lugar en la lista de los indultados. Y también dinero, al menos tres personas manifestaron que se les habían propuesto cifras importantes, aunque todos dijeron que las habían rechazado.

Para completar la romería, Arias hizo que Vaca Narvaja y Perdía se sumaran a los testigos que ya había aportado Galimberti. También habían negociado con el secretario de Justicia las condiciones para que Romero Victorica les tomara declaración.

El 13 de diciembre de 1989, los ex miembros de la Conducción

---

[7] Gasparini, cuya extradición se estaba por pedir a Suiza, negoció que en la causa se adjuntara una copia de la biografía de Graiver que estaba a punto de publicar. No quería responder preguntas, y ahí encontrarían los datos que necesitaban, argumentó.

Nacional de los Montoneros prestaron un testimonio que resultó muy útil para la causa y que no representó riesgo alguno para ellos. Corroboraron que Roberto Quieto le había entregado el dinero a Graiver y que después de la muerte del banquero la deuda nunca había sido saldada. Por lo demás, habían olvidado casi todo.

Se negaron a responder si parte del botín había recalado en Cuba; se podían autoincriminar y prefirieron ampararse en la Constitución. Hasta ellos se sorprendieron de que ni el fiscal ni el juez les hicieran repreguntas.

Un día antes, el experimento de Bunge y Born a cargo del Ministerio de Economía llegó a su final. En realidad había durado bastante, dados los desacuerdos reiteradas entre Born y Menem y entre Born y Rapanelli.

Cada vez que sus adversarios en el gabinete rebatían una de sus propuestas, Born llamaba al ministro y le descargaba su frustración:

—Pero ¿usted le explicó bien las cosas a Menem? Porque estos tipos hacen lo que les da la gana.

—Sí, claro que le expliqué. Pero usted sabe cómo es él, y cómo es toda esa gente que lo rodea…

—Ahora estoy en São Paulo, pero si hace falta tomo un avión y me voy para allá.

—No, no se moleste. Quédese tranquilo. Lo mantengo al tanto.

Rapanelli pretendía que Born lo tratara como al ministro de Economía que era, y no como al empleado que había sido. Pero las llamadas mantuvieron ese tono. Un día le ordenó:

—Esto no da para más, nos vamos del gobierno.

Rapanelli intentó resistir.

—No estoy de acuerdo. Creo que nos tenemos que quedar.

Born no iba a tolerar su rebelión.

—Usted haga lo que quiera. Yo ahora mismo llamo a Menem y le digo que nos vamos.

Si ya no representaba al grupo, al presidente le dejó de interesar la permanencia de Rapanelli en el gabinete. Lo reemplazó el contador Antonio Erman González, un riojano amigo.

El alejamiento no interrumpió la marcha de la causa, un compromiso político de Menem con Jorge Born. Al fin y al cabo, nadie era ajeno al acuerdo económico final.

El 29 de diciembre, Menem firmó los indultos que alcanzaron a los condenados durante el juicio a las juntas que tuvieron el poder durante la dictadura: Jorge Rafael Videla, Emilio Massera, Orlando Ramón Agosti, Roberto Viola y Armando Lambruschini. Y, salomónicamente, también a Firmenich, que cumplió solo siete de los treinta años de su condena. Todos los demás ya habían sido perdonados.[8]

Galimberti había recuperado casi todo lo que buscaba. Solo le restaba ingresar en la alta sociedad que tanto le atraía. Su casamiento con Dolores Leal Lobo —una muchacha de una familia rica cuyo padrastro la emparentaba con la realeza italiana— le acercó la sensación de pertenencia. Celebraron la boda con una fiesta a todo lujo en Punta del Este, en enero de 1991.

Jorge Born IV representó a su familia. Al padre le había parecido que podía resultar demasiado escandaloso si él asistía. La foto que Menem pretendía —la de Born III abrazado a Galimberti para representar la «reconciliación nacional»— no sería posible. Se había encariñado con el ex montonero, pero de a ratos perdía la noción de quién usaba a quién; además, a su mujer no le hacía gracia esa amistad. Así y todo, cada tanto

---

[8] En octubre de 1989, Menem había firmado una primera tanda de indultos, que alcanzó a los responsables de la guerra de las Malvinas, a los militares «carapintadas» que se habían alzado contra la Constitución, a los que no habían quedado eximidos de responsabilidad por las leyes de Obediencia Debida y Punto Final y, también, a los dirigentes montoneros, con la única salvedad de Firmenich. Tan solo Graciela Daleo, militante montonera, rechazó el beneficio.

Born lo visitaba en el campo de Leal Lobo en Entre Ríos y salían a cazar juntos, el Loco le enseñó a mejorar la puntería.

En otra muestra de la promiscuidad que había caracterizado la causa por el botín de la Operación Mellizas, Romero Victorica asistió a desearles buena fortuna a los enamorados.

El 28 de octubre de 1991, los abogados de los Graiver (Mariano Weschler y Omar Espósito) y el abogado de los Born (Enrique Constantino Peláez) firmaron un convenio misterioso. Sin reconocer derechos a los Born sobre su patrimonio, los Graiver les cedieron el cobro de una parte de la indemnización que les había otorgado Alfonsín.

¿Cuánto dinero? Nunca se asentó en un documento, pero debió de cubrir los diecisiete millones de dólares que los Montoneros le habían entregado al banquero, más un cálculo de intereses por el paso del tiempo.

El arreglo se presentó ante el juzgado sin cifras, y en lugar de formar parte del expediente principal fue a parar a un incidente archivado, desde entonces, en un sótano inaccesible.

Una fuente vinculada a la negociación señaló que el pacto resultó más sencillo porque, gracias a la compra de bonos, el dinero (ahora, a repartir) se había elevado de treinta a cincuenta millones de dólares.

—Nosotros homologamos un arreglo financiero sin números, no decía por cuánto dinero se habían puesto de acuerdo. Yo nunca vi un centavo —explicó Romero Victorica.[9]

—Entonces, ¿por qué todos se defienden de manera preventiva?

—No es fácil tener secuestrados cuarenta millones de dólares. Todo el mundo da algún mordisco. De ahí salió manchada mucha gente.

La conversación sucedió en la cocina, donde Romero Victorica cebaba mate un día de semana. Ya se había jubilado. En el living, a pocos metros, sobresalían las cabezas de los ciervos que el fiscal había cazado.

—Reformé mi casa después de la muerte de mi suegro —aclaró, sin que mediara pregunta.

La referencia, incomprensible, se aclaró tiempo después, en una he-

---

[9] Entrevista con la autora.

meroteca. Una nota de Horacio Verbitsky en el periódico *Página/12* había sugerido que Romero Victorica había mejorado su propiedad gracias a la causa Graiver.

En su oficina, Born recordó el último reparto. La memoria lo amargaba, pero no le restó crudeza:

—El dinero vino, creo, por orden de Menem. Una parte fue para él, seguro, y no sé para quién más, y otra partecita vino para nosotros, en efectivo. La fue a cobrar Galimberti y la trajo él. Para mí era fruto del juicio. Nunca supe qué otros arreglos raros Galimberti hizo con Menem y compañía, me dijo que eso prefería no contarme. Y a mí no me interesaba saber con cuánto se quedó cada uno. Fue complicado... Me di cuenta también del nivel de corrupción que había. Cobraron muchos. Y todos en negro.

—¿Se llevaron cifras altísimas sin firmar siquiera un papel?

—Así fue. Yo no firmé nada. Los billetes pasaban de acá para allá...

—¿En efectivo?

—Como en la mafia. Era repugnante. Pero queríamos recuperar todo lo que se pudiera, viniera de donde viniera. Era mucha plata y nos había provocado mucho daño moral, además de haberme tragado los nueve meses.

—¿Y su hermano Juan?

—Me dijo que hiciera lo que quisiera pero que no lo metiera, porque él veía la M de Montoneros y salía corriendo.

—¿Y usted qué hizo?

—Galimberti me entregó una bolsa con dólares...

Una bolsa. Jorge Born II había entregado el rescate en un camión blindado en Ginebra. Ahora uno de sus secuestradores le devolvía una fracción en una bolsa y le confiaba que, entre otros, el presidente de la Nación había recibido una «comisión» (eufemismo por soborno) para reconocer el modo en que había facilitado el acuerdo entre las partes. Menem —que había recibido dinero de Bunge y Born para su campaña electoral de forma directa, y que también había recaudado con el botín del secuestro por los fondos que aportaron los Montoneros— había creado para sí una nueva oportunidad de negocios.

—... y yo le di a Galimberti una parte para agradecerle sus gestiones.

También pasó con él una semana en París. El Loco, estimulado por lo que vivía como un gran éxito personal, quiso abrirle su mundo al hombre al que sentía amigo. Más prudente, Born no le dijo a su familia que se alojaría en el hotel Bristol con Galimberti para introducirse en la compra y venta de armas. Pretextó un viaje por cuestiones de Bunge y Born. Apenas llegó, quiso que la excusa hubiera sido verdadera. Esa gente rara y sus asuntos turbios no eran para él.

Siempre lamentó que varios millones se hubieran perdido en el camino, entre intermediarios, comisiones y abogados.

—Al final, ¿cuánto recuperó?

—Sacamos unos seis o siete millones. Nada que ver con los sesenta que pagamos...

—Pero el juez había trabado un embargo por los diecisiete millones más intereses. ¿Perdieron tanta plata en el camino?

Born se mantuvo ambiguo.

Aunque la empresa había solventado el rescate, la suma del botín recobrada no se reintegró al patrimonio de la compañía. La resolución dejó secuelas en los otros herederos de Bunge y Born y abrió un nuevo capítulo de la saga.

CAPÍTULO XV

1991-2002

El imperio se desarma

Hubo momentos en los cuales a Jorge Born le pareció que las consecuencias indeseadas del secuestro no terminarían nunca. Uno de ellos lo dejó descolocado como pocas veces en su vida, porque ocurrió dentro de la compañía que su abuelo había fundado, donde él creía que estaba protegido contra situaciones desagradables.

Cuando finalmente cerró los términos del trato por el cual Rodolfo Galimberti le entregaría una bolsa con atados de billetes de dólares bajo una cobertura legal por lo menos frágil, Born se enfrentó a un dilema. Un dilema menos moral que práctico.

Los sesenta millones de dólares que se habían pagado por su libertad y la de su hermano Juan en el año 1975 habían sido descontados del patrimonio común de los dos socios de entonces, su padre y Mario Hirsch. Con la muerte de ambos, los herederos se habían multiplicado y no existía entre ellos un vínculo ni por asomo tan sólido como el que habían forjado sus predecesores.

Como no tuvo hijos, Hirsch había entronizado dentro de la compañía a Octavio Caraballo, su sobrino, con quien Jorge Born siempre tuvo una relación muy mala. Nunca creyó que estuviera a la altura de Don Mario. En cambio, su vínculo con la principal heredera de esa rama,

Elena de Olazábal, viuda de Hirsch, era cordial y de un trato asiduo con su familia.

Sobre el botín como tema se había proyectado la sombra del tabú. Todos conocían la historia, pero nadie la mencionaba, ni parecía necesario. No existía constancia escrita de que hubiera algún asunto pendiente.

En ejercicio de la presidencia de la compañía —que había asumido en marzo de 1987—, Jorge Born anunció al directorio que las negociaciones para que pudieran recuperar algo del dinero se hallaban muy encaminadas. Nadie se asombró, pues todos conocían la relación cercana que había trabado con Carlos Menem y con Galimberti e intuían que algún beneficio personal le podría significar. En cambio, causó sorpresa —y mucha— que no se tomara alguna precaución legal para cubrir la entrega de los fondos. Un ejecutivo recordó que, mientras se debatía qué destino le podrían dar a esos millones, alguien planteó la imposibilidad de reincorporarlos al patrimonio de la empresa si no se contaba con alguna justificación para brindarle al fisco.

En otro hecho inaudito para Bunge y Born, las diferencias se hicieron públicas.

Caraballo declaró al semanario de actualidad Noticias que él y el resto de los herederos de su tío habían creído conveniente que el dinero fuese donado a la Fundación Bunge y Born o que directamente se rechazara. Su respuesta dejaba entrever fastidio: «Con relación a los temas vinculados al secuestro, el grupo decidió hace tiempo cerrar el asunto y no volver ya más sobre él».[1]

Al final del camino, según el testimonio que Jorge Born prestó para este libro, la fundación recibió algo de los fondos. Pero también señaló que el reparto principal había sido entre él y su hermano Juan, quien le había delegado la responsabilidad del manejo de tan delicado asunto con una instrucción concisa: «Hacé lo que te parezca, pero no me cuentes. No quiero saber».

[1] *Noticias*, 28 de febrero de 1993.

Juan nunca quiso volver a hablar del secuestro; además, se mantuvo en un segundo plano en la compañía. Simplemente recompuso su vida en contacto con la naturaleza y el campo, que son sus pasiones.

Cuatro meses antes de que sus abogados sellaran el acuerdo con los representantes de Lidia Papaleo y la familia Graiver, Jorge Born sintió que le habían clavado un puñal por la espalda.

En junio de 1991, la asamblea de socios que lo desplazó del cargo —contra su voluntad— lo convirtió en el presidente más efímero de la historia de Bunge y Born.

Su gestión había durado apenas cuatro años y tres meses. Con la excepción de Ernesto Bunge —quien eligió regresar a Bélgica—, todos sus predecesores habían ejercido el cargo hasta la jubilación o hasta el final de sus días: su abuelo Jorge Born, Alfredo Hirsch, su padre Jorge Born II, Mario Hirsch. Se medía con esas figuras y sentía que su legado palidecía.

Caraballo había juntado voluntades entre sus parientes y había recolectado otras de accionistas dispersos en Europa. Jorge reunía los votos de sus hermanos y sobrinos; Juan no lo acompañaba siempre en las decisiones. Ninguno tenía fuerza suficiente para inclinar la balanza. Pero cuando llegó el momento de tomar una resolución drástica, De Olazábal acompañó el golpe contra Born. Él nunca le reprochó nada a la viuda de Hirsch, aunque sí al sobrino: «Octavio se portó muy mal. No me pareció algo que estuviera dentro del espíritu de la empresa —comentó—. En la época de Mario nos apoyábamos los unos a los otros siempre. Octavio anduvo politiqueando con parientes y demás, cosa que mi padre y Mario jamás hubiesen hecho».

Su debilidad obedeció a muchos factores. A comienzos de los años noventa, las empresas de alimentos habían arrojado pérdidas, o ganancias exiguas, en Brasil y en Argentina. Pero, sobre todo, muchos accionistas le reprocharon su relación tan expuesta con Menem, que asoció abiertamente a Bunge y Born con la marcha de un gobierno, sin beneficio para la compañía, que nada quiso obtener en la ola privatizadora de esos años.

—¿Cree que haber empujado a Bunge y Born a una alianza con un político en el poder lo perjudicó? —le pregunté.

—Caraballo y compañía me lo criticaron mucho. A mí me pareció que con Menem había que ayudar porque quería hacer las cosas bien. Si era corrupto o no, era otro tema. A ellos les pareció un horror. Había una tradición antiperonista en la compañía, pero yo había aprendido, y de la manera más dura, que había que dialogar.

Por último, a los herederos más poderosos —los que conocían el pasado y podían influir en el futuro de la firma— también les pesó la manera en que había encarado el asunto del botín.

Cuando Caraballo tomó el poder se libró una pelea feroz por el rumbo de Bunge y Born. Se contrató a la consultora McKinsey —por primera vez desde su fundación, el grupo recibió asesoramiento externo— y se dispuso una reorganización. En 1988 se ordenó la venta de todas las empresas que no estuvieran vinculadas a la exportación de materias primas, en Argentina, Brasil y otros países de la región.

El regreso a los orígenes representó un repliegue sobre el comercio de granos y el abandono de posiciones dominantes en muchos rubros de los mercados internos de los países donde operaban. Caraballo se desprendió de las industrias con las que habían construido la mayor multinacional argentina del siglo XX.

A los cincuenta y siete años, Jorge Born se encontró jubilado; en cierto modo, como consecuencia de aquel desvío de su camino que se produjo el 19 de septiembre de 1974, el día que lo emboscaron y lo metieron en una «cárcel del pueblo».

Retuvo sus acciones y siguió votando en las asambleas. Perdió algunas batallas más hasta que, en 1999, Bunge y Born se redujo a una compañía de agronegocios con sede en White Plains, estado de Nueva York, en Estados Unidos. La nueva firma, que a diferencia de su antecesora se abrió a la cotización pública (NYSE: BG), ya no lleva su apellido.

En el proceso de transformación, los accionistas votaron para que se llamara Bunge Limited.

«No estuve de acuerdo en vender todo, pero voté a favor de sacar totalmente el nombre de Born de la compañía —dijo sin pena—. Ya no tenía nada que ver con la familia.»

Con Born jubilado a edad tan temprana y sin ocupación que le consumiera su tiempo, Galimberti sintió que se le abría una oportunidad única, la posibilidad de tentarlo con un negocio que lo mantuviera activo. Pero esta vez ya no se conformaría con una comisión. Serían socios.

Al igual que aquel día que Menem lo había llamado de urgencia por el reemplazo de Roig, el empresario se encontraba en su campo de Rufino cuando el ex montonero balbuceó, alterado, que necesitaba verlo de inmediato. No podía esperar a que regresara a Buenos Aires.

Los peronistas parecían vivir en la premura. Al menos este tuvo la cortesía de ofrecerse a viajar hasta Santa Fe.

Para evitar que se cruzara con su esposa Inés, Born lo citó en la cafetería de una gasolinera cercana a su estancia. Galimberti llegó en menos de cuatro horas, a toda velocidad en su vistoso Porsche, y acompañado por su amigo Jorge «el Corcho» Rodríguez, a quien había llevado a un centro comercial para que comprara una ropa adecuada para la ocasión.

Entre los dos le hablaron de Susana Giménez, la estrella de la televisión que había sido pareja del campeón mundial de box Carlos Monzón, conductora de uno de los programas de mayor audiencia de la televisión abierta. Le dijeron que podían ganar millones con una empresa de llamadas a su programa, *Hola, Susana*. Para lograr que el gobierno autorizase el juego telefónico, bastaba con destinar una parte de los ingresos a una entidad benéfica. Ya tenían apalabrado al titular de la Fundación Felices los Niños, el padre Julio César Grassi, quien se llevaría una pequeña tajada.

—¿Y Susana está de acuerdo?

—Ahí está la cosa —le respondió Galimberti—. El Corcho se la está *trabajando*.

Con el apellido Born de por medio, la estrella sería mucho más fácil de convencer.

—Perfecto, lo hacemos. Pero no me metan en líos porque ya tuve bastante —les respondió, divertido.

En 1997 fundaron la sociedad Hard Communication con el 33 por ciento de las acciones para cada uno. Alquilaron unas oficinas vistosas para impresionar a Susana. Un día, Rodríguez llegó con ella tomada de su mano.

—Te la *trabajaste* rápido —comentó Born.

—Es el gran amor de mi vida —le respondió Rodríguez.

El primer año ganaron mucho dinero. Pero la historia terminó en escándalo. Primero se descubrió que de los dieciocho millones de dólares que había recaudado, el cura había cobrado apenas 400.000 de manera oficial, y otros 600.000 por debajo de la mesa. Luego se conoció la peste mayor: Grassi escondía una historia de denuncias por abuso de los menores que albergaba en su hogar.[2]

La unión entre el empresario de la alta sociedad, el guerrillero que lo había tenido cautivo, la estrella de la televisión y un cura abusador fue tema de debate nacional.

Otro bochorno para la familia Born.

Al cabo de años de litigio, en 2002, los socios de Hard Communication terminaron absueltos y el cura Grassi, condenado. Born tuvo que pagar las deudas pendientes, y el saldo del negocio resultó ruinoso. «No fue para nada agradable, no me había pasado nunca algo así —evaluó—. Salvo con los Montoneros», agregó, sin sarcasmo.

---

[2] En 2009, el cura Grassi fue condenado a quince años de prisión por abuso sexual agravado por su condición de cuidador del menor que se encontraba alojado en la Fundación Felices los Niños que él presidía.

Jorge Born se asoció con su ex carcelero, Rodolfo Galimberti (a la derecha en la foto), y el enamorado de la presentadora estrella Susana Giménez, Jorge «el Corcho» Rodríguez. Juntos visitarían los tribunales por cuentas que no cerraban y por sus vínculos con un cura condenado por abuso de menores.

Mientras cerraba sus negocios con Born, Galimberti había querido liquidar también las cuentas pendientes del pasado. El Rolex era una de ellas.

El reloj que le habían quitado a Jorge Born el día de su secuestro nunca había sido desarmado. Hugo Onofri, integrante del equipo de logística de la Columna Norte —a cargo de proveer armas, vehículos y casas para los operativos— lo preservó íntegro y se lo quedó.[3] Lo usaba

[3] El historiador Federico Lorenz aportó la historia del reloj. Su tía, Ana Soffiantini, fue militante montonera y pareja de Hugo Onofri, el responsable de logística de la Columna Norte que se quedó con el Rolex de Born. A él lo secuestraron el 20 de octubre de 1976; a ella, un año más tarde. Ambos fueron a parar a la ESMA. Onofri habría muerto por la tortura en el centro clandestino; ella sobrevivió. Supo con certeza que su pareja había estado en ese mismo lugar cuando vio el reloj en la muñeca de otra persona, pero nada dijo: en la situación en la que se encontraba aprendió a hablar apenas lo imprescindible.

todos los días, le recordaba la proeza de los militantes que habían llevado adelante la Operación Mellizas, jamás reconocidos en su esfuerzo por la Conducción Nacional.

El rastro del Rolex se perdió cuando Onofri fue secuestrado y «desaparecido» en el centro clandestino de detención que funcionó en la Escuela Superior de Mecánica de la Armada (ESMA).

El Loco se presentó en las oficinas del empresario con una caja envuelta en un papel elegante, de color verde oscuro con detalles en dorado. Born lo abrió y se encontró con un Rolex.

Recordó aquel otro. Recordó la pelea con Firmenich por algo tan trivial, a punto de recuperar la libertad tras nueve meses secuestrado. Recordó cómo entonces se había enterado de la muerte de su amigo Alberto Bosch.

El modelo que encontró en el estuche era mucho más ostentoso y llamativo. Tenía piedras. No le alcanzaba con dar la hora, estaba lleno de funciones incomprensibles, seguramente innecesarias. Ver esos cronómetros y pensar en regalárselo a su hijo piloto fueron la misma cosa.

Valoró el gesto, pero sintió que el reloj se había transformado otra vez en metáfora: en su esfuerzo por agradarle, Galimberti había elegido un modelo ampuloso, en el lugar del sobrio y clásico que él había usado toda la vida. Por más que se hubieran reconciliado, pertenecían a mundos diferentes.

—¿Me regalás este reloj por el que me robaron los *montos*? —le preguntó a su amigo, una vez más inmoderado.

—Yo sé que le *afanaron* el otro. Pero este es de mi parte. Sinceramente.

POSFACIO

2015

Los personajes, cuarenta años después

Según el poeta Horacio, «el tiempo saca a la luz todo lo que está oculto y encubre y esconde lo que ahora brilla con el más grande esplendor». Con esa capacidad de resignificación que tienen los años, los involucrados directos e indirectos en el secuestro de los hermanos Jorge y Juan Born se mezclaron, se separaron, resplandecieron, se apagaron, en mil vueltas del destino que muchos todavía hoy miran con asombro.

El destino de Mario Firmenich fue el destierro.

Seis años después de haber obtenido el perdón presidencial por la Operación Mellizas y todas sus demás causas pendientes, Firmenich concluyó que debía emigrar otra vez. Partió con su familia a mediados de 1996 y se radicó en Barcelona, España.

Había intentado rehacer su vida en un barrio popular del Conurbano de la provincia de Buenos Aires y creyó que su estilo austero era suficiente demostración de que no había utilizado el botín de los Born para su enriquecimiento personal. Jamás había rendido cuentas del destino de aquel dinero; así y todo, creía que a nadie debía una explicación.

—¿Tiene usted un solo peso o dólar de los cien millones o sesenta y dos millones de dólares del rescate de los hermanos Born? —le preguntó Jesús Quintero en 1991, durante una emisión del programa de entrevistas español *Qué sabe nadie*.

—Yo juro que no, juro que no. Tengo una situación difícil en ese sentido, porque hoy mucha gente cree que tengo cien millones de dólares y en realidad no tengo nada. La gente cree que soy un hombre de dinero y no lo soy ni nunca aspiré a serlo. Nada de lo hecho en la historia nuestra ha sido para beneficio personal, nada. Yo no tengo cuentas bancarias en Argentina ni en ningún lugar del mundo, ni a nombre propio ni a nombre de terceros, ni con testaferros ni en representación de nadie, ni en Cuba.

En teoría, la cuenta solo se movía con el consentimiento unánime de los tres integrantes de la cúpula, pero ni siquiera entre ellos se mantenían suficientemente informados. Según confió uno de sus hombres más allegados, un viaje de Fernando Vaca Narvaja y Roberto Perdía le había despertado sospechas: apenas liberados partieron a Cuba.

Firmenich también regresó a la isla. Viajó con Jorge «el Topo» Devoto en una misión que resultó fallida. Devoto contó que solo pretendían recuperar material documental y fílmico que habían puesto bajo la custodia de los cubanos, pero Manuel «Barbarroja» Piñeiro —que seguía siendo su contacto en La Habana— les informó que se habían perdido en una inundación.[1] El ex jefe montonero se alojó en la casa de Emilio Aragonés, pero esta vez aquel embajador de Fidel Castro en Argentina, quien les había facilitado la salida del dinero con valijas diplomáticas, en nada pudo ayudar.

Para ganarse la vida al salir de la cárcel, Firmenich había montado un emprendimiento dedicado a la producción de huevos de codorniz. Al mismo tiempo terminaba de cursar la carrera de ciencias económicas en la Universidad de Buenos Aires (UBA), que había empezado mientras se encontraba preso. Se graduó, ya en libertad, en 1995 con un promedio de 8,97 puntos sobre 10, un mérito académico suficiente para obtener un diploma de honor; sin embargo, en una decisión unánime, el conse-

---

[1] Entrevista con la autora.

jo directivo de la carrera le negó la distinción. No lo merecía, le habían dicho, por «falta de condiciones morales».

¿Quiénes eran ellos para juzgar «la responsabilidad ciudadana o el honor de una persona»?, protestó. Aunque los estatutos no fijaban otro requisito que un promedio superior a 8, su causa no despertó solidaridad.

Firmenich sintió que, una vez más, el partido de Raúl Alfonsín —la Unión Cívica Radical, que constituía la fuerza dominante en la universidad— lo transformaba en un mal equiparable a la dictadura militar, el eje central de la teoría de los dos demonios. «Nosotros no tenemos que arrepentirnos por haber hecho desaparecer a nadie, ni por haber torturado a nadie para obtener información, ni por haber violado a ninguna mujer —dijo en la primera entrevista que concedió en Argentina después de su indulto, en abril de 1995—. Ni por haberle robado ningún hijo a nadie, ni por haber arrojado vivo al mar a nadie.»[2]

Para dar una imagen más suave, de padre de familia, había llegado al estudio de televisión acompañado por su mujer, María Elpidia Martínez Agüero, y sus cinco hijos, que en ese momento tenían entre diecinueve y seis años. Para no arriesgarse a improvisar, llevaba escrito en un papel todo lo que se había propuesto decir.

Los militares habían formulado una primera autocrítica por medio del jefe del ejército, el general Martín Balza, quien había enterrado el concepto de la «obediencia debida» en la que se habían amparado los oficiales y suboficiales que habían llevado adelante la represión ilegal. Balza había sintetizado la nueva doctrina en una sola frase: «Delinque quien imparte una orden ilegal y delinque quien cumple esas órdenes». Había llegado el turno de los Montoneros.

Bernardo Neustadt, un conductor de televisión influyente que le hacía propaganda al presidente Carlos Menem —y antes a la dictadura—,

---

[2] El ex capitán de corbeta Adolfo Scilingo le había confesado al periodista Horacio Verbitsky que durante la dictadura la Marina había arrojado vivos e inconscientes al mar a muchos prisioneros del centro clandestino que funcionó en la Escuela de Mecánica de la Armada (ESMA). Por su participación en los llamados «vuelos de la muerte», Scilingo fue condenado a 1.084 años de prisión en España.

había montado la escena al servicio del gobierno que completaría el círculo de la reconciliación. Como habían convenido, dejó que Firmenich admitiera que había sido un «error» el salto a la clandestinidad durante el gobierno de Isabel Perón y que a los Montoneros les correspondía una «autocrítica por haber celebrado ingenuamente algunos atentados contra adversarios». No era «cristiano» celebrar la muerte «ni del peor enemigo».

—Como líder de un grupo que un día pasó a la clandestinidad y decidió que el camino estaba oscuro y que la consigna en el fondo era morir o matar, o matar o morir, ¿usted arrastró de las narices a jóvenes? —intervino Neustadt.

—No, no los arrastré de las narices. Los representé, nuestras decisiones fueron colegiadas.

—¿Lo volvería a hacer?

—No, he comprendido que es un error.

El periodista aludió entonces al acto fundacional de los Montoneros. Su fin era establecer que la muerte estaba en los genes de la guerrilla.

—El secuestro del general [Pedro Eugenio] Aramburu, ¿cómo lo vive usted?

—Lo hemos respetado e incluso públicamente hemos orado por él. Y también ahí aprendí que no había que odiar al enemigo.

—Pero lo asesinaron.

La frialdad y la soberbia de Firmenich, que interfería en sus planes, pareció contrariar al conductor veterano:

—Fue un acto que no decidimos nosotros, lo decidió el pueblo.

—¿El pueblo?

—El pueblo. Estaba decidido por el pueblo, y esto es en todo caso lo triste, porque no podemos hablar de esta situación sin hablar del fusilamiento del general [Juan José] Valle.

Detrás de su frase asomaba una justificación. Aramburu había mandado fusilar a Valle —aquel general que en 1956 se había rebelado en nombre del peronismo desalojado del poder—, y ellos habían enderezado la historia. El razonamiento no dejó para nada conforme al conductor, que impuso un cierre retórico y efectista, seco y corto:

—¿Le puedo pedir un favor? Nunca más represente al pueblo así. Le pido por favor.

El resultado de la entrevista tampoco se ajustó a las expectativas del ex jefe montonero. Sufría el rechazo, previsible, de un personaje como Neustadt, y otros que le costaba mucho más asimilar.

En *Firmenich, la historia jamás contada del jefe montonero*, la biografía más completa de su vida, los autores Felipe Celesia y Pablo Waisberg dan cuenta de una seguidilla de situaciones que lo empujaron a dejar el país con una gran frustración.[3] Él y otros miembros de los Montoneros habían aceptado que Menem los indultara junto con los criminales militares de la dictadura, pero conservaban la esperanza de que la historia los juzgara de otra manera, acaso como a idealistas y valientes.

Sin embargo, en los primeros años de la transición las principales figuras de los organismos de derechos humanos lo señalaban como un traidor que había corrido mucho mejor suerte que los militantes de su organización. Otros le reprocharon haber sido funcional a la «pacificación» que dejó en libertad a los responsables de la dictadura. El sociólogo y periodista Mario Wainfeld lo dijo al micrófono en un encuentro de egresados del Colegio Nacional de Buenos Aires, y él no tuvo más remedio que callar. Como debió irse, resignado, de un homenaje a Carlos Mugica, el religioso que había sido para él y para muchos montoneros una gran influencia en sus años de formación y que se distanció de ellos por el quiebre con Juan Domingo Perón.

Cuando se cumplieron veinte años del asesinato del cura,[4] quiso

---

[3] Felipe Celesia y Pablo Waisberg, *Firmenich, la historia jamás contada del jefe montonero*, Buenos Aires, Aguilar, 2010, 1.ª ed.

[4] Un testigo declaró que había visto cómo le disparaba el subcomisario Rodolfo Eduardo Almirón Sena, miembro destacado de la Triple A, la fuerza parapolicial que operaba al servicio de José López Rega. El acusado permaneció apenas una semana encarcelado y la causa judicial por el asesinato del cura Carlos Mugica, ocurrido el 11 de mayo de 1974, nunca avanzó. Hoy una escultura lo recuerda en la Avenida 9 de Julio, en el centro de la ciudad de Buenos Aires, y los curas villeros gestionan su canonización

marchar con la columna que se dirigía hacia Cristo Obrero, una capilla ubicada dentro de la villa en la que Mugica había desarrollado gran parte de su trabajo social. Apenas su presencia se hizo notar, Marta Mugica, la hermana del cura, lo increpó: «Soy la hermana de Carlos y le voy a pedir que se retire porque nos está ofendiendo con su presencia. Usted es un hombre que ha hecho mucho daño al país».[5]

Partió a Europa con su familia y eligió como primer destino Oslo, pero ante la resistencia del gobierno noruego a tramitarle los papeles de residencia se asentó en una pequeña localidad en las afueras de Barcelona. Consiguió su primer trabajo en una editorial gracias al escritor Manuel Vázquez Montalbán, quien lo había entrevistado cuando buscaba inspiración para uno de los personajes del libro *Quinteto de Buenos Aires*.[6] Continuó sus estudios y obtuvo un doctorado con notas distinguidas a finales de 1999. Alcanzó estabilidad laboral con un puesto de enseñanza en la Universitat Rovira i Virgili, en Reus, Cataluña, en el Departamento de Economía.

En base a su tesis académica publicó *Eutopía, una propuesta alternativa al modelo neoliberal*, ni más ni menos que un plan económico para salvar al país. Seguía creyendo que, tarde o temprano, llegaría su reivindicación.

---

como mártir ante Francisco, el Papa de nacionalidad argentina. Antes de que lo encumbraran en el Vaticano, como arzobispo de la ciudad de Buenos Aires, Jorge Bergoglio había alentado a ese grupo de curas inspirados en Mugica para que se asentaran en las villas miseria y vivieran cerca de quienes más sufren. Por una gestión de Bergoglio, en 1999, los restos de Mugica fueron trasladados del cementerio de la Recoleta, donde la clase alta entierra a sus familiares, a la capilla que el cura tercermundista había llamado Cristo Obrero, en el asentamiento donde desarrolló su tarea pastoral hasta su muerte.

[5] F. Celesia y P. Waisberg, *op. cit.*, p. 395.

[6] Se habían conocido por medio de Jorge *el Topo* Devoto, un ex montonero devenido en productor de cine que había convocado a Vázquez Montalbán para filmar una serie de televisión que transcurría en la ciudad de Buenos Aires. El proyecto no prosperó, pero se hicieron amigos; el escritor acudió a Devoto cuando viajó en busca de un guerrillero para dar base a uno de los protagonistas de su novela. La primera vez que se vieron con Firmenich conversaron durante horas sobre fútbol, política, filosofía y religión. Cuando el ex jefe de los Montoneros emigró, Devoto —según su propio relato— contactó al escritor para preguntarle si podía ayudarlo a buscar empleo.

Soñaba todavía con ser candidato a la presidencia por el partido político que habían fundado en democracia, el Movimiento Peronista Montonero (MPM). Pero no lograba dejar atrás el pasado para que alguien lo oyera hablar del futuro.

En el año 2005 viajó de España a la provincia argentina de Córdoba para presentar la obra. Un periodista le preguntó por algo que Firmenich siempre catalogó como la peor ofensa que debió soportar: si era cierto que antes del Mundial de Fútbol de 1978 se había reunido en París con Emilio Massera, el jefe de la Marina, el genocida que había masacrado a los Montoneros en la Escuela de Mecánica de la Armada (ESMA).

«Esa clase de infamias no las tolero. No las contesto.»

El periodista, Miguel Planels, insistió. El ex guerrillero estalló: «Te merecés que te rete a duelo, porque ningún pendejo hijo de puta me va a faltar el respeto así...».

Pronto cumplirá veinte años de residente en España. Un tiempo tan prolongado que se le hace un castigo excesivo; ni Juan Domingo Perón llegó a pasar dos décadas en el exilio.

Aquella idea narcisista de que la historia se había ensañado con él en persona, y no con los Montoneros en general, se hizo más fuerte en la cabeza de Firmenich a partir de 2003. Porque con la llegada de Néstor Kirchner al poder el clima político nacional se volvió favorable para sus ex compañeros de militancia y, al cabo de unos años, quienes se lo propusieron —Vaca Narvaja y Perdía incluidos— se reintegraron a la política.

Ni Kirchner ni su mujer, Cristina Fernández de Kirchner —quien lo sucedió al cabo de cuatro años—, habían formado parte de la organización guerrillera; apenas habían desarrollado cierta afinidad política con la izquierda peronista en sus tiempos de estudiantes universitarios. No obstante, ambos eligieron presentarse como miembros de esa generación diezmada durante la dictadura: defenderían su legado y perseguirían la justicia que había quedado trunca.

Cuando Kirchner asumió, todas las causas por violaciones de los derechos humanos estaban cerradas. Para que se reabrieran promovió la anulación de las leyes que habían frenado los juicios a los oficiales y los suboficiales que habían participado de la represión ilegal. Los jefes militares, que habían recibido el indulto de Menem, también volvieron a ser juzgados, por delitos que no habían sido contemplados en el perdón presidencial, como la apropiación de menores nacidos en centros clandestinos de detención.[7]

En el plano simbólico de la reparación, quitó a las Fuerzas Armadas el control del predio de la Escuela de Mecánica de la Armada (ESMA), donde había funcionado el centro clandestino de detención en el cual cayó buena parte de la Columna Norte de los Montoneros, y fue convertido en un espacio para la memoria.

El proceso estuvo acompañado de una reivindicación más o menos explícita de la lucha armada. Un conjunto de agrupaciones kirchneristas recuperaron para el calendario el día del Montonero, que se recuerda cada 7 de septiembre, fecha en la cual fueron asesinados Fernando Abal Medina y Gustavo Ramus, los primeros dos muertos de la guerrilla peronista. Se reúnen en la estación de tren de William Morris, en la provincia de Buenos Aires, a metros del bar en el que Abal Medina y Ramus fueron abatidos por la policía, que los buscaba por el asesinato de Aramburu.

Aun en un clima que reivindicaba las ideas y el accionar de los jóvenes de los años setenta, la sola insinuación de que Firmenich podía regresar a Argentina generaba una reacción tan negativa que Kirchner optó por mantener cierta distancia. Recibía a través de un intermediario copias de los análisis del ex jefe montonero sobre el devenir de la economía mundial, y si bien los leía con interés y se los devolvía con comentarios, el presidente nunca hizo público el contacto. Firmenich se sentía condenado a una suerte de clandestinidad alegórica.

---

[7] Desde la reapertura de los juicios y hasta marzo de 2015, un total de 563 militares habían sido condenados, 963 imputados permanecían detenidos y había más de 400 expedientes abiertos, según un informe de la Procuraduría de Crímenes contra la Humanidad.

POSFACIO

Hasta Roberto Quieto tuvo un destino póstumo mejor: su hijo Guido, abogado como él, llevó adelante el juicio por la desaparición del guerrillero a finales del año 1975, y distintos textos cuestionaron la versión oficial de los Montoneros sobre la traición del integrante de la Conducción Nacional. Firmenich quedó como un oportunista, al menos. El sobrino del dirigente que montó la emboscada contra los Born, Manuel Quieto,[8] se convirtió en un kirchnerista ferviente. Su banda, La Mancha de Rolando, tocó en la asunción del segundo mandato consecutivo de Cristina Kirchner, reelegida a poco de enviudar. El ex presidente había fallecido de un paro cardíaco fulminante, el 27 de octubre de 2010.

Durante su segundo mandato, Cristina Kirchner polarizó a las fuerzas políticas y concedió gran protagonismo a la agrupación de jóvenes peronistas llamada La Cámpora, liderada en la sombra por su hijo mayor, Máximo Kirchner. La Cámpora se presentó como la usina del recambio generacional dentro del kirchnerismo. El nombre venía cargado de significación. El gobierno de Héctor Cámpora remitía al momento de máxima influencia de los Montoneros, aquellos cuarenta y nueve días de pura ilusión de 1973, interrumpidos por el ascenso de Juan Domingo Perón a su tercera presidencia. Los jóvenes, muchos de ellos hijos de desaparecidos de la dictadura, reivindicaban la lucha de sus padres.

La nueva generación ya no le rendía tanta pleitesía al fundador del movimiento peronista. Enaltecido por su muerte temprana, Néstor Kirchner encarnó una suerte de héroe moderno para ese grupo. A nivel regional lo ubicaban como un líder que puso a Argentina en sintonía con los procesos de tinte nacionalista y populista surgidos en América Latina

---

[8] Manuel Quieto era la criatura que estaba en brazos de su tío Roberto, jugando en familia en un espacio público, cuando se presentaron los hombres que sin identificarse lo llevarían secuestrado. Su padre también fue montonero y tiene, además de Roberto, a otro tío desaparecido en la familia, Carlos. Con su banda suele presentarse en los recitales que organiza y contrata el gobierno. Reivindica a los Montoneros y establece una continuidad con los Kirchner: «Querían sacar este país adelante, algo que recién se está pudiendo hacer ahora», dijo durante el último mandato de Cristina Kirchner.

a comienzos del siglo XXI, junto con Luiz Inácio «Lula» da Silva en Brasil, Hugo Chávez en Venezuela, Evo Morales en Bolivia y Rafael Correa en Ecuador.

Gracias a la enorme influencia del varón primogénito, un gran número de referentes de La Cámpora ocuparon cargos importantes de la administración pública nacional y en las listas de candidatos en todo el país, hasta conformar un bloque significativo en la Cámara de Diputados de la Nación. Algunos descendientes y otros parientes de destacados dirigentes montoneros llegaron a integrar el Gabinete Nacional.[9]

Dos de los cinco hijos de Firmenich encontraron cobijo en La Cámpora.

Mario Javier Firmenich (Marito, para distinguirlo de su padre) forjó una gran amistad con Andrés «el Cuervo» Larroque, diputado nacional y secretario general de la agrupación. Fueron compañeros de estudios en el Colegio Nacional de Buenos Aires, el mismo al que habían asistido Jorge Born y parte de la cúpula montonera. Durante la adolescencia, Larroque y Marito compartieron la fascinación por las lecciones de política y estrategia que les impartía Firmenich cuando aún vivía en Buenos Aires. El Cuervo terminó como presidente del centro de estudiantes. Marito se radicó con su mujer y sus tres hijos en la provincia de Córdoba y se dedicó a enseñar en la Facultad de Ciencias Económicas de la Universidad Nacional de Córdoba.[10]

---

[9] Juan Manuel Abal Medina, sobrino de Fernando, ocupó el cargo de jefe del Gabinete de Ministros, y Nilda Garré, que había sido pareja de su padre y militante de la izquierda peronista, comandó el Ministerio de Defensa. Patricia Vaca Narvaja, hermana del dirigente que integró la cúpula montonera, fue designada embajadora política ante el gobierno de México.

[10] Marito había pasado los primeros años de vida en esa misma provincia, alojado en un hogar para chicos huérfanos que conducía el cura Francisco Luchesse. En el libro *La guardería montonera, la vida en Cuba de los hijos de la Contraofensiva*, la periodista Analía Argento relató que, además de llevar el mismo nombre, el niño tenía un gran parecido físico con su padre. Con ánimo de protegerlo hasta que la madre saliera de la cárcel en la que se encontraba detenida y lo fuera a recoger, el cura le puso un seudónimo y le quitó una verruga sobre el borde del labio, réplica de la marca facial más distintiva de Firmenich.

POSFACIO

También Facundo, el hermano mayor, estudió economía y se adhirió al kirchnerismo.

Lo hizo desde España, donde fundó La Cámpora 25, la primera delegación exterior del grupo, bautizada como si la sede catalana sumara una provincia a las veinticuatro que componen Argentina. Además, colaboró con Pablo Iglesias, líder de la agrupación Podemos, la fuerza que desafió a los partidos políticos tradicionales españoles. «Soy amigo. Acompaño, pero no asesoro. Me siento más cómodo así, porque me gusta salvaguardar mi vida familiar», declaró en marzo de 2015,[11] de paso por Buenos Aires.

Aunque esa vez no quiso hablar sobre su padre, en España concedió un reportaje a la publicación *Viernes Peronistas*[12] en el cual comentó por primera vez sensaciones compartidas en la intimidad de la familia. En la visión del hijo, el padre había padecido «persecución política y difamación mediática constante, principalmente durante las décadas de 1980 y 1990», y consideró que mucho de eso había menguado gracias al gobierno de Néstor Kirchner.

Entre los Montoneros que sobrevivieron, algunos protagonistas de la Operación Mellizas llegaron a ocupar cargos de relevancia y uno de ellos se integró al círculo familiar de los Kirchner.

Raúl Magario, el ex jefe de Finanzas de los Montoneros, se convirtió en un hombre muy influyente de la política en La Matanza, el municipio más poblado del Conurbano de la provincia de Buenos Aires. En 2015, su hija Verónica Magario fue electa como la primera alcalde-

---

[11] Entrevista en el programa de radio *La vuelta de Zloto*, conducido por Marcelo Zlotogwiazda, 27 de mayo de 2015. Facundo Firmenich se encontraba de visita en Buenos Aires, invitado a un foro organizado por la Secretaría de Cultura de la Nación. Solo accedió a hablar en representación de Podemos y los nuevos actores políticos españoles. Sin embargo, cuando Iglesias asumió como secretario general de Podemos, participó en el acto en nombre del Movimiento Evita, una agrupación kirchnerista.

[12] *Viernes Peronistas*, n.º 3, diciembre de 2013, Madrid.

sa del bastión político del peronismo, siempre territorio masculino, que habitan dos millones de personas.

Perdía y Vaca Narvaja se toparon con dificultades judiciales por última vez en agosto de 2003. Permanecieron poco más de dos meses detenidos, acusados por la desaparición de un grupo de montoneros que habían regresado durante la Contraofensiva que ellos ordenaron desde el exilio, hasta que un juez determinó que podían tener responsabilidad política, pero no penal por esas muertes.

Perdía vive sin turbaciones con su familia en un pequeño apartamento cerca de los Tribunales de la capital argentina. A algunos de los que lo visitan por primera vez les llama la atención que la casa del ex dirigente guerrillero se halle frente a una estación de policía. En el año 2014 publicó un libro poco revelador, *Montoneros, el peronismo combatiente en primera persona*, y no encontró la misma resistencia que Firmenich cuando concedió entrevistas a los medios para promoverlo.

Fernando Vaca Narvaja cultivó el anonimato a lo largo de una década. Atendió un comercio de venta y reparación de neumáticos en el barrio de La Paternal, en la ciudad de Buenos Aires, hasta que se mudó a la provincia de Río Negro, en el sur del país, donde fue designado funcionario del gobierno.[13]

Poco después de la muerte de Néstor Kirchner, quedó estrechamente emparentado a la familia presidencial. Camilo Vaca Narvaja, su hijo menor, formó pareja con Florencia Kirchner, la hermana de Máximo, hija de la presidenta. Nacido durante el exilio de sus padres en México, Camilo conoció a Florencia en una actividad de La Cámpora. Militaba en otra agrupación, también kirchnerista, y trabajaba en el Congreso con un diputado oficialista.

En agosto de 2015 nació Elena Vaca Narvaja Kirchner, hija de Florencia y de Camilo.[14]

---

[13] Vaca Narvaja fue presidente del Tren Patagónico y ministro de Obras Públicas del gobierno de la provincia de Río Negro.

[14] «Ver anotados esos apellidos juntos me hizo recordar a mis familiares desaparecidos. Por nuestra historia y nuestro pasado, yo no tenía claro si iba a poder llegar a ver a mis nietos», declaró María Josefa Fleming, la abuela materna, quien fue combatiente montonera, igual que su marido.

POSFACIO

Otras historias ligadas al secuestro de los hermanos Born también reaparecieron en la escena pública durante el gobierno de Cristina Kirchner, cobrando un nuevo sentido.

La presidenta promovió la sanción de una nueva ley de medios audiovisuales con el objetivo de acotar la cobertura y el poder del Grupo Clarín, el conglomerado más importante de Argentina, propietario de radios, canales de cable y de aire, y prestador de servicios de internet y de televisión de pago. El grupo empresarial presentó resistencia a la nueva regulación que consideraba parte de una persecución del kirchnerismo. Entonces el oficialismo sacó un fantasma del altillo: ordenó que se revisara la operación que le había permitido adquirir el 49 por ciento de las acciones de Papel Prensa en plena dictadura.

En sociedad con los accionistas de otros dos diarios, *La Nación* y *La Razón*, *Clarín* había comprado las acciones que habían pertenecido a David Graiver, el custodio de los fondos de los Montoneros muerto en aquel sospechoso accidente aéreo. Su viuda, Lidia Papaleo, y el resto de los herederos les habían vendido su participación poco antes de que la dictadura secuestrara al grupo familiar y lo despojara de todos sus bienes. Papel Prensa era un activo muy valioso por su actividad y estratégico también para los militares: representaban la porción del Estado en la empresa mixta al mismo tiempo que ejercían una gran censura sobre los medios que se prestaron a esa convivencia.

Habían pasado ya más de treinta años. El tema había quedado sepultado, relegado acaso a los interesados en la historia de la comunicación.

Entonces, por impulso del kirchnerismo, Papel Prensa ocupó el centro de la disputa con el grupo empresarial. Papaleo declaró que el director ejecutivo del Grupo Clarín, Héctor Magnetto, la había amenazado de muerte para obligarla a vender. Denunció que los diarios compradores de sus acciones habían difundido la conexión de Graiver con los Montoneros de manera profusa con el único objetivo de forzarla a que se desprendiera de ellas.

Omitió esa vez las amenazas del doctor Paz, quien le había reclamado en nombre de la guerrilla peronista los millones que su marido administraba.

POSFACIO

En base al nuevo testimonio de Papaleo, el gobierno de Cristina Kirchner solicitó que los directivos de los tres diarios que participaron en la compra fuesen considerados partícipes necesarios del delito de apropiación ilegal de Papel Prensa. La petición, sin embargo, no había prosperado hasta el final de su mandato.[15]

La cola de esa historia también rozó a Jorge Born.

«¿A vos te parece?»

Mientras me hacía la pregunta, retórica, me extendió una hoja de papel. Hacía ya algunos meses que me recibía en su oficina para hablar sobre el secuestro que había cambiado su destino. Pero el escrito era un desvío al presente: consignaba un allanamiento a las oficinas de Molinos Río de la Plata.

Después de haber perseguido los crímenes de los militares, el gobierno impulsó otras causas contra los cómplices civiles: empresarios, directivos y gerentes de empresas a quienes se pudiera considerar copartícipes de la represión ilegal.[16]

Además de examinar la transferencia de acciones —como en el caso de Papel Prensa— se abrieron procesos para investigar la responsabilidad de los dueños y empleados de ciertas compañías en la «desaparición» (secuestro y muerte) de los delegados de las comisiones gremiales en sus fábricas.

«¿Qué van a encontrar ahí? —siguió—. Si nosotros vendimos la empresa hace años, y los gerentes de aquella época están todos muertos... Esto es el cuento de nunca acabar.»

Los hijos de tres obreros desaparecidos de la planta de Molinos Río de la Plata en Avellaneda habían presentado en junio de 2014 la denun-

---

[15] La Secretaría de Derechos Humanos solicitó en 2010 que fuesen llamados a declaración indagatoria Héctor Magnetto y Ernestina Herrera de Noble (del diario *Clarín*), Bartolomé Mitre (*La Nación*), Raymundo Podestá y Guillermo Gainza Paz (*La Razón*). En el momento de la publicación de este libro, el juez Julián Ercolini no había hecho lugar a la petición.

[16] Las empresas automotrices Ford y Mercedes-Benz, los astilleros Astarsa y la agroindustria Ledesma, entre muchas otras, fueron investigadas por la justicia. Otros casos fueron compilados por Horacio Verbitsky y Juan Pablo Bohoslavsky en el libro *Cuentas pendientes. Los cómplices económicos de la dictadura*, y el Congreso se aprestaba al cierre de la publicación de este libro a poner en marcha una Comisión Investigadora especialmente dedicada a indagar en la complicidad civil.

cia que motorizó el allanamiento. El caso tenía que ver con el secuestro de los hermanos Born.

Según los denunciantes, mientras los herederos permanecían cautivos de los Montoneros, la comisión gremial de la planta respondía a la Agrupación 17 de Octubre-Juventud Trabajadora Peronista (JTP), considerada por la empresa afín a la guerrilla peronista. Después del golpe militar al menos veinte empleados de la planta —en la que ya no quedaban rastros de los bustos de Perón y de Eva—, casi todos ellos miembros de aquella comisión, fueron secuestrados y permanecen desaparecidos desde entonces. La *razzia* fue tan grande que —según los hijos de las víctimas— debió de contar con la cooperación de la empresa, que eliminó así la conflictividad gremial.

La justicia había tomado cartas en el asunto. Born me mostró el informe del procedimiento en las oficinas de Avellaneda, que terminó con el retiro de varias cajas con documentos de la época.

«Esto es el cuento de nunca acabar», repitió.

Juan Born y otros miembros de la familia supieron que Jorge había cooperado con el libro muy poco antes de que se publicara su primera edición, en mayo de 2015.

Una de las hijas de Jorge se acercó a saludarme en la presentación de *Born* en la Feria del Libro de Buenos Aires. Me pidió que por favor no la identificara en público, se sentía demasiado vulnerable y conmovida. Se había enterado, como lectora, de cosas que su padre jamás le había contado.

Algunos parientes sintieron alivio al ver que el libro rompía por fin con el silencio que había rodeado al secuestro. La difusión de la historia les transmitía algo parecido a una reivindicación ante el gobierno de Kirchner.

Les devolvía el papel de víctimas.

Otros —presumo que Juan entre ellos— sintieron su intimidad quebrantada. Habrían preferido que el caso hubiera seguido perdido, a la espera de un olvido imposible.

El episodio de la asociación con Rodolfo Galimberti, que había molestado a muchos en la familia, había quedado en el pasado. El ex montonero había muerto a los cincuenta y cuatro años durante una intervención de urgencia por un aneurisma en la aorta abdominal, el 12 de febrero de 2002.

—¿Terminaron amigos? —le pregunté a Jorge.

—Al final de su vida ya no me llevaba tan bien con él, básicamente era un loco.

—No fue a su casamiento.

—No quería lío. Pero fui a su entierro.

Calló unos momentos, parecía pensar. Agregó:

—Él me admiraba, como a todos los que tenían éxito. Enloquecía por la plata, el poder y las armas.

Born renegó así de la fascinación que le había despertado Galimberti. Solo el Loco se había deslumbrado con él.

Intentaba borrar el malestar que había causado a su familia. En otros casos, menguar el dolor le resultó más difícil.

VIVIAN RIBEIRO

María O'Donnell con Jorge Born III en la mesa donde transcurrieron las entrevistas que dieron origen y base a este libro.

POSFACIO

Me sorprendió comprobarlo cuando en la presentación a la que asistió la hija de Born una mujer levantó la mano y se identificó como María Cristina Muscat, la hija del gerente de Bunge y Born que los Montoneros habían asesinado mientras los hermanos permanecían secuestrados, con el mero fin de poner presión.

María Cristina contó que su hermana Claudia, la que viajaba con su padre en el asiento del acompañante, aún sufría las secuelas del trauma. Algo agravado porque el crimen quedó impune e irresuelto, solo habían obtenido un expediente con unas pocas páginas y la carátula «Riña en calle».

Nadie fue siquiera acusado por la muerte de Muscat. De nada valieron los intentos de la familia por sumar el caso a las víctimas de la Operación Mellizas.

Firmenich estaba libre, gracias al perdón que le había concedido Menem. Por los indultos y las prescripciones, ningún dirigente de los Montoneros quedó pendiente de castigo. La Corte Suprema de Justicia dictaminó que los únicos crímenes imprescriptibles, por ser de lesa humanidad, son aquellos en los cuales participó el Estado.[17]

La familia Muscat —al igual que los parientes del chófer Juan Carlos Pérez y, tal vez, los de Alberto Bosch— jamás se repuso de la indiferencia del Estado, que nunca ofreció a las víctimas civiles de la guerrilla reparación alguna.

Los Muscat tampoco superaron la actitud de Born. No lo creyeron con derecho a perdonar en nombre de otros.

Para Jorge, la historia empezó a cerrar cuando tomó la decisión de contar el secuestro y la saga del botín maldito. A lo largo de cuarenta años llegó a pensar que no valía la pena reabrir el pasado, que todo había quedado atrás sin más esfuerzo. Pero cuando accedió a organizar el relato y compartirlo encontró un alivio que no había procurado. Sintió, casi asombrado, algo parecido a una sensación de cierre.

---

[17] Persisten, sin embargo, protestas de familiares de víctimas de crímenes que se les atribuyen a los Montoneros, como el asesinato del sindicalista José Ignacio Rucci en 1973, que señalan que no se puede establecer una distinción tan clara en el período en el cual integrantes y simpatizantes de la guerrilla peronista ocupaban cargos públicos.

ANEXO DOCUMENTAL

Los cables de la embajada de Estados Unidos

USO OFICIAL RESTRINGIDO BUENOS AIRES 7067
19 DE SEPTIEMBRE
ASUNTO: SECUESTRAN A DOS DESTACADOS EMPRESARIOS

1. DOS DE LOS HOMBRES DE NEGOCIOS MÁS DESTACADOS DE ARGENTINA FUERON SECUESTRADOS EL 19 DE SEPTIEMBRE CUANDO ERAN TRASLADADOS AL TRABAJO. JUAN Y JORGE BORN FUERON INTERCEPTADOS EN UN SUBURBIO DE BUENOS AIRES POR APROXIMADAMENTE 15 TERRORISTAS DISFRAZADOS DE EMPLEADOS DE EMPRESAS DE SERVICIOS. JORGE PRESIDE BUNGE & BORN LDT, UNA FIRMA ARGENTINA CON MÁS DE 25 SUBSIDIARIAS DE MANUFACTURAS, QUÍMICOS Y PRODUCTOS AGRÍCOLAS.

2. EL CHÓFER Y OTRO EMPRESARIO FUERON ASESINADOS POR LOS TERRORISTAS. EL TIPO DE OPERACIÓN Y LA CANTIDAD DE TERRORISTAS QUE PARTICIPARON PARECIERA INDICAR QUE EL ERP [EJÉRCITO REVOLUCIONARIO DEL PUEBLO] ES RESPONSABLE. ESTO SE ACLARARÁ CUANDO, Y SI, EMITAN UN COMUNICADO.

HILL

ANEXO DOCUMENTAL

Diez días después
Embajada de Estados Unidos en Buenos Aires

El embajador Hill clarifica su informe para el secretario de Estado, Kissinger, en otro cable con información más exacta.

> USO OFICIAL RESTRINGIDO BUENOS AIRES 7101
> 1 DE OCTUBRE
> ASUNTO: LOS MONTONEROS REIVINDICAN
> EL SECUESTRO DE LOS BORN
> REF.: BA 7067
>
> 1. LOS MONTONEROS, EL MOVIMIENTO TERRORISTA DE IZQUIERDA QUE EN FORMA RECIENTE ANUNCIÓ SU REGRESO A LAS ACTIVIDADES CLANDESTINAS, SE HAN DECLARADO AUTORES DEL SECUESTRO DEL DÍA 19 DE SEPTIEMBRE DE DOS PROMINENTES HOMBRES DE NEGOCIOS, JUAN Y JORGE BORN.
>
> 2. LOS CONTACTOS ENTRE LOS SECUESTRADORES Y LA FAMILIA ESTÁN SIENDO NEGADOS Y SE DESCONOCE EN QUÉ ESTADO SE ENCUENTRAN LOS HERMANOS. AÚN NO SE HIZO PÚBLICO NINGÚN PEDIDO DE RESCATE, PERO ALGUNOS INFORMES INDICAN QUE LOS MONTONEROS HAN ESTADO EN CONTACTO CON LA FAMILIA Y QUE LA DEMANDA ES ASTRONÓMICA, TAL VEZ POR ARRIBA DE LOS 30 MILLONES DE DÓLARES. HASTA AHORA, SIN EMBARGO, ES INFORMACIÓN SIN CONFIRMAR.
>
> 3. LOS MONTONEROS ANUNCIARON EN UN COMUNICADO QUE SOMETERÍAN A LOS BORN A LA JUSTICIA POPULAR. PERO LO MÁS PROBABLE ES QUE AL FINAL PIDAN POR ELLOS UN RESCATE, DADO QUE LOS MONTONEROS DEBEN ESTAR NECESITANDO DINERO PARA FINANCIAR SUS ACTIVIDADES CLANDESTINAS.

La historieta

La División de Prensa de los Montoneros elaboró una historieta que en cuatro páginas, mitad explicativas y mitad panfletarias, pretendía justificar el secuestro al describir la dimensión de la multinacional de los Born.

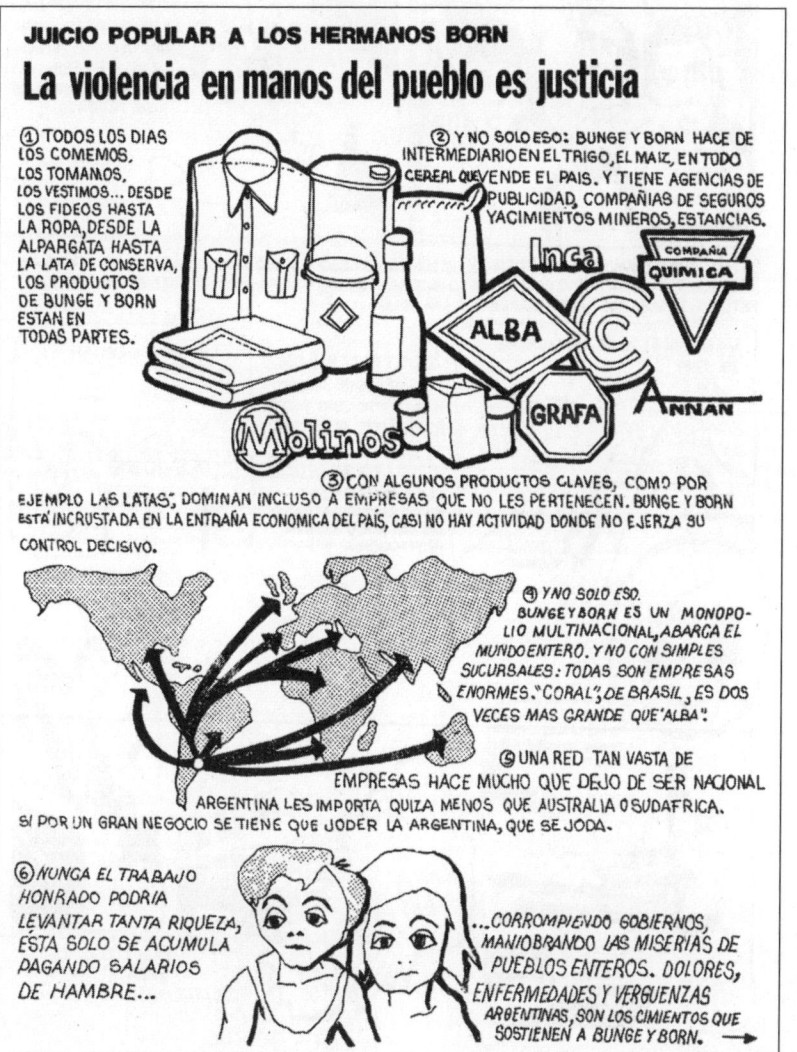

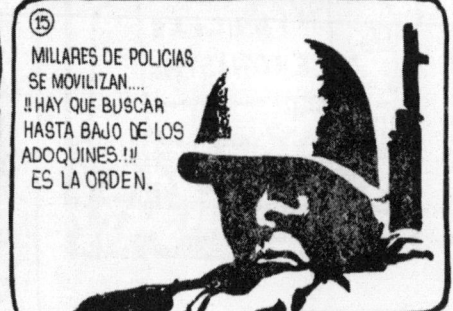

ANEXO DOCUMENTAL

MIENTRAS...
LOS HERMANOS
BORN
SON SOMETIDOS
A JUICIO POPULAR

(16) LA CONDENA
ES CLARA:
DEVOLVERÁN AL
PUEBLO PARTE DE LO
ROBADO; Los millones
que pagaron servirán
para la ORGANIZACIÓN
Y LA LUCHA
DEL PUEBLO...

EL PERONISMO VUELVE!!

(18)...CON LA CONSTRUCCIÓN DE LAS MILICIAS PERONISTAS!!

EL PERONISMO VUELVE
CON LAS ARMAS MONTONERAS
CONTRA EL VANDORISMO
TRAIDOR Y EL PULPO
DE BUNGE Y BORN!!

ANEXO DOCUMENTAL

La solicitada

El 20 de junio de 1975, los diarios *Le Monde* (Francia), *The Washington Post* (Estados Unidos), *Il Corriere della Sera* (Italia) y *The Guardian* (Reino Unido) publicaron la solicitada que los Montoneros exigieron —además del dinero, el reparto de comida en barrios populares y la colocación de bustos de Juan Domingo Perón y Eva Perón— para liberar a Jorge Born. La organización guerrillera revisó las traducciones, demasiado literales para que se comprendieran, que aun en tipografía pequeña ocuparon una página entera en diarios de formato sábana.

La empresa Bunge y Born hace saber que se ve obligada a publicar este artículo, forzada por la Organización que tiene en su poder a sus directivos, Jorge y Juan Born. En ninguna circunstancia podrá ser interpretado como una aprobación del texto por nuestra parte. En lo que concierne a los juicios vertidos por esta Organización sobre la empresa, debemos señalar que:

1. *Desde hace veinte años que los salarios en Argentina se fijan mediante convenios colectivos celebrados con los sindicatos a nivel nacional.*
2. *La empresa siempre ha respetado estos acuerdos, y sostuvo una política permanente de mantener los salarios por encima de lo acordado en los convenios.*
3. *La empresa ofrece las mejores remuneraciones en las distintas ramas por actividad y las mejores condiciones de trabajo en todo el país. Esto puede ser verificado con los sindicatos.*
4. *Sin querer emitir juicio sobre el uso de la expresión «monopolio multinacional», la empresa declara que ningún argentino tiene derecho a negarle a otro argentino el ejercicio de sus derechos ciudadanos.*
5. *El hecho de que la empresa desarrolle actividades en distintos países no implica que sus directivos renieguen de su propio país.*
6. *La empresa es la más importante de la República Argentina y tiene sus principales inversiones en el país. Esto alcanza para poner en duda la validez del argumento relativo a las transferencias de capitales al exterior.*

7. *Por el contrario, la empresa es la única del país que exporta tecnología y reingresa los derechos correspondientes.*
8. *La política de la empresa siempre ha sido la de evitar financiar inversiones de un país con recursos provenientes de otro país. El Banco Central prohíbe ese tipo de transferencias y la empresa respeta la ley.*
9. *Perón fue derrocado en 1955 por un golpe del cual la empresa no participó ni directa ni indirectamente.*
10. *La empresa rechaza todo intento por imponer ideas con métodos violentos.*
11. *La empresa guarda en sus archivos correspondencia con el general Perón que atestigua el alto respeto y estima que el general tenía por la misma.*

En septiembre de 1974, los Montoneros decidieron ejecutar la sentencia revolucionaria dictada contra Bunge y Born. Se había realizado un estudio de antecedentes de dicha empresa desde su creación hasta la fecha, en el país y en el extranjero. Como resultado, Bunge y Born fue encontrada culpable de los siguientes cargos de la acusación:

1. *Explotación de la clase obrera: durante años, la empresa se desarrolló gracias a la explotación que ejerció sobre los obreros, pagando salarios bajos y apelando a la represión policial cuando los trabajadores se movilizaban para exigir justicia en la distribución de los ingresos.*
2. *Prácticas monopólicas: no contenta con explotar a sus trabajadores, la empresa practicó, en muchas ocasiones y con métodos diversos, maniobras para aniquilar a las pequeñas y medianas empresas nacionales.*
3. *Ataque a los intereses nacionales: la empresa Bunge y Born es culpable, de manera sostenida, de agresión contra los intereses nacionales, en particular, de usar las ganancias que obtiene en el país para financiar su expansión en el extranjero. Bunge y Born ha dejado de ser una empresa nacional para convertirse en un monopolio multinacional por la vía de la evasión de capitales, lo que demuestra que cuida únicamente de sus intereses en contra de los intereses nacionales. Además, su participación en el golpe reaccionario y proimperialista que depuso en 1955 el gobierno peronista y su permanente alianza con los gobiernos ilegítimos que lo sucedieron convirtieron a la empresa en un enemigo del pueblo argentino*

en el terreno político. Ello se ha podido observar claramente en el momento de tomar el poder el gobierno peronista el 11 de marzo de 1973. La empresa practicó restricciones al abastecimiento con el fin de crear el caos y hacer fracasar la voluntad del pueblo que había triunfado en las elecciones.

Para ejecutar la sentencia, los Montoneros llevaron adelante una operación militar que consistió en el arresto de Jorge y Juan Born, dos propietarios y directivos de la empresa. Luego de extensos interrogatorios y de un análisis de las responsabilidades de la empresa relativas a las acusaciones mencionadas más arriba, los Montoneros impusieron a la empresa las siguientes penalidades:

- Un año de prisión para Jorge y Juan Born. Esta pena fue reducida a nueve meses luego de que la empresa cumpliera con el resto de la sentencia.
- Pago de una suma muy importante de dólares por la liberación de Jorge y de Juan Born, en concepto de multa por el delito de haber organizado la evasión de capitales. La suma fue entregada a los Montoneros en tanto representantes del interés nacional, para ser utilizada según su criterio.
- Distribución en barrios, fábricas, escuelas y hospitales de mercaderías por un valor de un millón de dólares, como multa por las restricciones al abastecimiento practicadas por la empresa.
- Obligación de solucionar los conflictos sindicales que tuvieron lugar durante el período de detención de los directivos de la firma, aceptando las exigencias de los trabajadores.
- Como penalidad por los males infligidos al pueblo argentino, en razón de la participación de la empresa en el golpe de 1955, los bustos del general Perón y de Eva Perón serán instalados en todas las empresas dependientes de Bunge y Born en Argentina. Los trabajadores serán autorizados a participar en las ceremonias de inauguración.

El texto del presente artículo será colocado en los tableros de las empresas, y permanecerán exhibidos por un plazo de quince días.

Esta operación de Montoneros constituye un hecho de extrema importancia para Argentina. Se produce en un momento realmente dramático para el pueblo argentino.

ANEXO DOCUMENTAL

TREINTA AÑOS DE LUCHA ANTIIMPERIALISTA

Durante los últimos treinta años, nuestro pueblo llevó adelante una lucha heroica contra el imperialismo y sus aliados en el país. Los ejes de las principales fuerzas antagónicas se han expresado en el marco de esta lucha: los intereses nacionales opuestos a los del imperialismo, fuerzas que luchan por la LIBERACIÓN mientras aquellos sostienen la DEPENDENCIA. Imperialismo o Nación, Dependencia o Liberación son las opciones actuales. Uno de los elementos más importantes de esa larga lucha es la permanencia del Movimiento Peronista, que es la verdadera bandera política de la clase obrera y de los pequeños y medianos productores rurales, bajo la cual el pueblo combate contra los intereses de los monopolios.

La oposición a los golpistas proimperialistas que habían derrocado a Perón en 1955, la resistencia que el pueblo desarrolló a lo largo de dieciocho años contra las diversas tentativas del sistema de engañar la voluntad del pueblo, el rutilante triunfo popular que puso fin a la dictadura de Lanusse el 11 de marzo de 1973, todo ello tuvo como principal protagonista al Movimiento Peronista, dirigido desde el exilio por el general Perón, quien supo reunir a su alrededor a todas las fuerzas nacionales.

Nacidas en estos dieciocho años de resistencia, maduradas en innumerables luchas populares, expresión sublime de las fuerzas en la lucha, una verdadera síntesis de esta larga experiencia, surgen las organizaciones armadas del peronismo y convergen en la actual organización político-militar de los Montoneros.

Todos los métodos para destruir al peronismo en tanto movimiento de liberación nacional fueron ensayados por el imperialismo: persecución, prisión, torturas, fusilamientos, proscripciones. Todo ello se estrelló contra el movimiento unido alrededor del general Perón, intransigente en la defensa de los intereses populares. Habiendo fracasado las tentativas de destruir el movimiento, el imperialismo trata de incorporarlo al régimen al intentar transformarlo en una organización liberal aceptable para el sistema, de vaciarlo de su contenido de masas, de sacarle su esencia revolucionaria y de destruirlo como Movimiento de Liberación Nacional. El imperialismo elabora y favorece una estrategia doble: por la corrupción, la infiltración ideológica y la incorporación de monopolios en la economía nacional, el imperialismo logra formar una clase de dirigentes sindicales y políticos que dejan de lado la defensa del pueblo peronista y se convierten en instrumentos de la estrategia imperialista de destrucción del Movimiento Peronista, en tanto mo-

vimiento de liberación nacional. Traidores de la Patria y del Movimiento, sostenedores de los intereses monopolistas, estos sectores elegirán entre la oposición, el partido de la dependencia. Al mismo tiempo se reprime de manera salvaje a todos los dirigentes, militares y grupos que permanecen fieles a los intereses de la clase obrera y quienes no han abandonado la lucha por la liberación.

Inventan un peronismo «institucional», alejado de las masas y lleno de traidores, aquel que acepta fácilmente las reglas del juego del sistema, mientras que se está tratando de aniquilar al peronismo auténtico.

LA TRAICIÓN DEL TRIUNFO POPULAR DEL 11 DE MARZO DE 1973

Luego del triunfo popular del 11 de marzo de 1973, la estrategia imperialista no experimenta cambio alguno. Lejos de oponerse globalmente al gobierno peronista, se propone como objetivo vaciar este triunfo de todo significado alejando a los auténticos peronistas de las estructuras de gobierno y reemplazándolos por traidores. Después de la muerte del general PERÓN, esta estrategia entra en su fase final. En pocos meses, uno de los más grandes triunfos populares desemboca sobre uno de los gobiernos más dictatoriales, represivos y proimperialistas que haya conocido el pueblo argentino.

No queda nada del 11 de marzo de 1973. Ni PERÓN como jefe del Movimiento, ni Cámpora como presidente, ni los gobernadores, ni los ministros, ni el programa votado por el pueblo. Un pequeño grupo de ávidos del poder, secuaces de la estrategia imperialista, acumulan en sus manos los controles del aparato institucional del Movimiento Peronista y del gobierno. Desde esa posición ellos siguen defendiendo los intereses de los monopolios bajo las banderas peronistas. Se trata de la presidenta Isabel Martínez de PERÓN, del ministro LÓPEZ REGA, del presidente de la Cámara de los Diputados, Raúl LASTIRI, y de sus filiales incondicionales.

Sobre el terreno de la economía, el país está en crisis, virtualmente en bancarrota. La inflación llega a una tasa mensual del 10 por ciento, el salario real de los trabajadores está bajando de modo constante (y los obliga a hacer piruetas de magos para poder subsistir), la inversión es igual a cero, la mano de obra no se emplea y el desempleo agrava el deterioro del salario. La deuda externa ha pasado de 6.500 millones de dólares a 9.300 millones a la fecha de hoy. La balanza de pagos es deficitaria. Las reservas de divisas disminuyen todos los días de manera alarmante, la desvalorización de la moneda argentina es extraordinaria: en seis meses el dólar ha triplicado su valor en el mercado paralelo; la pequeña y mediana empresa están desapareciendo. La crisis mundial del capitalismo recae sobre los países dependientes y el pueblo argentino y los demás países dependientes tienen que soportar las consecuencias.

El complemento de esta política económica es una represión casi sin precedentes en la vida del país. Pero quieren mantener la apariencia de un gobierno popular con el apoyo de la mayoría y consenso de la minoría. Para ello hay que combatir toda clase de oposición, justificada o no. Se instituye una legislación represiva muy completa que hace posible la acción de las fuerzas represivas encabezadas por el Ejército. Para completarlo, el gobierno formó una organización parapolicial, la Triple A, que comete cientos de asesinatos en la más absoluta impunidad. Compuesta por policías, militares y mercenarios, impone una política del terror, acribillando con balas, dinamitando y quemando los cuerpos de los militantes populares, periodistas, dirigentes políticos, sacerdotes, etc., luego de asesinarlos. Encabezando este mecanismo represivo se encuentra el ministro de Bienestar Social LÓPEZ REGA, un maniático del poder, un verdadero discípulo de HITLER y la Alemania nazi. Imitando sus métodos, LÓPEZ REGA aspira al control total del aparato represivo para llegar al poder absoluto.

Reprimir a aquellos que se oponen al gobierno resulta insuficiente. Es asimismo necesario reducir al silencio a la prensa. A la ley que restringe la libertad de prensa, al cierre de los diarios y de las revistas, se agregan las amenazas, persecuciones y asesinatos de periodistas que se atreven a pronunciar cualquier crítica o simplemente dicen la verdad y la publican. A la censura impuesta por la legislación se agrega la autocensura que el terror impone sobre los medios de la prensa.

Frente a todo ello, la mayoría de los políticos y dirigentes liberales, entre los cuales se distingue el doctor Ricardo BALBÍN, juega a la «oposición constructiva» mediante «el diálogo y el respeto a las instituciones». Teniendo a su disposición todos los naipes para apoderarse de las luchas populares sin perjudicar los intereses del pueblo, estos señores prefieren callarse o hablar de manera ambigua en vez de promover las luchas que ellos no estarían en condiciones de controlar. Defienden los mismos intereses que el gobierno actual. Se distinguen del gobierno por ser liberales, no están de acuerdo con la conducción de la política actual solo porque no participan de su ejecución. Hostiles a los procesos de liberación nacional, ellos son de hecho aliados del imperialismo en su afán de destruir al peronismo auténtico, frustrar la clase obrera y al pueblo organizado y castrar el proceso revolucionario.

SOLO EL PUEBLO SALVARÁ AL PUEBLO

Para hacer frente a la situación crítica a la cual el país fue arrastrado, no podemos pensar en un golpe de corte nacionalista o de otro tipo: el Ejército nunca ha defendido los intereses del pueblo, como lo demuestra a cada instante. Tampoco podemos esperar que los altos dirigentes políticos liberales abandonen su actitud tradicional que consiste en apoyar al régimen para privar al pueblo de decidir sobre su futuro. Heroicos defensores de «las instituciones democráticas» a condición de que las mismas sirvan para mantener la dependencia, no dudan en apoyar siempre a este gobierno autoritario.

Hoy más que nunca tiene validez la frase del general PERÓN: «Solo el pueblo salvará al pueblo».

Los MONTONEROS aceptamos este desafío histórico: el de continuar el proceso de liberación nacional y social. Para ello hay un solo camino posible: alcanzar la dominación del proceso político para la clase obrera. Ello será posible cuando hayamos construido el poder popular, luego de haber liquidado el poder político, militar y económico del imperialismo. Será definitivo cuando hayamos destruido nuestra dependencia del capitalismo y construido el socialismo.

Asumamos la responsabilidad del momento presente y empeñemos todos nuestros esfuerzos para:

Reconstruir el Movimiento Peronista como expresión auténtica de la clase obrera y del pueblo, evitando así que la traición lo destruya. El Peronismo Auténtico renacerá fortalecido de esta crisis, fortalecido por sus experiencias de lucha, convertido en el Movimiento de Liberación Nacional que permitirá al pueblo llevar a cabo la lucha final contra el imperialismo.

Promover la creación del Frente de Liberación Nacional, que bajo la dirección del Movimiento Peronista recibirá a los pequeños y medianos empresarios, así como también a los demás sectores que se oponen al imperialismo con miras a la liberación nacional.

Mantener sin tregua la resistencia al gobierno actual, sacando a la luz su esencia antipopular, represiva y proimperialista, atacando a las fuerzas que lo sostienen, hasta su liquidación.

¡PERÓN O MUERTE! ¡VIVA LA PATRIA!
¡HASTA LA VICTORIA, MI GENERAL!
LOS MONTONEROS

La conferencia de prensa (extractos)

El día de la liberación de Jorge Born III, el dirigente máximo de los Montoneros se presentó en una conferencia de prensa en la clandestinidad. En el lugar los periodistas encontraron una carpeta, «Bunge y Born ante la Justicia Popular», que definía el secuestro y el rescate como un arresto y la compensación por los crímenes contra el pueblo. Firmenich anunció que el rescate había sido de sesenta millones de dólares y que se aplicaría a la «inmensidad de la tarea» que su organización se había impuesto: «alcanzar la definitiva liberación nacional».

CONFERENCIA DE PRENSA: 5. EXPROPIAR LOS MONOPOLIOS

Lo que sigue es el texto de la conferencia de prensa ofrecida por el Oficial Superior de MONTONEROS, Mario Eduardo Firmenich, el 20 de junio pasado:

Se realiza esta conferencia de prensa en razón de producirse la culminación del proceso de detención, juicio y sanciones al monopolio Bunge y Born. El monto de lo pagado, además de las otras sanciones que ustedes tienen en carpeta, es de 60.000.000 de dólares; a éstos se le agrega el costo en mercaderías repartidas a la población que suman $ 3.600.000.000 m/n y una serie de reivindicaciones laborales obtenidas en las empresas que pertenecen a ese grupo. Este monto es de U$S 60.000.000 no obstante su volumen es apenas la tercera parte del presupuesto de defensa nacional de nuestro país para el año 1975. Por otra parte también me es fácil comparar esta cifra con aquella otra de U$S 45.000.000 que publicó con alaraca el gobierno argentino obtenida como crédito para la represa de Salto Grande y respecto a esto podemos hacer la siguiente reflexión: estos créditos que se obtienen obviamente deben ser devueltos y deben pagarse por ellos intereses en tanto que la expropiación a los monopolios no se paga y además la empresa Bunge y Born no ha vendido una sola acción, es decir que mantiene la tota-

lo menos, de toda la historia argentina.

Esto a nosotros nos remarca un principio político que hemos sostenido siempre, que es, a nuestro juicio, el principio que deben proseguir los grupos revolucionarios del mundo entero. Es el principio de la independencia política basada en la autosuficiencia económica y militar. Muchos grupos revolucionarios del continente han fracasado en sus postulados justamente por vulnerar este principio. Nosotros estamos plenamente convencidos que el apoyo externo es algo sumamente importante en una revolución pero de ningún modo lo determinante y nuestro proceso lo reafirma. Y creemos que ésto nos deja como enseñanza para todos los grupos revolucionarios y especialmente de nuestro continente, que es necesario basarse en este principio aunque sea asaltando restoranes y a partir de ahí desarrollar el proyecto político con absoluta independencia.

Desde el punto de vista de lo que es ya un gobierno popular, cabe la reflexión que hacíamos antes en el sentido de que el apoyo exterior crediticio para el desarrollo de los países es

ANEXO DOCUMENTAL

Se realiza esta conferencia de prensa en razón de producirse la culminación del proceso de detención, juicio y sanciones al monopolio Bunge y Born. El monto de lo pagado, además de las otras sanciones que ustedes tienen en carpeta, es de 60.000.000 de dólares; a estos se le agrega el costo en mercaderías repartidas a la población que suman $ 3.600.000.000 m/n y una serie de reivindicaciones laborales obtenidas en las empresas que pertenecen a ese grupo. Este monto es de U$S 60.000.000; no obstante su volumen es apenas la tercera parte del presupuesto de defensa nacional de nuestro país para el año 1975. Por otra parte, también me es fácil comparar esta cifra con aquella otra de U$S 45.000.000 que publicó con alharaca el gobierno argentino obtenida como crédito para la represa de Salto Grande y respecto a esto podemos hacer la siguiente reflexión: estos créditos que se obtienen obviamente deben ser devueltos y deben pagarse por ellos intereses en tanto que la expropiación a los monopolios no se paga y además la empresa Bunge y Born no ha vendido una sola acción, es decir que mantiene la totalidad de su patrimonio.

Para nosotros esta es una muestra más, la más importante, de una política que hemos sostenido siempre, que es la política de autofinanciación. Tenemos una larga historia al respecto, hemos comenzado cuando iniciamos esto, hace ya ocho años. Comenzamos a hacer operaciones de muy poca envergadura, operaciones que hoy son risueñas, como asaltos a estaciones de servicio, restoranes, quedarse con los relojes de los comensales para hacer bombas, para evolucionar a operaciones de un poquito más de envergadura como bancos y llegar finalmente a una serie de detenciones y recuperaciones de dinero con motivo de ellas, hasta esta que es la cifra más importante. La más importante por lo menos, de toda la historia argentina.

Esto a nosotros nos remarca un principio político que hemos sostenido siempre, que es, a nuestro juicio, el principio que deben proseguir los grupos revolucionarios del mundo entero. Es el principio de la independencia política basada en la autosuficiencia económica y militar.

Muchos grupos revolucionarios del continente han fracasado en sus postulados justamente por vulnerar este principio. [...]

Hemos elegido esta fecha, hoy 20 de junio, para hacer esta conferencia de prensa por dos razones. En primer lugar porque el 20 de junio sintetiza una triste experiencia de masacres del pueblo argentino, varias de ellas en distintos años y siempre en el mes de junio. Los fusilados del 9 de junio de 1956 duran-

te la dictadura de *Aramburu* y *Rojas*. Los masacrados el 16 de junio de 1955 con los bombardeos de aquellos contrarrevolucionarios y, por último, los masacrados el 20 de junio de 1973 cuando retornara definitivamente el Gral. Perón, por las mismas bandas que hoy continúan asesinando a mansalva.

[...]

En segundo lugar hemos elegido este día para hacer esta conferencia de prensa porque es la fecha del retorno definitivo del Gral. Perón y desde esta fecha nosotros lanzamos el retorno definitivo del peronismo contra el antiperonismo que está en el poder. El retorno definitivo del Peronismo Auténtico. A este grupo que hoy usurpa el poder popular en nuestro país, siempre lo conocimos y siempre lo caracterizamos como correspondía y siempre lo atacamos. Basta recordar algunos elementos de la historia reciente, cuando pocos días después del retorno del Gral. Perón al país en 1973, sacamos una solicitada a toda página en todos los diarios del país denunciando a López Rega, denunciando el peligro que corría el Movimiento Peronista y el país con López Rega. Hicimos una marcha de 60.000 compañeros para expresarle al Gral. Perón que debía desplazar a López Rega porque era el peligro que hoy estamos viviendo.

El 22 de agosto, yo personalmente tuve la ocasión de expresar el sentimiento de nuestra Organización y de todos nuestros compañeros, en un acto público, nuestra desaprobación de la candidatura de la Sra. Isabel. Finalmente en las reuniones que tuvimos personalmente, una a solas y la otra con otros grupos, en el mes de septiembre de ese mismo año, o sea 1973, le reiteramos todos los conceptos y le dijimos que Isabel y López Rega debían ser desplazados porque eran el riesgo de destrucción del Movimiento y del país.

El 23 de septiembre, pese a que el Gral. no escuchó nuestra sugerencia, votamos no obstante esa fórmula porque votamos a Perón. Porque todo el pueblo argentino votaba a Perón. Porque era el único candidato que aglutinaba al Frente de Liberación Nacional. Pero nadie votó a Isabel. Perón podía ir sin compañero de fórmula o con cualquier compañero de fórmula, al que votaba era a Perón. En la actualidad, el último mes prácticamente, se puede observar la alarmante acumulación de poder que está realizando el Sr. López Rega. Con la sustitución del ministro de Economía; las sustituciones anteriores, que ya se habían hecho, del ministro de Educación, etc. Y ya hemos denunciado en documentos

ANEXO DOCUMENTAL

públicos que el modelo del Sr. López Rega es el modelo de Hitler. Naturalmente que esto no es la Alemania de la preguerra, pero su metodología y su ambición y su proyecto ideológico no difieren del proyecto nazi. [...]

F.: Hay señores en la política argentina que están condenados a muerte, todo es cuestión de tiempo. El Sr. López Rega está condenado a muerte.

Va a morir esté en el poder o esté desalojado del poder. El Sr. Aramburu murió 15 años después de cometer sus crímenes. Nosotros tenemos tiempo.

Lo que sí puedo decir es que el Sr. López Rega está ya como todos los traidores condenado a muerte y la sentencia depende de las posibilidades.

P.: Lo que quiero decir es que aparte de los problemas concretos táctico-militares que hay al ejecutar a esa gente, ¿hay un momento político especial que Uds. eligen?

F.: A veces sí o a veces no. Cuando están resueltos los problemas táctico-militares se puede elegir el momento político, antes no.

[...]

P.: [...] Para un extranjero es muy difícil comprender por qué esa gente está en el poder, porque si está en el poder es evidentemente porque el Gral. Perón lo ha permitido. Porque para los extranjeros hay una parte de la política del Gral. Perón que ellos representan y esa es la contradicción que es muy difícil entender.

F.: Hay que observar y comparar las situaciones previas a la muerte del Gral. Perón y la actual situación. Evidentemente el Gral. Perón cometió un error, un error que hoy lo estamos pagando caro. Costó un enfrentamiento con el Gral. Perón que era un líder que nosotros apoyábamos y seguíamos. Ese enfrentamiento se materializó el primero de mayo de 1974 cuando aproximadamente de las 80.000 personas que había en la plaza, 60.000 se retiraron espontáneamente. No fue una directiva nuestra. Se retiraron ofendidos, se retiraron ante el error del Gral. Perón. Ahora, el error del Gral. Perón no quiere decir que él hubiera hecho esta política, porque de hecho la política económica, la universitaria y la sindical y por supuesto también la política represiva, era totalmente distinta durante el período del Gral. Perón que ahora.

[...]

P.: ¿Eso presupone que Uds. consideran que Perón no iba a aplicar una política revolucionaria en el país?

F.: Eso supone que Perón cometió errores serios que nosotros puntualizamos públicamente, en su política. Que ni siquiera tuvo la audacia que tuvo en el primer gobierno.

[...]

P.: Eso significa que Montoneros en un período más o menos inmediato ¿puede acceder al poder en nuestro país?

F.: Nosotros creemos que un Frente de Liberación Nacional en un período más o menos inmediato puede acceder al poder. No Montoneros solo.

[...]

P.: Dicen que la Organización Montoneros forma parte del aparato soviético internacional.

F.: Sí. Conocemos la versión. Nos produce mucha gracia. Como decía al principio, toda nuestra trayectoria y el hecho que hoy mostramos aquí demuestra con toda claridad... porque eso mismo ha dicho la derecha siempre. La derecha ha dicho que los revolucionarios de Argentina eran mercenarios al servicio del oro de Moscú. Ese oro de Moscú no ha existido nunca, entonces no existen los mercenarios tampoco. Lo que ha existido son los revolucionarios peronistas que con su militancia política llegaron a la conclusión que había que crear una organización política y militar y la hicieron. Y que había que financiarla y expropiaron de la burguesía ese dinero.

Se expropió de la burguesía argentina y de los capitales monopólicos extranjeros. Y que esa expropiación de dinero llega hoy a la fabulosa suma de U$S 60.000.000, y que eso es absolutamente autosuficiente. Absolutamente.

Otra aclaración: son públicas nuestras diferencias con el PC argentino, si bien nosotros le proponemos al PC la participación en el Frente de Liberación Nacional, también le planteamos que reconozca sus históricos errores en nuestro país, que han llevado al fracaso sistemático de su política. La última divergencia fue el 6/9/74 cuando nosotros decidimos asumir la retirada estratégica, retornar a la clandestinidad y reiniciar la resistencia armada contra este gobierno. En esas circunstancias el PC decidió continuar el apoyo a este proceso, pretendiendo que había aquí un proceso de la burguesía nacional que iba hacia la liberación nacional. Eso era un error gravísimo que hoy lo están pagando con atentados, bombas, persecuciones, etc. Ese error lo deben reconocer y sin reconocerlo será peor para ellos. Nosotros nuestros errores los reconocemos.

ANEXO DOCUMENTAL

P.: *La filosofía peronista habla de movimientos, policlasistas y todo eso. ¿Uds. lo superan en ese aspecto?*

F.: *Sí, nosotros sacamos del peronismo la concepción del Movimiento de Liberación Nacional y Social. Efectivamente, el Movimiento es policlasista porque es la expresión política del pueblo, no la expresión política de la clase obrera. Por lo tanto participan de él la clase obrera, los pequeños propietarios y productores urbanos y rurales, en ese sentido es un movimiento policlasista. Ahora que ello signifique que el proyecto a construir es un proyecto que no está determinado por los intereses de la clase trabajadora, eso no es cierto. Nosotros creemos que sí y creemos que está determinado por la hegemonía que el Movimiento siempre ha puntualizado aunque evidentemente con deficiencias en la concepción final de su doctrina. Pero que siempre ha puntualizado que la clase trabajadora es la columna vertebral, naturalmente sostenemos lo mismo. La clase trabajadora, especialmente los obreros industriales, son la columna vertebral de ese Movimiento que es policlasista y que más aún extiende su alianza de clases al Frente de Liberación Nacional. Esto es un problema de la estructura dependiente que tiene el país, la clase de enfrentamiento principal que tenemos. Aquí el enfrentamiento principal no es la patronal nacional, en este momento, el enfrentamiento principal es con la asociación de la oligarquía terrateniente, ciertos sectores de la gran burguesía nacional, con fundamentalmente los capitales extranjeros, predominantemente yanquis. O sea, este es el enemigo principal y por lo tanto hacia ese enemigo deben confluir todos los sectores de clase y clases sociales que lo tengan como enemigo, en los términos económicos.*

DOCUMENTACIÓN

Bibliografía

ANDERSEN, Martin, *Dossier secreto. El mito de la guerra sucia*, Buenos Aires, Planeta, 1993.
ANGUITA, Eduardo y CAPARRÓS, Martín, *La voluntad. Tomo 1. Una historia de la militancia revolucionaria en la Argentina 1966-1973*, Buenos Aires, Planeta, 2013.
— *La voluntad. Tomo 2. Una historia de la militancia revolucionaria en la Argentina 1973-1976*, Buenos Aires, Planeta, 2013.
ARGENTO, Analía, *La guardería montonera. La vida en Cuba de los hijos de la Contraofensiva*, Buenos Aires, Marea, 2013.
BASCHETTI, Roberto, *Francisco Paco Urondo. De la poesía al combate*, Neuquén, EDUCO, 2014.
BIELSA, Rafael, *Tucho. La «Operación México» o lo irrevocable de la pasión*, Buenos Aires, Edhasa, 2014.
BONASSO, Miguel, *Recuerdo de la muerte*, Buenos Aires, Planeta, edición definitiva, 1994.
BROUSSARD, Philippe, *La desaparecida de San Juan*, Buenos Aires, Planeta, 2015.
CALVEIRO, Pilar, *Poder y desaparición*, Buenos Aires, Colihue, 1998.
— *Política y/o violencia*, Buenos Aires, Siglo XXI, 2013.

CASTAÑEDA, Jorge, *La utopía desarmada. El futuro de la izquierda en América Latina*, Buenos Aires, Espasa-Calpe Argentina, 1993.
CELESIA, Felipe y WAISBERG, Pablo, *Firmenich. La historia jamás contada del jefe montonero*, Buenos Aires, Aguilar, 2010.
CERRUTI, Gabriela, *El jefe. Vida y obra de Carlos Saúl Menem*, Buenos Aires, Planeta, 1993.
ESQUIVADA, Gabriela, Noticias *de los Montoneros. La historia del diario que no pudo anunciar la revolución*, Buenos Aires, Sudamericana, 2009.
FEINMANN, José Pablo, *Timote. Secuestro y muerte del general Aramburu*, Buenos Aires, Planeta, 2009.
GARCÍA MÁRQUEZ, Gabriel, *Noticia de un secuestro*, Buenos Aires, Sudamericana, 1996.
GASPARINI, Juan, *Montoneros, final de cuentas*, Buenos Aires, Ediciones de la Campana, 1999.
— *David Graiver. El banquero de los Montoneros*, Buenos Aires, Norma, 2007.
GILBERT, Isidoro, *El oro de Moscú. Historia secreta de la diplomacia, el comercio y la Inteligencia soviética en la Argentina*, Buenos Aires, Sudamericana, 1987.
GILLESPIE, Richard, *Soldados de Perón. Los Montoneros*, Buenos Aires, Grijalbo, 1987.
GIUSSANI, Pablo, *Montoneros. La soberbia armada*, Buenos Aires, Sudamericana, 2011.
GORBATO, Viviana, *Montoneros. Soldados de Menem. ¿Soldados de Duhalde?*, Buenos Aires, Sudamericana, 1999.
GRAHAM-YOOLL, Andrew, *Retrato de un exilio*, Buenos Aires, Sudamericana, 1985.
— *Tiempo de tragedias y esperanzas. Cronología histórica 1955-2005. De Perón a Kirchner*, Buenos Aires, Lumière, 2006.
GRASSI, Ricardo, *El Descamisado. Periodismo sin aliento. La revista que cubrió el conflicto y la ruptura de Perón con Montoneros*, Buenos Aires, Sudamericana, 2015.
GREEN, Raúl y LAURENT, Catherine, *El poder de Bunge y Born*, Buenos Aires, Legasa, 1988.

DOCUMENTACIÓN

LANUSSE, Lucas, *Montoneros. El mito de sus 12 fundadores*, Buenos Aires, Ediciones B Argentina para el sello Javier Vergara Editor, 2005.

LARRAQUY, Marcelo, *López Rega. La biografía*, Buenos Aires, Sudamericana, 2003.

— *De Perón a Montoneros. Historia de la violencia política en la Argentina. Marcados a fuego II (1945-1973)*, Buenos Aires, Aguilar, 2010.

— *López Rega, el peronismo y la Triple A*, Buenos Aires, Aguilar, 2011.

— *De Perón a Montoneros. Los '70. Una historia violenta. Marcados a fuego III (1973-1983)*, Buenos Aires, Aguilar, 2013.

LARRAQUY, Marcelo y CABALLERO, Roberto, *Galimberti. De Perón a Susana. De Montoneros a la CIA*, Buenos Aires, Norma, 2000.

LORENZ, Federico, *Algo parecido a la felicidad. Una historia de la lucha de la clase trabajadora durante la década del setenta*, Buenos Aires, Edhasa, 2013.

MAJUL, Luis, *Los dueños de la Argentina II. Los secretos del verdadero poder*, Buenos Aires, Sudamericana, 1996.

MÉNDEZ, Alicia, *El Colegio, la formación de una élite meritocrática en el Nacional Buenos Aires*, Buenos Aires, Sudamericana, 2013.

MOCHKOFSKY, Graciela, *Timerman. El periodista que quiso ser parte del poder*, Buenos Aires, Planeta, 2013.

MORGAN, Dan, *Los traficantes de granos. La historia secreta del pulpo mundial de los cereales: Cargill, Bunge, André, Continental y Louis Dreyfus*, Buenos Aires, Abril, 1984.

PAGE, Joseph A, *Perón. Una biografía*, Buenos Aires, Editorial de Bolsillo, 2005.

PERDÍA, Roberto, *Montoneros, el peronismo combatiente en primera persona*, Buenos Aires, Planeta, 2013.

PIGNA, Felipe, *Lo pasado pensado, entrevistas con la historia argentina (1955-1983)*, Buenos Aires, Planeta, 2005.

SADI, Marisa, *El caso Lanuscou. Columna Norte, la otra historia*, Buenos Aires, Nuevos Tiempos, 2009.

SÁENZ QUESADA, María, *Isabel Perón. La Argentina en los años de María Estela Martínez*, Buenos Aires, Planeta, 2003.

DOCUMENTACIÓN

SCHVARZER, Jorge, *Bunge & Born: Crecimiento y diversificación de un grupo económico*, Buenos Aires, CISEA Grupo Editor Latinoamericano, 1989.
SEOANE, María, *El burgués maldito*, Buenos Aires, Planeta, 1998.
VERBITSKY, Horacio, *Ezeiza*, Buenos Aires, Contrapunto, 1985.
— *Robo para la Corona*, Buenos Aires, Planeta, 1994.
VERBITSKY, Horacio y BOHOSLAVSKY, Juan Pablo, *Cuentas pendientes. Los cómplices económicos de la dictadura*, Buenos Aires, Siglo XXI, 2014.
VIGNOLLÉS, Alejandra, *Doble condena. La verdadera historia de Roberto Quieto*, Buenos Aires, Sudamericana, 2011.
YOFRE, Juan Bautista, *Fue Cuba. La infiltración cubano-soviética que dio origen a la violencia subversiva en Latinoamérica*, Buenos Aires, Sudamericana, 2014.

Otras fuentes

Causas judiciales

Consulté con detenimiento las dos causas judiciales referidas al secuestro de los hermanos Juan y Jorge Born, que suman más de cincuenta cuerpos de expedientes en total. Ambas las tramitaron el juzgado federal número 1 de San Martín:

1) La causa N.° 26.094, bajo la carátula «Firmenich, Mario E. y otros sobre doble homicidio calificado y secuestro extorsivo».
2) La causa N.° 41.811, bajo la carátula «Magario, Raúl José Melchor y otros, sobre averiguación secuestro extorsivo de Juan y Jorge Born».

Información desclasificada

Obtuve documentación valiosa del archivo de la Dirección de Inteligencia de la Policía de la Provincia de Buenos Aires (DIPBA), accesible a través del centro de información de acceso público que depende de la Comisión Provincial por la Memoria. También material desclasificado del gobierno de Estados Unidos, disponible en el archivo online del National Security Archive: nsarchive.org.

DOCUMENTACIÓN

Publicaciones

Además de los libros citados en la bibliografía y de los artículos periodísticos señalados a lo largo del texto, recurrí a la colección de *Evita Montonera*, la publicación de los Montoneros en la clandestinidad. Entre sus números se destacó el especial de julio de 1975 titulado: «La Operación Mellizas. Bunge y Born ante la justicia popular».

También resultaron de gran utilidad las revistas *Viernes Peronistas* (n.º 2, octubre de 2011, y n.º 3, noviembre de 2013, Madrid) y *Lucha Armada* (año 2, n.º 6, 2006, Buenos Aires, por el artículo de Lila Pastoriza, «La "traición" de Roberto Quieto: treinta años de silencio»).

Recursos audiovisuales

La película *La batalla de Argel* (1966, de Gillo Pontecorvo), el documental *Facing Ali* (2009, de Pete McCormack) y el vídeo *Operación Mellizas*, elaborado por el Servicio Audiovisual de los Montoneros, me resultaron de mucha utilidad para reconstruir la época y algunos momentos precisos. También *La Celma*, película del colectivo Arte Comunitario Timotense, que recoge los testimonios de los policías que participaron en el allanamiento a la quinta que culminó con el hallazgo del cuerpo de Aramburu.

La entrevista de Jesús Quintero a Mario Firmenich, realizada en 1991 para su programa *Qué sabe nadie*, iluminó los efectos del paso del tiempo.

Entrevistas personales

Durante seis meses entrevisté durante horas y horas a Jorge Born III; también a muchos otros protagonistas mencionados de esta historia y de aquellos años. Nombro a quienes no me pidieron reserva de su identidad.

Fueron generosos con su tiempo, sus recuerdos, mis dudas o sus archivos: Andrew Graham-Yooll, Raúl Magario, Roberto Perdía, Jorge «el Topo» Devoto, Juan Bautista «el Tata» Yofre, Horacio Verbitsky, Juan Martín Romero Victorica, Javier González Fraga, Mario Montoto, Alberto Méndez, Gonzalo Fernández Madero, Federico Guillermo Lorenz, Claudio Polisecki, Fernando del Corro, María Cristina Muscat, Lucas Guagnini, Nilda Garré y Emiliano Costa.

AGRADECIMIENTOS

La historia del secuestro de los hermanos Born me atrajo con la fuerza de un imán desde la primera vez que la oí contar con algo de detalle. Durante años me dediqué a leer sobre el caso, pero necesité de mucha ayuda para decidirme a encarar el proyecto y encontrar el tiempo de investigación y de escritura que requería.

Gabriela Esquivada puso su generosidad, talento y obsesión al servicio del libro. Su aporte como editora resultó invalorable: el texto y yo le debemos mucho.

Silvina Chaine colaboró con la investigación, los documentos y las fotos. Hizo su trabajo con una eficiencia abrumadora, como siempre, y tuve la fortuna de contar con su amistad.

Juan Boido, el director editorial de Random House en Argentina, me transmitió su entusiasmo desde el primer día que conversamos sobre el libro. Dedicó un tiempo valioso para darle su mejor versión local y enseguida después de la publicación, para que la historia pudiera viajar a otros países.

En el camino a España, conté con la generosidad y los consejos del colega Carlos Cué; con el apoyo de mi agente Guillermo Schavelzon; y con el respaldo decisivo de Miguel Aguilar, director del sello Debate, a quien le agradezco el apoyo y su paciencia a lo largo del proceso.

AGRADECIMIENTOS

Mariana Creo corrigió esta edición con lupa y dedicación; Florencia Ure me sostuvo como si no tuviera otro autor de quien ocuparse; Gabriela Comte me facilitó lo que necesitaba hasta dejarme sin excusas; y Agustín Cosovschi me ayudó a revisar el expediente y con las fotocopias en los tribunales.

Cuando había perdido la esperanza de que Jorge Born me recibiera, le pregunté a Daniel Hadad si me facilitaba un contacto con Jorge «el Corcho» Rodríguez, quien resultó mi puerta de acceso al protagonista de este libro. Agradezco ambas gestiones.

El historiador Federico Guillermo Lorenz escuchó por radio de qué se trataba esta investigación y de manera desinteresada me ofreció sus conocimientos de la época, sus contactos, sus fuentes y la historia del Rolex en la ESMA. Después tuve la suerte de contar con su generosa lectura y valiosos aportes del contexto que rodea a esta historia.

En los dos juzgados donde se encontraban las causas del secuestro me allanaron el acceso a los expedientes y me facilitaron el trabajo. Agradezco la paciencia y la hospitalidad a los empleados del Juzgado Federal N.º 4, a cargo de Ariel Lijo, y del Civil y Comercial Contencioso Administrativo N.º 1 de San Martín, a cargo de Oscar Papavero. También a los encargados de la Comisión Provincial por la Memoria por su diligencia.

Los entrevistados que me brindaron su tiempo aparecen mencionados en las fuentes. Quisiera resaltar a Andrew Graham-Yooll, la primera persona con quien compartí mi interés por el secuestro de los hermanos Born; a Horacio Verbitsky, porque me permitió entrevistarlo; y a Juan Bautista el Tata Yofre, porque compartió conmigo su archivo, además del café y las charlas entretenidas.

Claudia Piñeiro aportó comentarios valiosos para el primer capítulo; Martín Tetaz despejó mis dudas sobre asuntos económicos; Edi Zunino facilitó fotos de Editorial Perfil; mi amiga Lucila Barrenechea leyó de un tirón y me transmitió ánimo en un momento crucial; mi tío Miguel Ángel Emery, abogado experto en derechos de autor, me asesoró cada vez que lo necesité.

AGRADECIMIENTOS

Julieta Ulanovsky me hizo conocer y me prestó sus ejemplares de la fantástica revista *Viernes Peronistas* y me puso en contacto con Andrea y Fernando Rapa Carballo. A los tres les agradezco la cooperación.

Como periodista, Santiago O'Donnell ha sido un maestro generoso y ejemplo a seguir desde el día en que elegí esta profesión. Santiago y todos mis hermanos, Matías, Ignacio y Julia, son una fuente permanente de afecto y de alegrías compartidas, al igual que mi madrina Carmen Celia Emery y mi cuñada Francisca Araya. Mucho le debemos al amor y a la fuerza de Teresa Emery, mi mamá, porque a todos nos contagia.

Un libro requiere de mucho tiempo y de mucha energía. Sin Federico Huber no lo habría logrado, él más que nadie me trajo hasta acá. Compartió conmigo cada paso de esta historia y me ayudó de mil maneras. A pesar de las horas que pasaba frente al teclado, Federico supo transmitir entusiasmo a nuestras hijas, Milena y Carmela. Por cierto, en muchas ocasiones, ellas me preguntaron impacientes cuándo terminaría, pero los tres, juntos y por separado, me hicieron sentir siempre su aliento amoroso, que para mí resultó imprescindible.

El secuestro de los Born de María O'Donnell
se terminó de imprimir en julio de 2016
en los talleres de
Litográfica Ingramex, S.A. de C.V.
Centeno 162-1, Col. Granjas Esmeralda, C.P. 09810, México D.F.